Honoré de Balzac

Le père Goriot

Préface
de Félicien Marceau
de l'Académie française

Notice et notes
de Thierry Bodin

Gallimard

PRÉFACE

*Pour quelqu'un qui n'a jamais lu une ligne de
Balzac, il n'y a pas à hésiter : il faut commencer par*
Le Père Goriot — *et enchaîner sur* Illusions perdues *et*
Splendeurs et misères des courtisanes. *Que ceux qui
ont abordé Balzac autrement ne s'inquiètent pas.
Avec Balzac, on s'y retrouve toujours. Seulement, avec*
Le Père Goriot, *on s'y retrouve plus vite. Avec* Le Père
Goriot, *d'entrée de jeu, nous sommes au cœur même
de l'univers de Balzac, immédiatement confrontés
avec quelques-uns de ses personnages capitaux, avec
ses thèmes, ses obsessions, sa démarche.*

Comparons à cet égard avec Eugénie Grandet *qui,
par une loi singulière, est souvent le premier Balzac
qu'on lise. Roman fermé, clos, étouffé, où presque
tout d'ailleurs se passe à l'intérieur d'une seule
maison,* Eugénie Grandet *est aussi un des rares
romans de Balzac qui n'ait presque aucune communication avec ses autres romans. Au contraire,* Le Père
Goriot *est un roman ouvert, un roman-carrefour, où
partout s'amorcent d'autres routes, s'ouvrent d'autres
perspectives sur le reste de* La Comédie humaine. *Je*

n'entame pas ici une querelle sur la valeur respective
de ces deux romans. _Je veux dire simplement que, très
beau roman, roman complet, œuvre d'art parfaite,_ Le
Père Goriot _présente cet intérêt supplémentaire d'être
aussi une excellente introduction à l'œuvre et à
l'univers de Balzac. Et c'est à cet aspect-là du livre
que je voudrais ici me borner._

    _Notons déjà ceci qui n'est qu'un signe — et peut-
être même involontaire de la part de l'auteur — mais
qui nous éclaire. Comme on sait, Balzac, souvent,
d'un roman à l'autre, reprend tel ou tel de ses
personnages. Or, de tous ces personnages qui réappa-
raissent, les quatre qui reviennent le plus souvent sont
déjà présents dans ce seul_ Père Goriot. _En effet, nous
y rencontrons Nucingen, Bianchon, Marsay, Rastignac. Nous les retrouverons respectivement dans
trente, dans vingt-huit, dans vingt-six, dans vingt-
quatre des autres romans de_ La Comédie humaine.
Dans Le Père Goriot, _il y a aussi Maxime de Trailles.
Nous le retrouverons dans vingt autres romans. Il y a
Vautrin : il nous mène à la fin d'_Illusions perdues, _il
nous mène à_ Splendeurs et misères des courtisanes, _il
nous mène jusqu'à_ La Cousine Bette _qui se passe plus
de vingt ans après. Il y a_ Mme de Beauséant : _elle
nous mène à_ La Femme abandonnée. _Il y a le couple
Restaud : il nous mène à_ Gobseck. _Il y a la duchesse
de Langeais : elle nous mène au roman qui porte son
nom. Et je ne parle même pas de la brillante
assemblée décrite lors de la soirée chez_ Mme de
Beauséant _et où chacun des noms cités nous mène à
un autre roman,_ Vandenesse _au_ Lys dans la vallée,
Mme _d'Espard à_ L'Interdiction, _la comtesse Ferraud_

au Colonel Chabert. *On le voit, rien déjà que par ses personnages,* Le Père Goriot *est un des centres nerveux de* La Comédie humaine.

Et d'entrée de jeu aussi, dès Le Père Goriot, *nous apparaît clairement la manière dont Balzac va utiliser ce retour des personnages, et je regrette le mot utiliser, tant cette démarche est ici naturelle, tant elle est inhérente à l'œuvre. Il ne s'agit pas ici de « suites » comme chez Dumas ou chez Proust. Bien que nous retrouvions dans* Le Père Goriot *cette Antoinette de Langeais dont nous avons déjà pu faire la connaissance dans* La Duchesse de Langeais, *aucun de ces deux romans n'est la suite de l'autre. (Si cela était, on ne voit pas pourquoi Balzac prendrait la peine de préciser : « La duchesse qui passait pour être abandonnée par M. de Montriveau », etc.) Il s'agit simplement de deux romans ou, plus exactement, de deux destins qui, pour un moment, se rencontrent. Et qui se rencontrent parce que, dans les circonstances où Balzac les a placés, même milieu, même époque, il est inévitable qu'ils se rencontrent. Cela nous éclaire sur le dessein de Balzac, qui n'est pas de nous donner une série de romans, qui est d'abord de projeter devant nous sa vision du monde, qui est de le créer, ce monde, ou de le re-créer. Or, un monde, ce n'est pas une suite de récits, c'est un grouillement, c'est un enchevêtrement, c'est un réseau, où l'artifice n'est pas de retrouver les mêmes personnages, où l'artifice précisément serait de ne pas les retrouver, exactement comme, dans l'Histoire, il nous paraît tout naturel de rencontrer le même Napoléon successivement dans un livre sur Fouché et dans un livre sur Murat. Comme chez tous les grands romanciers, se confondent ici le fond et la forme, la chose à dire et la manière de le dire. Ce retour des personnages a pu apparaître comme une trouvaille. En réalité, il était une nécessité. Ou, si l'on préfère, la mise en scène ici se trouvait déjà dans le texte. C'est le secret des bonnes mises en scène.*

Si, des personnages, nous passons aux thèmes, nous trouvons ici le même carrefour, le même rassemblement. Volonté de puissance, société, argent, arrivisme, méfaits de la passion unique, déjà, dans ce seul Père Goriot, *nous avons les icebergs essentiels de* La Comédie humaine. *Dès les premières pages du roman, la société est là, qui campe dans ces deux lieux éminemment sociaux : un salon, celui de Mme de Beauséant ; une salle à manger, celle de la Pension Vauquer. A première vue, on pourrait penser que ces deux lieux sont là pour s'opposer. Le second n'est que la face minable du premier et Rastignac, qui passe de l'un à l'autre, va y retrouver les mêmes traits et les mêmes enseignements. A Mme Vauquer qui rêve de convoler avec Goriot pour ses rentes, répond le marquis d'Ajuda qui n'épouse Mlle de Rochefide que pour sa dot. A la cruauté du Tout-Paris qui se rue au bal de Mme de Beauséant pour y laper ses larmes, répond la cruauté des pensionnaires de Mme Vauquer qui accablent Goriot de leurs sarcasmes et qui, dix minutes après sa mort, sont déjà retournés à leurs calembredaines. Aux « phrases de coiffeur » que débite Rastignac chez Mme de Beauséant, répondent les tartines de bêtise qui font l'agrément des repas de la Pension. (Autre thème que nous retrouverons dans*

La Comédie humaine : *présence, importance et comique des imbéciles. Et pérennité des imbéciles aussi : le Poiret du* Père Goriot, *c'est déjà Bouvard et Pécuchet de Flaubert, le « Milord Gâôriotte, il être questiônne dé véaus » de Balzac annonce déjà le « Avez-vous de la petite chaôse ? » de Proust.) Gardons-nous ici de tomber dans le travers commun qui est de prêter à un romancier les opinions de ses personnages mais, lorsque, dans un même roman et sur la même société, trois personnages aussi différents que Mme de Beauséant, que Goriot, que Vautrin portent le même verdict (Vautrin « m'a dit crûment ce que Mme de Beauséant me disait en y mettant des formes »), on peut bien commencer à penser que l'auteur est du même avis. Ce verdict est clair : cette société est scélérate. Et dès lors, il n'y a plus qu'une solution : la vaincre.*

A vrai dire, il y en aurait bien une autre, ce serai. de la refuser, cette société, soit en la fuyant, soit en le détruisant. Mais Rastignac n'est pas de l'étoffe don on fait les ermites et moins encore de celle dont on fait les révolutionnaires. Ni même Vautrin que son statut de forçat évadé force pourtant à vivre en marge de la société. Il la hait, il la méprise, il en dénonce les contradictions mais son but est d'en abuser, non de la détruire. Se profile ici la volonté de puissance qui anime toute La Comédie humaine. *Se dessine ici le mouvement ascensionnel qui la gouverne et qui est celui même, à ce moment de l'Histoire, de la classe à laquelle appartient Balzac : la bourgeoisie. (Le* Père Goriot, *qui se passe en 1819, a été écrit en*

1834. Il y a quatre ans que la bourgeoisie a gagné sa révolution.)

Volonté de puissance à ce point impérieuse qu'elle déborde l'individu et qu'elle peut se déléguer à un autre. Nouveau thème que nous retrouverons plusieurs fois dans La Comédie humaine : *le pouvoir et même le bonheur sont des choses dont on peut jouir par personne interposée. Forçat évadé et à qui donc la société est fermée, Vautrin va tenter d'y envoyer Rastignac à sa place. Avec Rastignac, il échoue. Avec Rubempré, dans* Splendeurs *et misères des courtisanes, il y arrivera. Au passage, notons cet autre thème qui lui aussi sera repris avec plus de précision dans* Splendeurs *et misères mais qui déjà ici se dessine : l'homosexualité. (Un policier, parlant de Vautrin : « Apprenez un secret, il n'aime pas les femmes. »)*

Complicité, alliance qui, pour Balzac, sont non seulement possibles mais indispensables. Au début du Père Goriot, *Rastignac est seul. Il piétine. Il ne commencera à avancer que le jour où il se trouvera des alliés : Mme de Beauséant, Mme de Nucingen, Vautrin. On dirait que, pour Balzac, l'homme seul est une sorte d'infirme, un paralytique qui ne peut se sauver que s'il trouve un aveugle pour le porter. Ce principe du recours à autrui, de l'association, de la répartition des tâches, nous le retrouverons tout le long de* La Comédie humaine *et sous toutes ses formes : famille influente ou simplement solidaire, mariage, amitié, groupe, complot. Vautrin agit : il appartient à un gang, les Dix Mille. Marsay agit : il est à la tête du complot dont on verra le mécanisme*

dans Le Contrat de mariage *et, auparavant, il aura
appartenu à une société secrète, les Treize. Daniel
d'Arthez ne veut qu'écrire de bons livres : il appartient au Cénacle.*

Cela nous amène au thème du lion, c'est-à-dire à
ces jeunes gens nés trop tard pour Napoléon et freinés
dans leur élan par la gérontocratie de la Restauration. De tous ces lions, qui seront les héros de la
plupart des romans de Balzac qui se passent avant
1830, Rastignac est, je crois, le plus exemplaire. Et
d'abord parce qu'il est un des plus quelconques.
Rubempré a du talent. Rastignac n'en a pas. Intelligence : moyenne. (« On ne l'a jamais accusé d'avoir
inventé une bonne affaire » dira-t-on de lui dans La
Maison Nucingen *et, chez les Restaud, nous le verrons
se conduire comme un sot.) Marsay a des vues
politiques. Rubempré, certes, tente sa chance auprès
des femmes mais il la tente aussi dans le roman, dans
la poésie, dans le journalisme. Rastignac, lui, n'a
qu'une idée en tête : une maîtresse riche. Si encore il y
avait là quelque soif d'amour ou quelque chaleur du
sang. Point. Balzac nous dit bien qu'il finit par être
sérieusement épris de sa Delphine, mais voyons
comment il y arrive. Dès son premier bal, il couche en
joue la première comtesse qu'il rencontre. Celle-ci
étant déjà occupée, il se rabat sur sa sœur. Celle-ci
hésitant, il dresse ses batteries devant Victorine
Taillefer. En réalité, ce que cherche Rastignac, c'est
non une maîtresse mais une enseigne, une raison
sociale, ou une maîtresse si on veut, mais alors dans
l'autre sens du terme et comme on dit : une maîtresse
de piano. Mme de Beauséant le dit : « Il arrive, ma*

chère, et cherche une institutrice. » Quelqu'un qui lui
enseigne les ruses du monde. *Dans le même esprit,
Benassis, héros du* Médecin de campagne, *regrette de
n'avoir pas eu dans sa vie « une femme qui se fût
dévouée à m'expliquer les écueils de chaque route, à
me donner d'excellentes manières... et à m'introduire
partout où j'eusse trouvé des relations utiles ».*

*Et exemplaire aussi en ceci que, pour Rastignac, le
combat se déroule sous nos yeux, ce combat qui de cet
agneau va faire un lion, de cet étudiant un gigolo.
Entre les deux, quels noirs démons sont donc passés ?
Il n'est passé que la société, il n'est passé que des
femmes du monde et l'exemple d'un père abandonné
par des femmes du monde. Là où Flaubert écrit son*
Éducation sentimentale, *Balzac ici écrit une Éducation sociale. (Son Éducation sentimentale, il l'écrira
aussi. Ce sera* Le Lys dans la vallée.*) Rastignac a
encore des scrupules, des sursauts, de jolis gestes. Par
un curieux jeu de balance — et comme si de n'avoir
pas cédé à une tentation lui donnait le droit de céder
à une autre — chacun de ses jolis gestes est suivi d'un
autre qui l'est moins. Il repousse les offres criminelles
de Vautrin mais il écrit à sa mère et à ses sœurs pour
leur extorquer leurs économies. Il prend la défense de
Goriot mais, dans le même temps, il se laisse mettre
dans ses meubles par la fille du même Goriot. Il le
veille avec dévouement mais, l'enterrement à peine
terminé, il se précipite chez cette même Delphine dont
pourtant, au chevet de ce mourant, il a pu mesurer
l'infamie. Ai-je besoin de rappeler ici sa célèbre
apostrophe : « A nous deux maintenant ! » Ce pourrait être un cri de révolte. La phrase suivante vient en*

préciser le contour : « Et pour premier acte de défi qu'il portait à la Société, Rastignac alla dîner chez Mme de Nucingen. » Ce n'était que le cri d'un arriviste.

Enfin, et pour en venir au plus important, figurent déjà dans Le Père Goriot *deux autres thèmes essentiels de Balzac, à savoir l'argent et la condamnation de la passion unique. Comme la société, l'argent est là dès les premières lignes et sous sa forme la plus précise : des chiffres. Montant des rentes de Goriot, prix de sa chambre, pension de Rastignac, tout nous est dit. Ces précisions peuvent paraître fastidieuses. Mais parler de l'argent en restant dans le vague, c'est parler d'autre chose. Or, drame de l'amour paternel,* Le Père Goriot *est aussi un drame d'argent. Supprimons les problèmes d'argent de Goriot, ouvrons-lui dans une banque un crédit illimité, il n'y a plus de Goriot. Avons-nous affaire pour autant à cette passion qui s'appelle l'avarice ? Ici encore, nous pouvons comparer avec* Eugénie Grandet. *Grandet, lui, est un avare, uniquement animé par la passion de l'argent et qui, à cet égard, s'inscrit encore dans le sillage de l'*Avare *de Molière (à cette différence près qu'il est un homme d'affaires alors que Harpagon n'est qu'un usurier). Mais Goriot ? Goriot est le plus généreux des pères, le plus désintéressé des hommes. Cette passion de l'argent, il l'a peut-être eue lorsqu'il s'occupait d'en gagner — et il apparaît même qu'il n'y a pas apporté un excès de scrupules. Maintenant, il n'a plus que la passion de ses filles. Sauf que, pour avoir ses filles, il lui faut de l'argent. Il invoque le Code, la nature, les gendarmes. Ni la nature ni les gendarmes*

ne peuvent lui donner ce que lui donnerait l'argent :
les caresses de ses filles.

Et, dans une moindre mesure, on pourrait en dire
autant pour Rastignac. Certes, lorsque, dans un autre
roman, nous apprendrons qu'il a réussi à se faire
trois cent mille francs de rentes, nous pourrons bien
penser que la Caisse d'Épargne ne lui est pas
indifférente. Mais, dans Le Père Goriot, son but
premier n'est pas là. Vraiment cupide, c'est sur
Victorine que Rastignac devrait se jeter, non sur
Delphine. Tout ce qu'il veut, c'est s'insérer dans la
société. Son nom, ses parentés lui en ouvrent les
portes. Sauf qu'entre ces portes et lui, il reste un
obstacle, et le plus bête : il lui faut des gants, il lui
faut une voiture, bref il lui faut de l'argent. Pour lui
comme pour Goriot, l'argent est quelque chose de bien
plus envahissant encore qu'une passion. Il est un
besoin. Il est devenu l'air et le pain, il est devenu la
chose sans quoi rien n'est possible, il est devenu le système même dans lequel ils vivent. Le capitalisme est
là. Encore ne sommes-nous qu'en 1819. Agonisant,
l'Ancien Régime se raccroche encore à une de ses
dernières branches, la naissance. En invitant chez elle
Delphine de Nucingen, Mme de Beauséant lui indique
clairement que son mari, si riche qu'il soit, n'est pas
compris dans l'invitation. Saluons cette impertinence.
Dans les romans de Balzac qui se passent après 1830,
elle ne se produira plus. Aura commencé le règne de
« la sainte, la vénérée, la solide, l'aimable, la gracieuse, la belle, la noble, la jeune, la toute-puissante
pièce de cent sous » (La Cousine Bette).

Goriot n'a qu'une passion : ses filles. Dans

Mémoires de deux jeunes mariées, Louise de Chaulieu *n'a qu'une passion : l'amour. Dans* La Cousine Bette, *le baron Hulot n'a qu'une passion : les femmes. Dans* Gobseck, *Gobseck n'a qu'une passion : l'argent. Tous les quatre, Balzac les condamne. Que, de ces passions, les unes soient réputées pures, les autres impures, pour Balzac ce n'est pas cela qui compte. Ce qui compte — et qui emporte condamnation — c'est que, chaque fois, cette passion a été unique, absolue, contenue ou contrebalancée par rien ; c'est que, chaque fois, elle a envahi l'homme au point de le supprimer. Goriot finit par vivre dans un état d'hébétude. « Hors de sa passion, vous le voyez, c'est une bête brute. » C'est l'hébétude des êtres dont l'âme n'est plus où elle devrait être, dont l'âme a passé dans la passion. « Que suis-je ? Un méchant cadavre dont l'âme est partout où sont mes filles. »*

Il peut paraître excessif de parler de condamnation à propos d'un homme comme Goriot dont les souffrances et l'agonie nous arrachent des larmes, dont l'abnégation emporte l'admiration. A sa manière, Goriot est un saint. Mais précisément : à sa manière. Il est clair que, pour Balzac, ce n'est pas la bonne. Pour canoniser, l'Église demande des miracles ou au moins la preuve d'une action bénéfique. Où sont les miracles de Goriot ? Il a gâté ses filles. Résultat : elles sont pourries. Il les a laissées se marier à leur fantaisie. Ces deux filles de négociant ont épousé, l'une un comte, l'autre un banquier. Résultat : elles sont malheureuses. L'une nous confie qu'elle se jetterait par la fenêtre si elle devait coucher avec son mari, l'autre trompe le sien avec un amant qui la dépouille. Il leur a tout donné. Résultat : ses gendres lui ferment leurs portes et ses filles le laissent mourir tout seul sur un grabat. Cet amour paternel n'a apporté que le malheur. Parce qu'il était unique, parce qu'il était absolu. Goriot, c'est l'absolu de la paternité. Balzac le condamne, comme il condamne l'absolu de l'amour chez Louise de Chaulieu, l'absolu de l'argent chez Gobseck, l'absolu de la luxure chez le baron Hulot. Ici encore, comme il lui arrive souvent, Balzac pense résolument contre son siècle. Au romantisme qui règne autour de lui, au culte de l'amour fatal, de l'amour qui ravage, de l'amour qui rend poitrinaire ou qui mène au suicide, il oppose l'amour qui construit, l'amour qui compose, l'amour qui, au lieu d'être une source de faiblesse, est une source d'énergie et qui, loin de ravager l'homme, devient pour lui une raison de plus pour réussir sa vie. D'une certaine manière, l'œuvre de Balzac est un hymne à la vocation.

A moins qu'il ne nous faille chercher plus loin et dans des replis plus secrets. Devant cette condamnation si constante de la passion unique, de la passion dévorante, on en arrive à se demander si c'est bien encore un verdict et si ce n'est pas plutôt tout ensemble une plainte et un cri d'alarme, le cri d'alarme d'un Balzac qui, lui aussi, était possédé par la passion unique et qui, lui aussi, dévoré par elle, devait finir par en mourir. Mais sa passion, à lui, s'appelait La Comédie humaine.

Félicien Marceau.

LE PÈRE GORIOT

I

UNE PENSION BOURGEOISE

Madame Vauquer, née de Conflans, est une vieille
femme qui, depuis quarante ans, tient à Paris une
pension bourgeoise établie rue Neuve-Sainte-Geneviève[1], entre le quartier latin et le faubourg Saint-
Marceau[2]. Cette pension, connue sous le nom de la
Maison-Vauquer, admet également des hommes et
des femmes, des jeunes gens et des vieillards, sans que
jamais la médisance ait attaqué les mœurs de ce
respectable établissement. Mais aussi depuis trente
ans ne s'y était-il jamais vu de jeune personne, et pour
qu'un jeune homme y demeure, sa famille doit-elle lui
faire une bien maigre pension. Néanmoins, en 1819[3],
époque à laquelle ce drame commence, il s'y trouvait
une pauvre jeune fille. En quelque discrédit que soit
tombé le mot drame par la manière abusive et
tortionnaire dont il a été prodigué dans ces temps de
douloureuse littérature, il est nécessaire de l'employer
ici : non que cette histoire soit dramatique dans le
sens vrai du mot ; mais, l'œuvre accomplie, peut-être
aura-t-on versé quelques larmes *intra muros* et *extra*.
Sera-t-elle comprise au-delà de Paris ? le doute est

permis. Les particularités de cette scène pleine d'observations et de couleurs locales ne peuvent être
appréciées qu'entre les buttes de Montmartre et les
hauteurs de Montrouge, dans cette illustre vallée de
plâtras incessamment près de tomber et de ruisseaux
noirs de boue ; vallée remplie de souffrances réelles,
de joies souvent fausses, et si terriblement agitée qu'il
faut je ne sais quoi d'exorbitant pour y produire une
sensation de quelque durée. Cependant il s'y rencontre çà et là des douleurs que l'agglomération des
vices et des vertus rend grandes et solennelles : à leur
aspect, les égoïsmes, les intérêts, s'arrêtent et s'api-
toient ; mais l'impression qu'ils en reçoivent est
comme un fruit savoureux promptement dévoré. Le
char de la civilisation, semblable à celui de l'idole de
Jaggernat [1], à peine retardé par un cœur moins facile à
broyer que les autres et qui enraie sa roue, l'a brisé
bientôt et continue sa marche glorieuse. Ainsi ferez-
vous, vous qui tenez ce livre d'une main blanche, vous
qui vous enfoncez dans un moelleux fauteuil en vous
disant : Peut-être ceci va-t-il m'amuser. Après avoir
lu les secrètes infortunes du père Goriot, vous dînerez
avec appétit en mettant votre insensibilité sur le
compte de l'auteur, en le taxant d'exagération, en
l'accusant de poésie. Ah ! sachez-le : ce drame n'est ni
une fiction, ni un roman. *All is true* [2], il est si véritable,
que chacun peut en reconnaître les éléments chez soi,
dans son cœur peut-être.

La maison où s'exploite la pension bourgeoise
appartient à madame Vauquer. Elle est située dans le
bas de la rue Neuve-Sainte-Geneviève, à l'endroit où
le terrain s'abaisse vers la rue de l'Arbalète par une

pente si brusque et si rude que les chevaux la montent ou la descendent rarement. Cette circonstance est favorable au silence qui règne dans ces rues serrées entre le dôme du Val-de-Grâce et le dôme du Panthéon, deux monuments qui changent les conditions de l'atmosphère en y jetant des tons jaunes, en y assombrissant tout par les teintes sévères que projettent leur coupoles. Là, les pavés sont secs, les ruisseaux n'ont ni boue ni eau, l'herbe croît le long des murs. L'homme le plus insouciant s'y attriste comme tous les passants, le bruit d'une voiture y devient un événement, les maisons y sont mornes, les murailles y sentent la prison. Un Parisien égaré ne verrait là que des pensions bourgeoises ou des institutions, de la misère ou de l'ennui, de la vieillesse qui meurt, de la joyeuse jeunesse contrainte à travailler. Nul quartier de Paris n'est plus horrible, ni, disons-le, plus inconnu. La rue Neuve-Sainte-Geneviève surtout est comme un cadre de bronze, le seul qui convienne à ce récit, auquel on ne saurait trop préparer l'intelligence par des couleurs brunes, par des idées graves ; ainsi que, de marche en marche, le jour diminue et le chant du conducteur se creuse, alors que le voyageur descend aux Catacombes. Comparaison vraie ! Qui décidera de ce qui est plus horrible à voir, ou des cœurs desséchés, ou des crânes vides ?

La façade de la pension donne sur un jardinet, en sorte que la maison tombe à angle droit sur la rue Neuve-Sainte-Geneviève, où vous la voyez coupée dans sa profondeur. Le long de cette façade, entre la maison et le jardinet, règne un cailloutis en cuvette, large d'une toise, devant lequel est une allée sablée,

bordée de géraniums, de lauriers-roses et de grena-
diers plantés dans de grands vases en faïence bleue et
blanche. On entre dans cette allée par une porte
bâtarde, surmontée d'un écriteau sur lequel est écrit :
MAISON-VAUQUER, et dessous : *Pension bourgeoise
des deux sexes et autres.* Pendant le jour, une porte à
claire-voie, armée d'une sonnette criarde, laisse apercevoir au bout du petit pavé, sur le mur opposé à la
rue, une arcade peinte en marbre vert par un artiste
du quartier. Sous le renfoncement que simule cette
peinture, s'élève une statue représentant l'Amour. A
voir le vernis écaillé qui la couvre, les amateurs de
symboles y découvriraient peut-être un mythe de
l'amour parisien qu'on guérit à quelques pas de là [1].
Sous le socle, cette inscription à demi effacée rappelle
le temps auquel remonte cet ornement par l'enthousiasme dont il témoigne pour Voltaire, rentré dans
Paris en 1777 :

> *Qui que tu sois, voici ton maître :*
> *Il l'est, le fut, ou le doit être* [2].

A la nuit tombante, la porte à claire-voie est
remplacée par une porte pleine. Le jardinet, aussi
large que la façade est longue, se trouve encaissé par
le mur de la rue et par le mur mitoyen de la maison
voisine, le long de laquelle pend un manteau de lierre
qui la cache entièrement, et attire les yeux des
passants par un effet pittoresque dans Paris. Chacun
de ces murs est tapissé d'espaliers et de vignes dont les
fructifications grêles et poudreuses sont l'objet des
craintes annuelles de madame Vauquer et de ses

conversations avec les pensionnaires. Le long de chaque muraille, règne une étroite allée qui mène à un couvert de tilleuls, mot que madame Vauquer, quoique née de Conflans, prononce obstinément *tieuilles* [1], malgré les observations grammaticales de ses hôtes. Entre les deux allées latérales est un carré d'artichauts flanqué d'arbres fruitiers en quenouille, et bordé d'oseille, de laitue ou de persil. Sous le couvert de tilleuls est plantée une table ronde peinte en vert, et entourée de sièges. Là, durant les jours caniculaires, les convives assez riches pour se permettre de prendre du café viennent le savourer par une chaleur capable de faire éclore des œufs. La façade, élevée de trois étages et surmontée de mansardes, est bâtie en moellons et badigeonnée avec cette couleur jaune qui donne un caractère ignoble à presque toutes les maisons de Paris. Les cinq croisées percées à chaque étage ont de petits carreaux et sont garnies de jalousies dont aucune n'est relevée de la même manière, en sorte que toutes leurs lignes jurent entre elles. La profondeur de cette maison comporte deux croisées qui, au rez-de-chaussée, ont pour ornement des barreaux en fer, grillagés. Derrière le bâtiment est une cour large d'environ vingt pieds, où vivent en bonne intelligence des cochons, des poules, des lapins, et au fond de laquelle s'élève un hangar à serrer le bois. Entre ce hangar et la fenêtre de la cuisine se suspend le garde-manger, au-dessous duquel tombent les eaux grasses de l'évier. Cette cour a sur la rue Neuve-Sainte-Geneviève une porte étroite par où la cuisinière chasse les ordures de la maison en nettoyant

cette sentine à grand renfort d'eau, sous peine de
pestilence.

Naturellement destiné à l'exploitation de la pension
bourgeoise, le rez-de-chaussée se compose d'une
première pièce éclairée par les deux croisées de la rue,
et où l'on entre par une porte-fenêtre. Ce salon
communique à une salle à manger qui est séparée de
la cuisine par la cage d'un escalier dont les marches
sont en bois et en carreaux mis en couleur et frottés.
Rien n'est plus triste à voir que ce salon meublé de
fauteuils et de chaises en étoffe de crin à raies
alternativement mates et luisantes. Au milieu se
trouve une table ronde à dessus de marbre Sainte-
Anne[1], décorée de ce cabaret en porcelaine blanche
ornée de filets d'or effacés à demi, que l'on rencontre
partout aujourd'hui[2]. Cette pièce, assez mal plan-
chéiée, est lambrissée à hauteur d'appui. Le surplus
des parois est tendu d'un papier verni représentant les
principales scènes de *Télémaque*, et dont les classi-
ques personnages sont coloriés. Le panneau d'entre
les croisées grillagées offre aux pensionnaires le
tableau du festin donné au fils d'Ulysse par Calypso.
Depuis quarante ans, cette peinture excite les plaisanteries des jeunes pensionnaires, qui se croient supérieurs à leur position en se moquant du dîner auquel
la misère les condamne. La cheminée en pierre, dont
le foyer toujours propre atteste qu'il ne s'y fait de feu
que dans les grandes occasions, est ornée de deux
vases pleins de fleurs artificielles, vieillies et encagées,
qui accompagnent une pendule en marbre bleuâtre du
plus mauvais goût. Cette première pièce exhale une
odeur sans nom dans la langue, et qu'il faudrait

appeler l'*odeur de pension*. Elle sent le renfermé, le moisi, le rance ; elle donne froid, elle est humide au nez, elle pénètre les vêtements ; elle a le goût d'une salle où l'on a dîné ; elle pue le service, l'office, l'hospice. Peut-être pourrait-elle se décrire si l'on inventait un procédé pour évaluer les quantités élémentaires et nauséabondes qu'y jettent les atmosphères catarrhales et *sui generis* de chaque pensionnaire, jeune ou vieux. Eh bien ! malgré ces plates horreurs, si vous le compariez à la salle à manger, qui lui est contiguë, vous trouveriez ce salon élégant et parfumé comme doit l'être un boudoir. Cette salle, entièrement boisée, fut jadis peinte en une couleur indistincte aujourd'hui, qui forme un fond sur lequel la crasse a imprimé ses couches de manière à y dessiner des figures bizarres. Elle est plaquée de buffets gluants sur lesquels sont des carafes échancrées, ternies, des ronds de moiré métallique, des piles d'assiettes en porcelaine épaisse, à bords bleus, fabriquées à Tournai. Dans un angle est placée une boîte à cases numérotées qui sert à garder les serviettes, ou tachées ou vineuses, de chaque pensionnaire. Il s'y rencontre de ces meubles indestructibles, proscrits partout, mais placés là comme le sont les débris de la civilisation aux Incurables[1]. Vous y verriez un baromètre à capucin qui sort quand il pleut, des gravures exécrables qui ôtent l'appétit, toutes encadrées en bois verni à filets dorés ; un cartel en écaille incrustée de cuivre ; un poêle vert, des quinquets d'Argand[2] où la poussière se combine avec l'huile, une longue table couverte en toile cirée assez grasse pour qu'un facétieux externe[3] y écrive son nom en se servant de son

doigt comme de style, des chaises estropiées, de petits
paillassons piteux en sparterie qui se déroule toujours
sans se perdre jamais, puis des chaufferettes misérables à trous cassés, à charnières défaites, dont le bois
se carbonise. Pour expliquer combien ce mobilier est
vieux, crevassé, pourri, tremblant, rongé, manchot,
borgne, invalide, expirant, il faudrait en faire une
description qui retarderait trop l'intérêt de cette
histoire, et que les gens pressés ne pardonneraient
pas. Le carreau rouge est plein de vallées produites
par le frottement ou par les mises en couleur. Enfin, là
règne la misère sans poésie ; une misère économe,
concentrée, râpée. Si elle n'a pas de fange encore, elle
a des taches ; si elle n'a ni trous ni haillons, elle va
tomber en pourriture.

Cette pièce est dans tout son lustre au moment où,
vers sept heures du matin, le chat de madame
Vauquer précède sa maîtresse, saute sur les buffets, y
flaire le lait que contiennent plusieurs jattes couvertes
d'assiettes, et fait entendre son *rourou* matinal. Bientôt la veuve se montre, attifée de son bonnet de tulle
sous lequel pend un tour de faux cheveux mal mis ;
elle marche en traînassant ses pantoufles grimacées [1].
Sa face vieillotte, grassouillette, du milieu de laquelle
sort un nez à bec de perroquet ; ses petites mains
potelées, sa personne dodue comme un rat d'église,
son corsage trop plein et qui flotte, sont en harmonie
avec cette salle où suinte le malheur, où s'est blottie la
spéculation et dont madame Vauquer respire l'air
chaudement fétide sans en être écœurée. Sa figure
fraîche comme une première gelée d'automne, ses
yeux ridés, dont l'expression passe du sourire prescrit

aux danseuses à l'amer renfrognement de l'escompteur, enfin toute sa personne explique la pension,
comme la pension implique sa personne. Le bagne ne
va pas sans l'argousin, vous n'imagineriez pas l'un
sans l'autre. L'embonpoint blafard de cette petite
femme est le produit de cette vie, comme le typhus est
la conséquence des exhalaisons d'un hôpital. Son
jupon de laine tricotée, qui dépasse sa première jupe
faite avec une vieille robe, et dont la ouate s'échappe
par les fentes de l'étoffe lézardée, résume le salon, la
salle à manger, le jardinet, annonce la cuisine et fait
pressentir les pensionnaires. Quand elle est là, ce
spectacle est complet. Agée d'environ cinquante ans,
madame Vauquer ressemble à toutes les *femmes qui
ont eu des malheurs.* Elle a l'œil vitreux, l'air innocent
d'une entremetteuse qui va se gendarmer pour se faire
payer plus cher, mais d'ailleurs prête à tout pour
adoucir son sort, à livrer Georges ou Pichegru, si
Georges ou Pichegru étaient encore à livrer [1]. Néanmoins, elle est *bonne femme au fond,* disent les
pensionnaires, qui la croient sans fortune en l'entendant geindre et tousser comme eux. Qu'avait été
monsieur Vauquer ? Elle ne s'expliquait jamais sur le
défunt. Comment avait-il perdu sa fortune ? Dans les
malheurs, répondait-elle. Il s'était mal conduit envers
elle, ne lui avait laissé que les yeux pour pleurer, cette
maison pour vivre, et le droit de ne compatir a aucune
infortune, parce que, disait-elle, elle avait souffert
tout ce qu'il est possible de souffrir. En entendant
trottiner sa maîtresse la grosse Sylvie, la cuisinière,
s'empressait de servir le déjeuner des pensionnaires
internes.

Généralement les pensionnaires externes ne s'abonnaient qu'au dîner, qui coûtait trente francs par mois. A l'époque où cette histoire commence, les internes étaient au nombre de sept. Le premier étage contenait les deux meilleurs appartements de la maison. Madame Vauquer habitait le moins considérable, et l'autre appartenait à madame Couture, veuve d'un Commissaire-Ordonnateur[1] de la République française. Elle avait avec elle une très jeune personne, nommée Victorine Taillefer, à qui elle servait de mère. La pension de ces deux dames montait à dix-huit cents francs. Les deux appartements du second étaient occupés, l'un par un vieillard nommé Poiret ; l'autre, par un homme âgé d'environ quarante ans, qui portait une perruque noire, se teignait les favoris, se disait ancien négociant, et s'appelait monsieur Vautrin. Le troisième étage se composait de quatre chambres, dont deux étaient louées, l'une par une vieille fille nommée mademoiselle Michonneau, l'autre par un ancien fabricant de vermicelles, de pâtes d'Italie et d'amidon, qui se laissait nommer le père Goriot. Les deux autres chambres étaient destinées aux oiseaux de passage, à ces infortunés étudiants qui, comme le père Goriot et mademoiselle Michonneau, ne pouvaient mettre que quarante-cinq francs par mois à leur nourriture et à leur logement ; mais madame Vauquer souhaitait peu leur présence et ne les prenait que quand elle ne trouvait pas mieux : ils mangeaient trop de pain. En ce moment, l'une de ces deux chambres appartenait à un jeune homme venu des environs d'Angoulême à Paris pour y faire son Droit, et dont la nombreuse famille se soumettait aux plus dures privations afin de lui envoyer douze cents francs par an. Eugène de Rastignac, ainsi se nommait-il, était un de ces jeunes gens façonnés au travail par le malheur, qui comprennent dès le jeune âge les espérances que leurs parents placent en eux, et qui se préparent une belle destinée en calculant déjà la portée de leurs études, et, les adaptant par avance au mouvement futur de la société, pour être les premiers à la pressurer. Sans ses observations curieuses et l'adresse avec laquelle il sut se produire dans les salons de Paris, ce récit n'eût pas été coloré des tons vrais qu'il devra sans doute à son esprit sagace et à son désir de pénétrer les mystères d'une situation épouvantable, aussi soigneusement cachée par ceux qui l'avaient créée que par celui qui la subissait.

Au-dessus de ce troisième étage étaient un grenier à étendre le linge et deux mansardes où couchaient un garçon de peine, nommé Christophe, et la grosse Sylvie, la cuisinière. Outre les sept pensionnaires internes, madame Vauquer avait, bon an, mal an, huit étudiants en Droit ou en Médecine, et deux ou trois habitués qui demeuraient dans le quartier, abonnés tous pour le dîner seulement. La salle contenait à dîner dix-huit personnes et pouvait en admettre une vingtaine ; mais le matin, il ne s'y trouvait que sept locataires dont la réunion offrait pendant le déjeuner l'aspect d'un repas de famille. Chacun descendait en pantoufles, se permettait des observations confidentielles sur la mise ou sur l'air des externes, et sur les événements de la soirée précédente, en s'exprimant avec la confiance de l'intimité. Ces sept pensionnaires étaient les enfants gâtés de

madame Vauquer, qui leur mesurait avec une précision d'astronome les soins et les égards, d'après le
chiffre de leurs pensions. Une même considération
affectait ces êtres rassemblés par le hasard. Les deux
locataires du second ne payaient que soixante-douze
francs par mois. Ce bon marché, qui ne se rencontre
que dans le faubourg Saint-Marcel, entre la Bourbe [1]
et la Salpêtrière, et auquel madame Couture faisait
seule exception, annonce que ces pensionnaires
devaient être sous le poids de malheurs plus ou moins
apparents. Aussi le spectacle désolant que présentait
l'intérieur de cette maison se répétait-il dans le
costume de ses habitués, également délabrés. Les
hommes portaient des redingotes dont la couleur était
devenue problématique, des chaussures comme il s'en
jette au coin des bornes dans les quartiers élégants, du
linge élimé, des vêtements qui n'avaient plus que
l'âme. Les femmes avaient des robes passées,
reteintes, déteintes, de vieilles dentelles raccommo-
dées, des gants glacés par l'usage, des collerettes
toujours rousses et des fichus éraillés. Si tels étaient
les habits, presque tous montraient des corps solidement charpentés, des constitutions qui avaient résisté
aux tempêtes de la vie, des faces froides, dures,
effacées comme celles des écus démonétisés. Les
bouches flétries étaient armées de dents avides. Ces
pensionnaires faisaient pressentir des drames accom-
plis ou en action ; non pas de ces drames joués à la
lueur des rampes, entre des toiles peintes mais des
drames vivants et muets, des drames glacés qui
remuaient chaudement le cœur, des drames continus.

La vieille demoiselle Michonneau gardait sur ses

yeux fatigués un crasseux abat-jour en taffetas vert,
cerclé par du fil d'archal qui aurait effarouché l'ange
de la Pitié. Son châle à franges maigres et pleurardes
semblait couvrir un squelette, tant les formes qu'il
cachait étaient anguleuses. Quel acide avait dépouillé
cette créature de ses formes féminines ? elle devait
avoir été jolie et bien faite : était-ce le vice, le chagrin,
la cupidité ? avait-elle trop aimé, avait-elle été marchande à la toilette, ou seulement courtisane ?
Expiait-elle les triomphes d'une jeunesse insolente au-
devant de laquelle s'étaient rués les plaisirs par une
vieillesse que fuyaient les passants ? Son regard blanc
donnait froid, sa figure rabougrie menaçait. Elle avait
la voix clairette d'une cigale criant dans son buisson
aux approches de l'hiver. Elle disait avoir pris soin
d'un vieux monsieur affecté d'une catarrhe à la vessie
et abandonné par ses enfants, qui l'avaient cru sans
ressource. Ce vieillard lui avait légué mille francs de
rente viagère, périodiquement disputés par les héritiers, aux calomnies desquels elle était en butte.
Quoique le jeu des passions eût ravagé sa figure, il s'y
trouvait encore certains vestiges d'une blancheur et
d'une finesse dans le tissu qui permettaient de supposer que le corps conservait quelques restes de beauté [1].

Monsieur Poiret était une espèce de mécanique. En
l'apercevant s'étendre comme une ombre grise le long
d'une allée au Jardin des Plantes, la tête couverte
d'une vieille casquette flasque, tenant à peine sa
canne à pomme d'ivoire jauni dans sa main, laissant
flotter les pans flétris de sa redingote qui cachait mal
une culotte presque vide, et des jambes en bas bleus
qui flageolaient comme celles d'un homme ivre, mon-

trant son gilet blanc sale et son jabot de grosse
mousseline recroquevillée qui s'unissait imparfaite-
ment à sa cravate cordée autour de son cou de dindon,
bien des gens se demandaient si cette ombre chinoise
appartenait à la race audacieuse des fils de Japhet qui
papillonnent sur le boulevard Italien [1]. Quel travail
avait pu le ratatiner ainsi ? quelle passion avait bistré
sa face bulbeuse, qui, dessinée en caricature, aurait
paru hors du vrai ? Ce qu'il avait été ? mais peut-être
avait-il été employé au Ministère de la Justice, dans le
bureau où les exécuteurs des hautes œuvres envoient
leurs mémoires de frais, le compte des fournitures de
voiles noirs pour les parricides, de son pour les
paniers, de ficelle pour les couteaux. Peut-être avait-il
été receveur à la porte d'un abattoir, ou sous-
inspecteur de salubrité. Enfin, cet homme semblait
avoir été l'un des ânes de notre grand moulin social,
l'un de ces Ratons parisiens qui ne connaissent même
pas leurs Bertrands [2], quelque pivot sur lequel avaient
tourné les infortunes ou les saletés publiques, enfin
l'un de ces hommes dont nous disons, en les voyant :
Il en faut pourtant comme ça. Le beau Paris ignore
ces figures blêmes de souffrances morales ou physi-
ques. Mais Paris est un véritable océan. Jetez-y la
sonde, vous n'en connaîtrez jamais la profondeur.
Parcourez-le, décrivez-le ! quelque soin que vous
mettiez à le parcourir, à le décrire ; quelque nombreux
et intéressés que soient les explorateurs de cette mer, il
s'y rencontrera toujours un lieu vierge, un antre
inconnu, des fleurs, des perles, des monstres, quelque
chose d'inouï, oublié par les plongeurs littéraires. La

Maison Vauquer est une de ces monstruosités
curieuses.

Deux figures y formaient un contraste frappant
avec la masse des pensionnaires et des habitués.
Quoique mademoiselle Victorine Taillefer eût une
blancheur maladive semblable à celle des jeunes filles
attaquées de chlorose, et qu'elle se rattachât à la
souffrance générale qui faisait le fond de ce tableau
par une tristesse habituelle, par une contenance
gênée, par un air pauvre et grêle, néanmoins son
visage n'était pas vieux, ses mouvements et sa voix
étaient agiles. Ce jeune malheur ressemblait à un
arbuste aux feuilles jaunies, fraîchement planté dans
un terrain contraire. Sa physionomie roussâtre, ses
cheveux d'un blond fauve, sa taille trop mince,
exprimaient cette grâce que les poètes modernes
trouvaient aux statuettes du Moyen Âge. Ses yeux gris
mélangés de noir exprimaient une douceur, une
résignation chrétiennes. Ses vêtements simples, peu
coûteux, trahissaient des formes jeunes. Elle était jolie
par juxtaposition. Heureuse, elle eût été ravissante : le
bonheur est la poésie des femmes, comme la toilette
en est le fard. Si la joie d'un bal eût reflété ses teintes
rosées sur ce visage pâle ; si les douceurs d'une vie
élégante eussent rempli, eussent vermillonné ces joues
déjà légèrement creusées ; si l'amour eût ranimé ces
yeux tristes, Victorine aurait pu lutter avec les plus
belles jeunes filles. Il lui manquait ce qui crée une
seconde fois la femme, les chiffons et les billets doux.
Son histoire eût fourni le sujet d'un livre. Son père
croyait avoir des raisons pour ne pas la reconnaître,
refusait de la garder près de lui, ne lui accordait que

six cents francs par an, et avait dénaturé sa fortune,
afin de pouvoir la transmettre en entier à son fils.
Parente éloignée de la mère de Victorine, qui jadis
était venue mourir de désespoir chez elle, madame
Couture prenait soin de l'orpheline comme de son
enfant. Malheureusement la veuve du Commissaire-
Ordonnateur des armées de la République ne possédait rien au monde que son douaire et sa pension ; elle
pouvait laisser un jour cette pauvre fille, sans expérience et sans ressources, à la merci du monde. La
bonne femme menait Victorine à la messe tous les
dimanches, à confesse tous les quinze jours, afin d'en
faire à tout hasard une fille pieuse. Elle avait raison.
Les sentiments religieux offraient un avenir à cet
enfant désavoué, qui aimait son père, qui tous les ans
s'acheminait chez lui pour y apporter le pardon de sa
mère ; mais qui, tous les ans, se cognait contre la porte
de la maison paternelle, inexorablement fermée. Son
frère, son unique médiateur, n'était pas venu la voir
une seule fois en quatre ans, et ne lui envoyait aucun
secours. Elle suppliait Dieu de dessiller les yeux de son
père, d'attendrir le cœur de son frère, et priait pour
eux sans les accuser. Madame Couture et madame
Vauquer ne trouvaient pas assez de mots dans le
dictionnaire des injures pour qualifier cette conduite
barbare. Quand elles maudissaient ce millionnaire
infâme, Victorine faisait entendre de douces paroles,
semblables au chant du ramier blessé, dont le cri de
douleur exprime encore l'amour.

Eugène de Rastignac [1] avait un visage tout méridional, le teint blanc, des cheveux noirs, des yeux bleus.
Sa tournure, ses manières, sa pose habituelle déno-

taient le fils d'une famille noble, où l'éducation
première n'avait comporté que des traditions de bon
goût. S'il était ménager de ses habits, si les jours
ordinaires il achevait d'user les vêtements de l'an
passé, néanmoins il pouvait sortir quelquefois mis
comme l'est un jeune homme élégant. Ordinairement
il portait une vieille redingote, un mauvais gilet, la
méchante cravate noire, flétrie, mal nouée de l'Étudiant, un pantalon à l'avenant et des bottes resseme-
lées.

Entre ces deux personnages et les autres, Vautrin,
l'homme de quarante ans, à favoris peints, servait de
transition. Il était un de ces gens dont le peuple dit :
Voilà un fameux gaillard ! Il avait les épaules larges,
le buste bien développé, les muscles apparents, des
mains épaisses, carrées et fortement marquées aux
phalanges par des bouquets de poils touffus et d'un
roux ardent. Sa figure, rayée par des rides prématu-
rées, offrait des signes de dureté que démentaient ses
manières souples et liantes. Sa voix de basse-taille, en
harmonie avec sa grosse gaieté, ne déplaisait point. Il
était obligeant et rieur. Si quelque serrure allait mal, il
l'avait bientôt démontée, rafistolée, huilée, limée,
remontée, en disant : « Ça me connaît. » Il connaissait tout d'ailleurs, les vaisseaux, la mer, la France,
l'étranger, les affaires, les hommes, les événements,
les lois, les hôtels et les prisons, Si quelqu'un se
plaignait par trop, il lui offrait aussitôt ses services. Il
avait prêté plusieurs fois de l'argent à madame
Vauquer et à quelques pensionnaires ; mais ses obligés seraient morts plutôt que de ne pas le lui rendre,
tant, malgré son air bonhomme, il imprimait de

crainte par un certain regard profond et plein de
résolution. A la manière dont il lançait un jet de
salive, il annonçait un sang-froid imperturbable qui
ne devait pas le faire reculer devant un crime pour
sortir d'une position équivoque. Comme un juge
sévère, son œil semblait aller au fond de toutes les
questions, de toutes les consciences, de tous les
sentiments. Ses mœurs consistaient à sortir après le
déjeuner, à revenir pour dîner, à décamper pour toute
la soirée, et à rentrer vers minuit, à l'aide d'un passe-
partout que lui avait confié madame Vauquer. Lui
seul jouissait de cette faveur. Mais aussi était-il au
mieux avec la veuve, qu'il appelait maman en la
saisissant par la taille, flatterie peu comprise ! La
bonne femme croyait la chose encore facile, tandis
que Vautrin seul avait les bras assez longs pour
presser cette pesante circonférence. Un trait de son
caractère était de payer généreusement quinze francs
par mois pour le *gloria* [1] qu'il prenait au dessert. Des
gens moins superficiels que ne l'étaient ces jeunes
gens emportés par les tourbillons de la vie parisienne,
ou ces vieillards indifférents à ce qui ne les touchait
pas directement, ne se seraient pas arrêtés à l'impression douteuse que leur causait Vautrin. Il savait ou
devinait les affaires de ceux qui l'entouraient, tandis
que nul ne pouvait pénétrer ni ses pensées ni ses
occupations. Quoiqu'il eût jeté son apparente bonhomie, sa constante complaisance et sa gaieté comme
une barrière entre les autres et lui, souvent il laissait
percer l'épouvantable profondeur de son caractère.
Souvent une boutade digne de Juvénal, et par laquelle
il semblait se complaire à bafouer les lois, à fouetter la

haute société, à la convaincre d'inconséquence avec
elle-même, devait faire supposer qu'il gardait rancune
à l'état social, et qu'il y avait au fond de sa vie un
mystère soigneusement enfoui.

Attirée, peut-être à son insu, par la force de l'un ou
par la beauté de l'autre, mademoiselle Taillefer
partageait ses regards furtifs, ses pensées secrètes,
entre ce quadragénaire et le jeune étudiant; mais
aucun d'eux ne paraissait songer à elle, quoique d'un
jour à l'autre le hasard pût changer sa position et la
rendre un riche parti. D'ailleurs aucune de ces
personnes ne se donnait la peine de vérifier si les
malheurs allégués par l'une d'elles étaient faux ou
véritables. Toutes avaient les unes pour les autres une
indifférence mêlée de défiance qui résultait de leurs
situations respectives. Elle se savaient impuissantes à
soulager leurs peines, et toutes avaient en se les
contant épuisé la coupe des condoléances. Semblables à de vieux époux, elles n'avaient plus rien à se
dire. Il ne restait donc entre elles que les rapports
d'une vie mécanique, le jeu de rouages sans huile.
Toutes devaient passer droit dans la rue devant un
aveugle, écouter sans émotion le récit d'une infortune,
et voir dans une mort la solution d'un problème de
misère qui les rendait froides à la plus terrible agonie.
La plus heureuse de ces âmes désolées était madame
Vauquer, qui trônait dans cet hospice libre. Pour elle
seule ce petit jardin, que le silence et le froid, le sec et
l'humide, faisaient vaste comme un steppe [1], était un
riant bocage. Pour elle seule cette maison jaune et
morne, qui sentait le vert-de-gris du comptoir, avait
des délices. Ces cabanons lui appartenaient. Elle

nourrissait ces forçats acquis à des peines perpétuelles, en exerçant sur eux une autorité respectée. Où ces
pauvres êtres auraient-ils trouvé dans Paris, au prix
où elle les donnait, des aliments sains, suffisants, et un
appartement qu'ils étaient maîtres de rendre, si non
élégant ou commode, du moins propre et salubre ? Se
fût-elle permis une injustice criante, la victime l'aurait supportée sans se plaindre.

Une réunion semblable devait offrir et offrait en
petit les éléments d'une société complète. Parmi les
dix-huit convives il se rencontrait, comme dans les
collèges, comme dans le monde, une pauvre créature
rebutée, un souffre-douleur sur qui pleuvaient les
plaisanteries. Au commencement de la seconde année,
cette figure devint pour Eugène de Rastignac la plus
saillante de toutes celles au milieu desquelles il était
condamné à vivre encore pendant deux ans. Ce
Patiras [1] était l'ancien vermicellier, le père Goriot, sur
la tête duquel un peintre aurait, comme l'historien,
fait tomber toute la lumière du tableau. Par quel
hasard ce mépris à demi haineux, cette persécution
mélangée de pitié, ce non respect du malheur avaient-
ils frappé le plus ancien pensionnaire ? Y avait-il
donné lieu par quelques-uns de ces ridicules ou de ces
bizarreries que l'on pardonne moins qu'on ne pardonne des vices ? Ces questions tiennent de près à
bien des injustices sociales. Peut-être est-il dans la
nature humaine de tout faire supporter à qui souffre
tout par humilité vraie, par faiblesse ou par indifférence. N'aimons-nous pas tous à prouver notre force
aux dépens de quelqu'un ou de quelque chose ? L'être
le plus débile, le gamin sonne à toutes les portes

quand il gèle, ou se glisse pour écrire son nom sur un monument vierge.

Le père Goriot, vieillard de soixante-neuf ans environ, s'était retiré chez madame Vauquer, en 1813, après avoir quitté les affaires. Il y avait d'abord pris l'appartement occupé par madame Couture, et donnait alors douze cents francs de pension, en homme pour qui cinq louis de plus ou de moins étaient une bagatelle. Madame Vauquer avait rafraîchi les trois chambres de cet appartement moyennant une indemnité préalable qui paya, dit-on, la valeur d'un méchant ameublement composé de rideaux en calicot jaune, de fauteuils en bois verni couverts en velours d'Utrecht, de quelques peintures à la colle, et de papiers que refusaient les cabarets de la banlieue. Peut-être l'insouciante générosité que mit à se laisser attraper le père Goriot, qui vers cette époque était respectueusement nommé monsieur Goriot, le fit-elle considérer comme un imbécile, qui ne connaissait rien aux affaires. Goriot vint muni d'une garde-robe bien fournie, le trousseau magnifique du négociant qui ne se refuse rien en se retirant du commerce. Madame Vauquer avait admiré dix-huit chemises de demi-hollande [1], dont la finesse était d'autant plus remarquable que le vermicellier portait sur son jabot dormant deux épingles unies par une chaînette, et dont chacune était montée d'un gros diamant. Habituellement vêtu d'un habit bleu-barbeau [2], il prenait chaque jour un gilet de piqué blanc, sous lequel fluctuait son ventre piriforme et proéminent, qui faisait rebondir une lourde chaîne d'or garnie de breloques. Sa tabatière, également en or, contenait un médaillon plein de cheveux qui le rendaient en apparence coupable de quelques bonnes fortunes. Lorsque son hôtesse l'accusa d'être un *galantin*, il laissa errer sur ses lèvres le gai sourire du bourgeois dont on a flatté le dada. Ses *ormoires* (il prononçait ce mot à la manière du menu peuple) furent remplies par la nombreuse argenterie de son ménage. Les yeux de la veuve s'allumèrent quand elle l'aida complaisamment à déballer et ranger les louches, les cuillers à ragoût, les couverts, les huiliers, les saucières, plusieurs plats, des déjeuners en vermeil, enfin des pièces plus ou moins belles, pesant un certain nombre de marcs, et dont il ne voulait pas se défaire. Ces cadeaux lui rappelaient les solennités de sa vie domestique. « Ceci, dit-il à madame Vauquer en serrant un plat et une petite écuelle dont le couvercle représentait deux tourterelles qui se becquetaient, est le premier présent que m'a fait ma femme, le jour de notre anniversaire. Pauvre bonne ! elle y avait consacré ses économies de demoiselle. Voyez-vous, madame ? j'aimerais mieux gratter la terre avec mes ongles que de me séparer de cela. Dieu merci ! je pourrai prendre dans cette écuelle mon café tous les matins durant le reste de mes jours. Je ne suis pas à plaindre, j'ai sur la planche du pain de cuit pour longtemps. » Enfin, madame Vauquer avait bien vu, de son œil de pie, quelques inscriptions sur le Grand Livre [1] qui, vaguement additionnées, pouvaient faire à cet excellent Goriot un revenu d'environ huit à dix mille francs. Dès ce jour, madame Vauquer, née de Conflans, qui avait alors quarante-huit ans effectifs et n'en acceptait que trente-neuf, eut des idées. Quoique le larmier des yeux de Goriot fût

retourné, gonflé, pendant, ce qui l'obligeait à les
essuyer assez fréquemment, elle lui trouva l'air agréable et comme il faut. D'ailleurs son mollet charnu,
saillant, pronostiquait, autant que son long nez carré,
des qualités morales auxquelles paraissait tenir la
veuve, et que confirmait la face lunaire et naïvement
niaise du bonhomme. Ce devait être une bête solidement bâtie, capable de dépenser tout son esprit en
sentiment. Ses cheveux en ailes de pigeon, que le
coiffeur de l'École Polytechnique vint lui poudrer tous
les matins, dessinaient cinq pointes sur son front bas,
et décoraient bien sa figure. Quoique un peu rustaud,
il était si bien tiré à quatre épingles, il prenait si
richement son tabac, il le humait en homme si sûr de
toujours avoir sa tabatière pleine de macouba [1], que le
jour où monsieur Goriot s'installa chez elle, madame
Vauquer se coucha le soir en rôtissant, comme une
perdrix dans sa barde, au feu du désir qui la saisit de
quitter le suaire de Vauquer pour renaître en Goriot.
Se marier, vendre sa pension, donner le bras à cette
fine fleur de bourgeoisie, devenir une dame notable
dans le quartier, y quêter pour les indigents, faire de
petites parties le dimanche à Choisy, Soissy, Gentilly ;
aller au spectacle à sa guise, en loge, sans attendre les
billets d'auteur que lui donnaient quelques-uns de ses
pensionnaires, au mois de juillet : elle rêva tout
l'Eldorado des petits ménages parisiens. Elle n'avait
avoué à personne qu'elle possédait quarante mille
francs amassés sou à sou. Certes elle se croyait, sous le
rapport de la fortune, un parti sortable. « Quand au
reste, je vaux bien le bonhomme ! » se dit-elle en se
retournant dans son lit, comme pour s'attester à elle-

même des charmes que la grosse Sylvie trouvait
chaque matin moulés en creux.

Dès ce jour, pendant environ trois mois, la veuve
Vauquer profita du coiffeur de monsieur Goriot, et fit
quelques frais de toilette, excusés par la nécessité de
donner à sa maison un certain décorum en harmonie
avec les personnes honorables qui la fréquentaient.
Elle s'intrigua beaucoup pour changer le personnel de
ses pensionnaires, en affichant la prétention de n'accepter désormais que les gens les plus distingués sous
tous les rapports. Un étranger se présentait-il, elle lui
vantait la préférence que monsieur Goriot, un des
négociants les plus notables et les plus respectables de
Paris, lui avait accordée. Elle distribua des prospectus
en tête desquels se lisait : MAISON-VAUQUER.
« C'était, disait-elle, une des plus anciennes et des
plus estimées pensions bourgeoises du pays latin. Il y
existait une vue des plus agréables sur la vallée des
Gobelins (on l'apercevait du troisième étage), et un
joli jardin, au bout duquel s'ÉTENDAIT une ALLÉE de
tilleuls. » Elle y parlait du bon air et de la solitude. Ce
prospectus lui amena madame la comtesse de l'Ambermesnil, femme de trente-six ans, qui attendait la
fin de la liquidation et le règlement d'une pension qui
lui était due, en qualité de veuve d'un général mort
sur *les* champs de bataille. Madame Vauquer soigna
sa table, fit du feu dans les salons pendant près de six
mois, et tint si bien les promesses de son prospectus,
qu'*elle y mit du sien.* Aussi la comtesse disait-elle à
madame Vauquer, en l'appelant *chère amie,* qu'elle
lui procurerait la baronne de Vaumerland et la veuve
du colonel comte Picquoiseau, deux de ses amies, qui

achevaient au Marais leur terme dans une pension
plus coûteuse que ne l'était la Maison-Vauquer. Ces
dames seraient d'ailleurs fort à leur aise quand les
Bureaux de la Guerre auraient fini leur travail.
« Mais, disait-elle, les Bureaux ne terminent rien. »
Les deux veuves montaient ensemble après le dîner
dans la chambre de madame Vauquer, et y faisaient
de petites causettes en buvant du cassis et mangeant
des friandises réservées pour la bouche de la maîtresse. Madame de l'Ambermesnil approuva beaucoup les vues de son hôtesse sur le Goriot, vues
excellentes, qu'elle avait d'ailleurs devinées dès le
premier jour ; elle le trouvait un homme parfait.

— Ah ! ma chère dame, un homme sain comme
mon œil, lui disait la veuve, un homme parfaitement
conservé, et qui peut donner encore bien de l'agrément à une femme.

La comtesse fit généreusement des observations à
madame Vauquer sur sa mise, qui n'était pas en
harmonie avec ses prétentions. « Il faut vous mettre
sur le pied de guerre », lui dit-elle. Après bien des
calculs, les deux veuves allèrent ensemble au Palais-
Royal, où elles achetèrent, aux Galeries de Bois [1], un
chapeau à plumes et un bonnet. La comtesse entraîna
son amie au magasin de *La Petite Jeannette* [2], où elles
choisirent une robe et une écharpe. Quand ces muni-
tions furent employées, et que la veuve fut sous les
armes, elle ressembla parfaitement à l'enseigne du
Bœuf à la mode [3]. Néanmoins elle se trouva si changée
à son avantage, qu'elle se crut l'obligée de la
comtesse, et, quoique peu *donnante*, elle la pria
d'accepter un chapeau de vingt francs. Elle comptait,

à la vérité, lui demander le service de sonder Goriot et
de la faire valoir auprès de lui. Madame de l'Ambermesnil se prêta fort amicalement à ce manège, et
cerna le vieux vermicellier avec lequel elle réussit à
avoir une conférence; mais après l'avoir trouvé
pudibond, pour ne pas dire réfractaire aux tentatives
que lui suggéra son désir particulier de le séduire pour
son propre compte, elle sortit révoltée de sa grossiè-
reté.

— Mon ange, dit-elle à sa chère amie, vous ne
tirerez rien de cet homme-là! il est ridiculement
défiant, c'est un grippe-sou, une bête, un sot, qui ne
vous causera que du désagrément.

Il y eut entre monsieur Goriot et madame de
l'Ambermesnil des choses telles que la comtesse ne
voulut même plus se trouver avec lui. Le lendemain,
elle partit en oubliant de payer six mois de pension, et
en laissant une défroque prisée cinq francs. Quelque
âpreté que madame Vauquer mît à ses recherches, elle
ne put obtenir aucun renseignement dans Paris sur la
comtesse de l'Ambermesnil. Elle parlait souvent de
cette déplorable affaire, en se plaignant de son trop de
confiance, quoiqu'elle fût plus méfiante que ne l'est
une chatte; mais elle ressemblait à beaucoup de
personnes qui se défient de leurs proches, et se livrent
au premier venu. Fait moral, bizarre, mais vrai, dont
la racine est facile à trouver dans le cœur humain.
Peut-être certaines gens n'ont-ils plus rien à gagner
auprès des personnes avec lesquelles ils vivent; après
leur avoir montré le vide de leur âme, ils se sentent
secrètement jugés par elles avec une sévérité méritée;
mais, éprouvant un invincible besoin de flatteries qui

leur manquent, ou dévorés par l'envie de paraître
posséder les qualités qu'ils n'ont pas, ils espèrent
surprendre l'estime ou le cœur de ceux qui leur sont
étrangers, au risque d'en déchoir un jour. Enfin il est
des individus nés mercenaires qui ne font aucun bien
à leurs amis ou à leurs proches, parce qu'ils le
doivent ; tandis qu'en rendant service à des inconnus,
ils en recueillent un gain d'amour-propre : plus le
cercle de leurs affections est près d'eux, moins ils
aiment ; plus il s'étend, plus serviables ils sont.
Madame Vauquer tenait sans doute de ces deux
natures, essentiellement mesquines, fausses, exécrables.

— Si j'avais été ici, lui disait alors Vautrin, ce
malheur ne vous serait pas arrivé ! je vous aurais
joliment dévisagé cette farceuse-là. Je connais leurs
frimousses.

Comme tous les esprits rétrécis, madame Vauquer
avait l'habitude de ne pas sortir du cercle des
événements, et de ne pas juger leurs causes. Elle
aimait à s'en prendre à autrui de ses propres fautes.
Quand cette perte eut lieu, elle considéra l'honnête
vermicellier comme le principe de son infortune, et
commença dès lors, disait-elle, à se dégriser sur son
compte. Lorsqu'elle eut reconnu l'inutilité de ses
agaceries et de ses faits de représentation, elle ne
tarda pas à en deviner la raison. Elle s'aperçut alors
que son pensionnaire avait déjà, selon son expression,
ses allures [1]. Enfin il lui fut prouvé que son espoir si
mignonnement caressé reposait sur une base chiméri-
que, et qu'elle ne tirerait jamais rien de cet homme-là,
suivant le mot énergique de la comtesse, qui paraissait

être une connaisseuse. Elle alla nécessairement plus
loin en aversion qu'elle n'était allée dans son amitié.
Sa haine ne fut pas en raison de son amour, mais de
ses espérances trompées. Si le cœur humain trouve
des repos en montant les hauteurs de l'affection, il
s'arrête rarement sur la pente rapide des sentiments
haineux. Mais monsieur Goriot était son pensionnaire,
la veuve fut donc obligée de réprimer les explosions de
son amour-propre blessé, d'enterrer les soupirs que
lui causa cette déception, et de dévorer ses désirs de
vengeance, comme un moine vexé par son prieur. Les
petits esprits satisfont leurs sentiments, bons ou
mauvais, par des petitesses incessantes. La veuve
employa sa malice de femme à inventer de sourdes
persécutions contre sa victime. Elle commença par
retrancher les superfluités introduites dans sa pension. « Plus de cornichons, plus d'anchois : c'est des
duperies ! » dit-elle à Sylvie, le matin où elle rentra
dans son ancien programme. Monsieur Goriot était un
homme frugal, chez qui la parcimonie nécessaire aux
gens qui font eux-mêmes leur fortune était dégénérée
en habitude. La soupe, le bouilli, un plat de légumes,
avaient été, devaient toujours être son dîner de
prédilection. Il fut donc bien difficile à madame
Vauquer de tourmenter son pensionnaire, de qui elle
ne pouvait en rien froisser les goûts. Désespérée de
rencontrer un homme inattaquable, elle se mit à le
déconsidérer, et fit ainsi partager son aversion pour
Goriot par ses pensionnaires, qui, par amusement,
servirent ses vengeances. Vers la fin de la première
année, la veuve en était venue à un tel degré de
méfiance, qu'elle se demandait pourquoi ce négo-

ciant, riche de sept à huit mille livres de rente, qui
possédait une argenterie superbe et des bijoux aussi
beaux que ceux d'une fille entretenue, demeurait chez
elle, en lui payant une pension si modique relativement à sa fortune. Pendant la plus grande partie de
cette première année, Goriot avait souvent dîné
dehors une ou deux fois par semaine ; puis, insensiblement, il en était arrivé à ne plus dîner en ville que
deux fois par mois. Les petites parties fines du sieur
Goriot convenaient trop bien aux intérêts de madame
Vauquer pour qu'elle ne fût pas mécontente de
l'exactitude progressive avec laquelle son pensionnaire prenait ses repas chez elle. Ces changements
furent attribués autant à une lente diminution de
fortune qu'au désir de contrarier son hôtesse. Une des
plus détestables habitudes de ces esprits lilliputiens
est de supposer leurs petitesses chez les autres.
Malheureusement, à la fin de la deuxième année,
monsieur Goriot justifia les bavardages dont il était
l'objet, en demandant à madame Vauquer de passer
au second étage, et de réduire sa pension à neuf cents
francs. Il eut besoin d'une si stricte économie qu'il ne
fit plus de feu chez lui pendant l'hiver. La veuve
Vauquer voulut être payée d'avance ; à quoi consentit
monsieur Goriot, que dès lors elle nomma le père
Goriot. Ce fut à qui devinerait les causes de cette
décadence. Exploration difficile ! Comme l'avait dit la
fausse comtesse, le père Goriot était un sournois, un
taciturne. Suivant la logique des gens à tête vide, tous
indiscrets parce qu'ils n'ont que des riens à dire, ceux
qui ne parlent pas de leurs affaires en doivent faire de
mauvaises. Ce négociant si distingué devint donc un

fripon, ce galantin fut un vieux drôle. Tantôt, selon Vautrin, qui vint vers cette époque habiter la Maison-Vauquer, le père Goriot était un homme qui allait à la Bourse et qui, suivant une expression assez énergique de la langue financière, *carottait* [1] sur les rentes après s'y être ruiné. Tantôt c'était un de ces petits joueurs qui vont hasarder et gagner tous les soirs dix francs au jeu. Tantôt on en faisait un espion attaché à la haute police ; mais Vautrin prétendait qu'il n'était pas assez rusé pour *en être*. Le père Goriot était encore un avare qui prêtait à la petite semaine, un homme qui nourrissait des numéros à la loterie [2]. On en faisait tout ce que le vice, la honte, l'impuissance engendrent de plus mystérieux. Seulement, quelque ignobles que fussent sa conduite ou ses vices, l'aversion qu'il inspirait n'allait pas jusqu'à le faire bannir : il payait sa pension. Puis il était utile, chacun essayait sur lui sa bonne ou mauvaise humeur par des plaisanteries ou par des bourrades. L'opinion qui paraissait plus probable, et qui fut généralement adoptée, était celle de madame Vauquer. A l'entendre, cet homme si bien conservé, sain comme son œil et avec lequel on pourrait avoir encore beaucoup d'agrément, était un libertin qui avait des goûts étranges. Voici sur quels faits la veuve Vauquer appuyait ses calomnies. Quelques mois après le départ de cette désastreuse comtesse qui avait su vivre pendant six mois à ses dépens, un matin, avant de se lever, elle entendit dans son escalier le froufrou d'une robe de soie et le pas mignon d'une femme jeune et légère qui filait chez Goriot, dont la porte s'était intelligemment ouverte. Aussitôt la grosse Sylvie vint dire à sa maîtresse qu'une fille trop jolie pour être honnête, *mise comme une divinité,* chaussée en brodequins de prunelle [1] qui n'étaient pas crottés, avait glissé comme une anguille de la rue jusqu'à la cuisine, et lui avait demandé l'appartement de monsieur Goriot. Madame Vauquer et sa cuisinière se mirent aux écoutes, et surprirent plusieurs mots tendrement prononcés pendant la visite, qui dura quelque temps. Quand monsieur Goriot reconduisit sa *dame,* la grosse Sylvie prit aussitôt son panier, et feignit d'aller au marché, pour suivre le couple amoureux.

— Madame, dit-elle à sa maîtresse en revenant, il faut que monsieur Goriot soit diantrement riche tout de même, pour les mettre sur ce pied-là. Figurez-vous qu'il y avait au coin de l'Estrapade [2] un superbe équipage dans lequel *elle* est montée.

Pendant le dîner, madame Vauquer alla tirer un rideau pour empêcher que Goriot ne fût incommodé par le soleil dont un rayon lui tombait sur les yeux.

— Vous êtes aimé des belles, monsieur Goriot, le soleil vous cherche, dit-elle en faisant allusion à la visite qu'il avait reçue. Peste ! vous avez bon goût, elle était bien jolie.

— C'était ma fille, dit-il avec une sorte d'orgueil dans lequel les pensionnaires voulurent voir la fatuité d'un vieillard qui garde les apparences.

Un mois après cette visite, monsieur Goriot en reçut une autre. Sa fille qui, la première fois, était venue en toilette du matin, vint après le dîner et habillée comme pour aller dans le monde ! Les pensionnaires, occupés à causer dans le salon, purent voir en elle une jolie blonde, mince de taille, gracieuse, et beaucoup trop distinguée pour être la fille d'un père Goriot.

— Et de deux ! dit la grosse Sylvie, qui ne la reconnut pas.

Quelques jours après, une autre fille, grande et bien faite, brune, à cheveux noirs et à l'œil vif, demanda monsieur Goriot.

— Et de trois ! dit Sylvie.

Cette seconde fille, qui la première fois était aussi venue voir son père le matin, vint quelques jours après, le soir, en toilette de bal et en voiture.

— Et de quatre ! dirent madame Vauquer et la grosse Sylvie, qui ne reconnurent dans cette grande dame aucun vestige de la fille simplement mise le matin où elle fit sa première visite.

Goriot payait encore douze cents francs de pension. Madame Vauquer trouva tout naturel qu'un homme riche eût quatre ou cinq maîtresses, et le trouva même fort adroit de les faire passer pour ses filles. Elle ne se formalisa point de ce qu'il les mandait dans la Maison-Vauquer. Seulement, comme ces visites lui expliquaient l'indifférence de son pensionnaire à son égard, elle se permit, au commencement de la deuxième année, de l'appeler *vieux matou*. Enfin, quand son pensionnaire tomba dans les neuf cents francs, elle lui demanda fort insolemment ce qu'il comptait faire de sa maison, en voyant descendre une de ces dames. Le père Goriot lui répondit que cette dame était sa fille aînée.

— Vous en avez donc trente-six, des filles ? dit aigrement madame Vauquer.

— Je n'en ai que deux, répliqua le pensionnaire

avec la douceur d'un homme ruiné qui arrive à toutes
les docilités de la misère.

Vers la fin de la troisième année, le père Goriot
réduisit encore ses dépenses, en montant au troisième
étage et en se mettant à quarante-cinq francs de
pension par mois. Il se passa de tabac, congédia son
perruquier et ne mit plus de poudre. Quand le père
Goriot parut pour la première fois sans être poudré,
son hôtesse laissa échapper une exclamation de surprise en apercevant la couleur de ses cheveux, ils
étaient d'un gris sale et verdâtre. Sa physionomie, que
des chagrins secrets avaient insensiblement rendue
plus triste de jour en jour, semblait la plus désolée de
toutes celles qui garnissaient la table. Il n'y eut alors
plus aucun doute. Le père Goriot était un vieux
libertin dont les yeux n'avaient été préservés de la
maligne influence des remèdes nécessités par ses
maladies que par l'habileté d'un médecin. La couleur
dégoûtante de ses cheveux provenait de ses excès et
des drogues qu'il avait prises pour les continuer.
L'état physique et moral du bonhomme donnait
raison à ces radotages. Quand son trousseau fut usé, il
acheta du calicot à quatorze sous l'aune pour remplacer son beau linge. Ses diamants, sa tabatière d'or, sa
chaîne, ses bijoux, disparurent un à un. Il avait quitté
l'habit bleu-barbeau, tout son costume cossu, pour
porter, été comme hiver, une redingote de drap
marron grossier, un gilet en poil de chèvre, et un
pantalon gris en cuir de laine. Il devint progressive-
ment maigre ; ses mollets tombèrent ; sa figure, bouf-
fie par le contentement d'un bonheur bourgeois, se
vida démesurément ; son front se plissa, sa mâchoire

se dessina. Durant la quatrième année de son établissement rue Neuve-Sainte-Geneviève, il ne se ressemblait plus. Le bon vermicellier de soixante-deux ans
qui ne paraissait pas en avoir quarante, le bourgeois
gros et gras, frais de bêtise, dont la tenue égrillarde
réjouissait les passants, qui avait quelque chose de
jeune dans le sourire, semblait être un septuagénaire
hébété, vacillant, blafard. Ses yeux bleus si vivaces
prirent des teintes ternes et gris-de-fer, ils avaient
pâli, ne larmoyaient plus, et leur bordure rouge
semblait pleurer du sang. Aux uns, il faisait horreur ;
aux autres, il faisait pitié. De jeunes étudiants en
Médecine, ayant remarqué l'abaissement de sa lèvre
inférieure et mesuré le sommet de son angle facial, le
déclarèrent atteint de crétinisme, après l'avoir longtemps houspillé sans en rien tirer. Un soir, après le
dîner, madame Vauquer lui ayant dit en manière de
raillerie : « Eh bien ! elles ne viennent donc plus vous
voir, vos filles ? » en mettant en doute sa paternité, le
père Goriot tressaillit comme si son hôtesse l'eût piqué
avec un fer.

— Elles viennent quelquefois, répondit-il d'une
voix émue.

— Ah ! ah ! vous les voyez encore quelquefois !
s'écrièrent les étudiants. Bravo, père Goriot !

Mais le vieillard n'entendit pas les plaisanteries que
sa réponse lui attirait, il était retombé dans un état
méditatif que ceux qui l'observaient superficiellement
prenaient pour un engourdissement sénile dû à son
défaut d'intelligence. S'ils l'avaient bien connu, peut-
être auraient-ils été vivement intéressés par le problème que présentait sa situation physique et morale ;

mais rien n'était plus difficile. Quoiqu'il fût aisé de savoir si Goriot avait réellement été vermicellier, et quel était le chiffre de sa fortune, les vieilles gens dont la curiosité s'éveilla sur son compte ne sortaient pas du quartier et vivaient dans la pension comme des huîtres sur un rocher. Quant aux autres personnes, l'entraînement particulier de la vie parisienne leur faisait oublier, en sortant de la rue Neuve-Sainte-Geneviève, le pauvre vieillard dont ils se moquaient. Pour ces esprits étroits, comme pour ces jeunes gens insouciants, la sèche misère du père Goriot et sa stupide attitude étaient incompatibles avec une fortune et une capacité quelconques. Quant aux femmes qu'il nommait ses filles, chacun partageait l'opinion de madame Vauquer, qui disait, avec la logique sévère que l'habitude de tout supposer donne aux vieilles femmes occupées à bavarder pendant leurs soirées : « Si le père Goriot avait des filles aussi riches que paraissaient l'être toutes les dames qui sont venues le voir, il ne serait pas dans ma maison, au troisième, à quarante-cinq francs par mois, et n'irait pas vêtu comme un pauvre. » Rien ne pouvait démentir ces inductions. Aussi, vers la fin du mois de novembre 1819, époque à laquelle éclata ce drame, chacun dans la pension avait-il des idées arrêtées sur le pauvre vieillard. Il n'avait jamais eu ni fille ni femme ; l'abus des plaisirs en faisait un colimaçon, un mollusque anthropomorphe à classer dans les *Casquettifères* [1], disait un employé au Muséum, un des habitués à cachet. Poiret était un aigle, un gentleman auprès de Goriot. Poiret parlait, raisonnait, répondait, il ne disait rien, à la vérité, en parlant, raisonnant ou répondant, car il avait l'habitude de répéter en d'autres termes ce que les autres disaient ; mais il contribuait à la conversation, il était vivant, il paraissait sensible ; tandis que le père Goriot, disait encore l'employé au Muséum, était constamment à zéro de Réaumur.

Eugène de Rastignac était revenu dans une disposition d'esprit que doivent avoir connue les jeunes gens supérieurs, ou ceux auxquels une position difficile communique momentanément les qualités des hommes d'élite. Pendant sa première année de séjour à Paris, le peu de travail que veulent les premiers grades à prendre dans la Faculté l'avait laissé libre de goûter les délices visibles du Paris matériel. Un étudiant n'a pas trop de temps s'il veut connaître le répertoire de chaque théâtre, étudier les issues du labyrinthe parisien, savoir les usages, apprendre la langue et s'habituer aux plaisirs particuliers de la capitale ; fouiller les bons et les mauvais endroits, suivre les cours qui amusent, inventorier les richesses des musées. Un étudiant se passionne alors pour des niaiseries qui lui paraissent grandioses. Il a son grand homme, un professeur du Collège de France, payé pour se tenir à la hauteur de son auditoire. Il rehausse sa cravate et se pose pour la femme des premières galeries de l'Opéra-Comique. Dans ces initiations successives, il se dépouille de son aubier, agrandit l'horizon de sa vie, et finit par concevoir la superposition des couches humaines qui composent la société. S'il a commencé par admirer les voitures au défilé des Champs-Élysées par un beau soleil, il arrive bientôt à les envier. Eugène avait subi cet apprentissage à son

insu, quand il partit en vacances, après avoir été reçu
bachelier ès Lettres et bachelier en Droit. Ses illusions
d'enfance, ses idées de province avaient disparu. Son
intelligence modifiée, son ambition exaltée lui firent
voir juste au milieu du manoir paternel, au sein de la
famille. Son père, sa mère, ses deux frères, ses deux
sœurs, et une tante dont la fortune consistait en
pensions, vivaient sur la petite terre de Rastignac. Ce
domaine d'un revenu d'environ trois mille francs était
soumis à l'incertitude qui régit le produit tout indus-
triel de la vigne, et néanmoins il fallait en extraire
chaque année douze cents francs pour lui. L'aspect de
cette constante détresse qui lui était généreusement
cachée, la comparaison qu'il fut forcé d'établir entre
ses sœurs, qui lui semblaient si belles dans son
enfance, et les femmes de Paris, qui lui avaient réalisé
le type d'une beauté rêvée, l'avenir incertain de cette
nombreuse famille qui reposait sur lui, la parcimo-
nieuse attention avec laquelle il vit serrer les plus
minces productions, la boisson faite pour sa famille
avec les marcs de pressoir, enfin une foule de circonstances inutiles à consigner ici, décuplèrent son désir
de parvenir et lui donnèrent soif des distinctions.
Comme il arrive aux âmes grandes, il voulut ne rien
devoir qu'à son mérite. Mais son esprit était éminemment méridional ; à l'exécution, ses déterminations
devaient donc être frappées de ces hésitations qui
saisissent les jeunes gens quand ils se trouvent en
pleine mer, sans savoir ni de quel côté diriger leurs
forces, ni sous quel angle enfler leurs voiles. Si
d'abord il voulut se jeter à corps perdu dans le travail,
séduit bientôt par la nécessité de se créer des relations,

il remarqua combien les femmes ont d'influence sur la vie sociale, et avisa soudain à se lancer dans le monde, afin d'y conquérir des protectrices : devaient-elles manquer à un jeune homme ardent et spirituel dont l'esprit et l'ardeur étaient rehaussés par une tournure élégante et par une sorte de beauté nerveuse à laquelle les femmes se laissent prendre volontiers ? Ces idées l'assaillirent au milieu des champs, pendant les promenades que jadis il faisait gaiement avec ses sœurs, qui le trouvèrent bien changé. Sa tante, madame de Marcillac, autrefois présentée à la Cour, y avait connu les sommités aristocratiques. Tout à coup le jeune ambitieux reconnut, dans les souvenirs dont sa tante l'avait si souvent bercé, les éléments de plusieurs conquêtes sociales, au moins aussi importantes que celles qu'il entreprenait à l'École de Droit ; il la questionna sur les liens de parenté qui pouvaient encore se renouer. Après avoir secoué les branches de l'arbre généalogique, la vieille dame estima que, de toutes les personnes qui pouvaient servir son neveu parmi la gent égoïste des parents riches, madame la vicomtesse de Beauséant serait la moins récalcitrante. Elle écrivit à cette jeune femme une lettre dans l'ancien style, et la remit à Eugène, en lui disant que, s'il réussissait auprès de la vicomtesse, elle lui ferait retrouver ses autres parents. Quelques jours après son arrivée, Rastignac envoya la lettre de sa tante à madame de Beauséant. La vicomtesse répondit par une invitation de bal pour le lendemain.

Telle était la situation générale de la pension bourgeoise à la fin du mois de novembre 1819. Quelques jours plus tard, Eugène après être allé au

bal de madame de Beauséant, rentra vers deux heures
dans la nuit. Afin de regagner le temps perdu, le
courageux étudiant s'était promis, en dansant, de
travailler jusqu'au matin. Il allait passer la nuit pour
la première fois au milieu de ce silencieux quartier,
car il s'était mis sous le charme d'une fausse énergie
en voyant les splendeurs du monde. Il n'avait pas dîné
chez madame Vauquer. Les pensionnaires purent
donc croire qu'il ne reviendrait du bal que le lendemain matin au petit jour, comme il était quelquefois
rentré des fêtes du Prado [1] ou des bals de l'Odéon, en
crottant ses bas de soie et gauchissant ses escarpins.
Avant de mettre les verrous à la porte, Christophe
l'avait ouverte pour regarder dans la rue. Rastignac se
présenta dans ce moment, et put monter à sa chambre
sans faire de bruit, suivi de Christophe qui en faisait
beaucoup. Eugène se déshabilla, se mit en pantoufles,
prit une méchante redingote, alluma son feu de
mottes [2], et se prépara lestement au travail, en sorte
que Christophe couvrit encore par le tapage de ses
gros souliers les apprêts peu bruyants du jeune
homme. Eugène resta pensif pendant quelques
moments avant de se plonger dans ses livres de Droit.
Il venait de reconnaître en madame la vicomtesse de
Beauséant l'une des reines de la mode à Paris, et dont
la maison passait pour être la plus agréable du
faubourg Saint-Germain. Elle était d'ailleurs, et par
son nom et par sa fortune, l'une des sommités du
monde aristocratique. Grâce à sa tante de Marcillac,
le pauvre étudiant avait été bien reçu dans cette
maison, sans connaître l'étendue de cette faveur. Être
admis dans ces salons dorés équivalait à un brevet de

haute noblesse. En se montrant dans cette société, la plus exclusive de toutes, il avait conquis le droit d'aller partout. Ébloui par cette brillante assemblée, ayant à peine échangé quelques paroles avec la vicomtesse, Eugène s'était contenté de distinguer, parmi la foule des déités parisiennes qui se pressaient dans ce raout, une de ces femmes que doit adorer tout d'abord un jeune homme. La comtesse Anastasie de Restaud, grande et bien faite, passait pour avoir l'une des plus jolies tailles de Paris. Figurez-vous de grands yeux noirs, une main magnifique, un pied bien découpé, du feu dans les mouvements, une femme que le marquis de Ronquerolles nommait un cheval de pur sang. Cette finesse de nerfs ne lui ôtait aucun avantage ; elle avait les formes pleines et rondes, sans qu'elle pût être accusée de trop d'embonpoint. *Cheval de pur sang, femme de race*, ces locutions commençaient à remplacer les anges du ciel, les figures ossianiques, toute l'ancienne mythologie amoureuse repoussée par le dandysme. Mais pour Rastignac, madame Anastasie de Restaud fut la femme désirable. Il s'était ménagé deux tours dans la liste des cavaliers écrite sur l'éventail, et avait pu lui parler pendant la première contredanse. — Où vous rencontrer désormais, madame ? lui avait-il dit brusquement avec cette force de passion qui plaît tant aux femmes. — Mais, dit-elle, au bois, aux Bouffons [1], chez moi, partout.

Et l'aventureux Méridional s'était empressé de se lier avec cette délicieuse comtesse, autant qu'un jeune homme peut se lier avec une femme pendant une contredanse et une valse. En se disant cousin de madame de Beauséant, il fut invité par cette femme, qu'il prit pour une grande dame, et eut ses entrées chez elle. Au dernier sourire qu'elle lui jeta, Rastignac crut sa visite nécessaire. Il avait eu le bonheur de rencontrer un homme qui ne s'était pas moqué de son ignorance, défaut mortel au milieu des illustres impertinents de l'époque, les Maulincourt, les Ronquerolles, les Maxime de Trailles, les de Marsay, les Ajuda-Pinto, les Vandenesse, qui étaient là dans la gloire de leurs fatuités et mêlés aux femmes les plus élégantes, lady Brandon, la duchesse de Langeais, la comtesse de Kergarouët, madame de Sérisy, la duchesse de Carigliano, la comtesse Ferraud, madame de Lanty, la marquise d'Aiglemont, madame Firmiani, la marquise de Listomère et la marquise d'Espard, la duchesse de Maufrigneuse et les Grandlieu [1]. Heureusement donc, le naïf étudiant tomba sur le marquis de Montriveau, l'amant de la duchesse de Langeais, un général simple comme un enfant, qui lui apprit que la comtesse de Restaud demeurait rue de Helder.

Être jeune, avoir soif du monde, avoir faim d'une femme, et voir s'ouvrir pour soi deux maisons ! mettre le pied au faubourg Saint-Germain chez la vicomtesse de Beauséant, le genou dans la Chaussée-d'Antin chez la comtesse de Restaud ! plonger d'un regard dans les salons de Paris en enfilade, et se croire assez joli garçon pour y trouver aide et protection dans un cœur de femme ! se sentir assez ambitieux pour donner un superbe coup de pied à la corde roide sur laquelle il faut marcher avec l'assurance du sauteur qui ne tombera pas, et avoir trouvé dans une charmante

femme le meilleur des balanciers ! Avec ces pensées et
devant cette femme qui se dressait sublime auprès
d'un feu de mottes, entre le Code et la misère, qui
n'aurait comme Eugène sondé l'avenir par une méditation, qui ne l'aurait meublé de succès ? Sa pensée
vagabonde escomptait si drûment ses joies futures
qu'il se croyait auprès de madame de Restaud quand
un soupir semblable à un *han* de saint Joseph troubla
le silence de la nuit, retentit au cœur du jeune homme
de manière à le lui faire prendre pour le râle d'un
moribond. Il ouvrit doucement la porte, et quand il
fut dans le corridor, il aperçut une ligne de lumière
tracée au bas de la porte du père Goriot. Eugène
craignit que son voisin ne se trouvât indisposé, il
approcha son œil de la serrure, regarda dans la
chambre, et vit le vieillard occupé de travaux qui lui
parurent trop criminels pour qu'il ne crût pas rendre
service à la société en examinant bien ce que machi-
nait nuitamment le soi-disant vermicellier. Le père
Goriot, qui sans doute avait attaché sur la barre d'une
table renversée un plat et une espèce de soupière en
vermeil, tournait une espèce de câble autour de ces
objets richement sculptés, en les serrant avec une si
grande force qu'il les tordait vraisemblablement pour
les convertir en lingots. — Peste ! quel homme ! se dit
Rastignac en voyant le bras nerveux du vieillard qui, à
l'aide de cette corde, pétrissait sans bruit l'argent
doré, comme une pâte. Mais serait-ce donc un voleur
ou un receleur qui, pour se livrer plus sûrement à son
commerce, affecterait la bêtise, l'impuissance, et
vivrait en mendiant ? se dit Eugène en se relevant un
moment. L'étudiant appliqua de nouveau son œil à la

serrure. Le père Goriot, qui avait déroulé son câble, prit la masse d'argent, la mit sur la table après y avoir étendu sa couverture, et l'y roula pour l'arrondir en barre, opération dont il s'acquitta avec une facilité merveilleuse. — Il serait donc aussi fort que l'était Auguste, roi de Pologne ? se dit Eugène quand la barre ronde fut à peu près façonnée. Le père Goriot regarda tristement son ouvrage d'un air triste, des larmes sortirent de ses yeux, il souffla le rat-de-cave à la lueur duquel il avait tordu ce vermeil, et Eugène l'entendit se coucher en poussant un soupir. — Il est fou, pensa l'étudiant.

— Pauvre enfant ! dit à haute voix le père Goriot. A cette parole, Rastignac jugea prudent de garder le silence sur cet événement, et de ne pas inconsidérément condamner son voisin. Il allait rentrer quand il distingua soudain un bruit assez difficile à exprimer, et qui devait être produit par des hommes en chaussons de lisière montant l'escalier. Eugène prêta l'oreille, et reconnut en effet le son alternatif de la respiration de deux hommes. Sans avoir entendu ni le cri de la porte ni les pas des hommes, il vit tout à coup une faible lueur au second étage, chez monsieur Vautrin.

— Voilà bien des mystères dans une pension bourgeoise ! se dit-il. Il descendit quelques marches, se mit à écouter, et le son de l'or frappa son oreille. Bientôt la lumière fut éteinte, les deux respirations se firent entendre derechef sans que la porte eût crié. Puis, à mesure que les deux hommes descendirent, le bruit alla s'affaiblissant.

— Qui va là ? cria madame Vauquer en ouvrant la fenêtre de sa chambre.

— C'est moi qui rentre, maman Vauquer, dit Vautrin de sa grosse voix.

— C'est singulier ! Christophe avait mis le verrou, se dit Eugène en rentrant dans sa chambre. Il faut veiller pour bien savoir ce qui se passe autour de soi, dans Paris. Détourné par ces petits événements de sa méditation ambitieusement amoureuse, il se mit au travail. Distrait par les soupçons qui lui venaient sur le compte du père Goriot, plus distrait encore par la figure de madame de Restaud, qui de moments en moments se posait devant lui comme la messagère d'une brillante destinée, il finit par se coucher et par dormir à poings fermés. Sur dix nuits promises au travail par les jeunes gens, ils en donnent sept au sommeil. Il faut avoir plus de vingt ans pour veiller.

Le lendemain matin régnait à Paris un de ces épais brouillards qui l'enveloppent et l'embrument si bien que les gens les plus exacts sont trompés par le temps. Les rendez-vous d'affaires se manquent. Chacun se croit à huit heures quand midi sonne. Il était neuf heures et demie, madame Vauquer n'avait pas encore bougé de son lit. Chritophe et la grosse Sylvie, attardés aussi, prenaient tranquillement leur café, préparé avec les couches supérieures du lait destiné aux pensionnaires, et que Sylvie faisait longtemps bouillir, afin que madame Vauquer ne s'aperçût pas de cette dîme illégalement levée.

— Sylvie, dit Christophe en mouillant sa première rôtie. monsieur Vautrin, qu'est un bon homme tout de

même, a encore vu deux personnes cette nuit. Si
madame s'en inquiétait, ne faudrait rien lui dire.

— Vous a-t-il donné quelque chose ?

— Il m'a donné cent sous pour mon mois, une
manière de me dire : « Tais-toi. »

— Sauf lui et madame Couture, qui ne sont pas
regardants, les autres voudraient nous retirer de la
main gauche ce qu'ils nous donnent de la main droite
au jour de l'an, dit Sylvie.

— Encore, qu'est-ce qu'ils donnent ! fit Christophe, une méchante pièce *et* de cent sous. Voilà
depuis deux ans le père Goriot qui fait ses souliers lui-
même. Ce *grigou* de Poiret se passe de cirage, et le
boirait plutôt que de le mettre à ses savates. Quant au
gringalet d'étudiant, il me donne quarante sous.
Quarante sous ne payent pas mes brosses, et il vend
ses vieux habits, par-dessus le marché. Qué baraque !

— Bah ! fit Sylvie en buvant de petites gorgées de
café, nos places sont encore les meilleures du quartier : on y vit bien. Mais, à propos de gros papa
Vautrin, Christophe, vous a-t-on dit quelque chose ?

— Oui, j'ai rencontré il y a quelques jours un
monsieur dans la rue, qui m'a dit : — N'est-ce pas
chez vous que demeure un gros monsieur qui a des
favoris qu'il teint ? Moi j'ai dit : « Non, monsieur, il
ne les teint pas. Un homme gai comme lui, il n'en a
pas le temps. » J'ai donc dit ça à monsieur Vautrin,
qui m'a répondu : « Tu as bien fait, mon garçon !
Réponds toujours comme ça. Rien n'est plus désagréable que de laisser connaître nos infirmités. Ça
peut faire manquer des mariages. »

— Eh bien ! à moi, au marché, on a voulu m'en-

glauder [1] aussi pour me faire dire si je lui voyais passer
sa chemise. C'te farce ! Tiens, dit-elle en s'interrompant, voilà dix heures quart moins qui sonnent au
Val-de-Grâce, et personne ne bouge.

— Ah bah ! ils sont tous sortis. Madame Couture et
sa jeune personne sont allées manger le bon Dieu à
Saint-Étienne [2] dès huit heures. Le père Goriot est
sorti avec un paquet. L'étudiant ne reviendra qu'a-
près son cours, à dix heures. Je les ai vus partir en
faisant mes escaliers ; que le père Goriot m'a donné un
coup avec ce qu'il portait qu'était dur comme du fer.
Qué qui fait donc, ce bonhomme-là ? Les autres le
font aller comme une toupie, mais c'est un brave
homme tout de même, et qui vaut mieux qu'eux tous.
Il ne donne pas grand-chose ; mais les dames chez
lesquelles il m'envoie quelquefois allongent de fameux
pourboires, et sont joliment ficelées.

— Celles qu'il appelle ses filles, hein ? Elles sont
une douzaine.

— Je ne suis jamais allé que chez deux, les mêmes
qui sont venues ici.

— Voilà madame qui se remue ; elle va faire son
sabbat : faut que j'y aille. Vous veillerez au lait,
Christophe, rapport au chat.

— Comment, Sylvie, voilà dix heures quart moins,
vous m'avez laissée dormir comme une marmotte !
Jamais pareille chose n'est arrivée.

— C'est le brouillard, qu'est à couper au couteau.

— Mais le déjeuner ?

— Bah ! vos pensionnaires avaient bien le diable
au corps ; ils ont tous décanillé dès le patron-
jacquette.

— Parle donc bien, Sylvie, reprit madame Vauquer : on dit le patron-minette[1].

— Ah ! madame, je dirai comme vous voudrez.
Tant y a que vous pouvez déjeuner à dix heures. La
Michonnette et le Poireau n'ont pas bougé. Il n'y a
qu'eux qui soient dans la maison, et ils dorment
comme des souches qui sont.

— Mais, Sylvie, tu les mets tous les deux ensemble,
comme si...

— Comme si, quoi ? reprit Sylvie en laissant
échapper un gros rire bête. Les deux font la paire.

— C'est singulier, Sylvie : comment monsieur
Vautrin est-il donc rentré cette nuit après que Christophe a eu mis les verrous ?

— Bien au contraire, madame. Il a entendu monsieur Vautrin, et est descendu pour lui ouvrir la porte.
Et voilà ce que vous avez cru...

— Donne-moi ma camisole, et va vite voir au
déjeuner. Arrange le reste du mouton avec des
pommes de terre, et donne des poires cuites, de celles
qui coûtent deux liards la pièce.

Quelques instants après, madame Vauquer descendit au moment où son chat venait de renverser d'un
coup de patte l'assiette qui couvrait un bol de lait, et
le lapait en toute hâte.

— Mistigris, s'écria-t-elle. Le chat se sauva, puis
revint se frotter à ses jambes. Oui, oui, fais ton
capon[2], vieux lâche ! lui dit-elle. Sylvie ! Sylvie !

— Eh bien ! quoi, madame ?

— Voyez donc ce qu'a bu le chat.

— C'est la faute de cet animal de Christophe, à qui
j'avais dit de mettre le couvert. Où est-il passé ? Ne

vous inquiétez pas, madame ; ce sera le café du père
Goriot. Je mettrai de l'eau dedans, il ne s'en apercevra
pas. Il ne fait attention à rien, pas même à ce qu'il
mange.

— Où donc est-il allé, ce chinois-là ? dit madame
Vauquer en plaçant les assiettes.

— Est-ce qu'on sait ? Il fait des trafics des cinq
cents diables.

— J'ai trop dormi, dit madame Vauquer.

— Mais aussi madame est-elle fraîche comme une
rose...

En ce moment la sonnette se fit entendre, et
Vautrin entra dans le salon en chantant de sa grosse
voix :

> *J'ai longtemps parcouru le monde,*
> *Et l'on m'a vu de toute part...*

— Oh ! oh ! bonjour, madame Vauquer, dit-il en
apercevant l'hôtesse, qu'il prit galamment dans ses
bras.

— Allons, finissez donc.

— Dites impertinent, reprit-il. Allons, dites-le.
Voulez-vous bien le dire ? Tenez, je vais mettre le
couvert avec vous. Ah ! je suis gentil, n'est-ce pas ?

> *Courtiser la brune et la blonde,*
> *Aimer, soupirer...*

— Je viens de voir quelque chose de singulier.

> *... au hasard* [1].

— Quoi, dit la veuve.

— Le père Goriot était à huit heures et demie rue Dauphine, chez l'orfèvre qui achète de vieux couverts et des galons. Il lui a vendu pour une bonne somme un ustensile de ménage, en vermeil, assez joliment tortillé pour un homme qui n'est pas de la manique [1].

— Bah ! vraiment ?

— Oui. Je revenais ici après avoir conduit un de mes amis qui s'expatrie par les Messageries royales ; j'ai attendu le père Goriot pour voir : histoire de rire. Il a remonté dans ce quartier-ci, rue des Grès [2], où il est entré dans la maison d'un usurier connu, nommé Gobseck, un fier drôle, capable de faire des dominos avec les os de son père ; un juif, un arabe, un grec, un bohémien, un homme qu'on serait bien embarrassé de dévaliser, il met ses écus à la Banque.

— Qu'est-ce que fait donc ce père Goriot ?

— Il ne fait rien, dit Vautrin, il défait. C'est un imbécile assez bête pour se ruiner à aimer les filles qui...

— Le voilà ! dit Sylvie.

— Christophe, cria le père Goriot, monte avec moi.

Christophe suivit le père Goriot, et redescendit bientôt.

— Où vas-tu ? dit madame Vauquer à son domestique.

— Faire une commission pour monsieur Goriot.

— Qu'est-ce que c'est que ça ? dit Vautrin en arrachant des mains de Christophe une lettre sur laquelle il lut : *A madame la comtesse Anastasie de*

Restaud [1]. Et tu vas ? reprit-il en tendant la lettre à
Christophe.

— Rue du Helder. J'ai ordre de ne remettre ceci
qu'à madame la comtesse.

— Qu'est-ce qu'il y a là-dedans ? dit Vautrin en
mettant la lettre au jour ; un billet de banque ? non. Il
entrouvrit l'enveloppe. — Un billet acquitté, s'écria-t-
il. Fourche ! il est galant, le roquentin [2]. Va, vieux
lascar, dit-il en coiffant de sa large main Christophe,
qu'il fit tourner sur lui-même comme un dé, tu auras
un bon pourboire.

Le couvert était mis. Sylvie faisait bouillir le lait.
Madame Vauquer allumait le poêle, aidée par Vautrin, qui fredonnait toujours :

> *J'ai longtemps parcouru le monde*
> *Et l'on m'a vu de toute part...*

Quand tout fut prêt, madame Couture et mademoiselle Taillefer rentrèrent.

— D'où venez-vous donc si matin, ma belle dame ?
dit madame Vauquer à madame Couture.

— Nous venons de faire nos dévotions à Saint-
Étienne-du-Mont, ne devons-nous pas aller aujour-
d'hui chez monsieur Taillefer ? Pauvre petite, elle
tremble comme la feuille, reprit madame Couture en
s'asseyant devant le poêle à la bouche duquel elle
présenta ses souliers qui fumèrent.

— Chauffez-vous donc, Victorine, dit madame
Vauquer.

— C'est bien, mademoiselle, de prier le bon Dieu
d'attendrir le cœur de votre père, dit Vautrin en

avançant une chaise à l'orpheline. Mais ça ne suffit pas. Il vous faudrait un ami qui se chargeât de dire son fait à ce marsouin-là, un sauvage qui a, dit-on, trois millions, et qui ne vous donne pas de dot. Une belle fille a besoin de dot dans ce temps-ci.

— Pauvre enfant, dit madame Vauquer. Allez, mon chou, votre monstre de père attire le malheur à plaisir sur lui.

A ces mots, les yeux de Victorine se mouillèrent de larmes, et la veuve s'arrêta sur un signe que lui fit madame Couture.

— Si nous pouvions seulement le voir, si je pouvais lui parler, lui remettre la dernière lettre de sa femme, reprit la veuve du Commissaire-Ordonnateur. Je n'ai jamais osé la risquer par la poste ; il connaît mon écriture...

— *Ô femmes innocentes, malheureuses et persécutées* [1], s'écria Vautrin en interrompant, voilà donc où vous en êtes ? D'ici à quelques jours je me mêlerai de vos affaires, et tout ira bien.

— Oh ! monsieur, dit Victorine en jetant un regard à la fois humide et brûlant à Vautrin, qui ne s'en émut pas, si vous saviez un moyen d'arriver à mon père, dites-lui bien que son affection et l'honneur de ma mère me sont plus précieux que toutes les richesses du monde. Si vous obteniez quelque adoucissement à sa rigueur, je prierais Dieu pour vous. Soyez sûr d'une reconnaissance...

— *J'ai longtemps parcouru le monde,* chanta Vautrin d'une voix ironique.

En ce moment, Goriot, mademoiselle Michonneau, Poiret descendirent, attirés peut-être par l'odeur du

roux que faisait Sylvie pour accommoder les restes du
mouton. A l'instant où les sept convives s'attablèrent
en se souhaitant le bonjour, dix heures sonnèrent, l'on
entendit dans la rue le pas de l'étudiant.

— Ah ! bien, monsieur Eugène, dit Sylvie, aujour-
d'hui vous allez déjeuner avec tout le monde.

L'étudiant salua les pensionnaires, et s'assit auprès
du père Goriot.

— Il vient de m'arriver une singulière aventure,
dit-il en se servant abondamment du mouton et se
coupant un morceau de pain que madame Vauquer
mesurait toujours de l'œil.

— Une aventure ! dit Poiret.

— Eh bien ! pourquoi vous en étonneriez-vous,
vieux chapeau ? dit Vautrin à Poiret. Monsieur est
bien fait pour en avoir.

Mademoiselle Taillefer coula timidement un regard
sur le jeune étudiant.

— Dites-nous votre aventure, demanda madame
Vauquer.

— Hier j'étais au bal chez madame la vicomtesse
de Beauséant, une cousine à moi, qui possède une
maison magnifique, des appartements habillés de
soie, enfin qui nous a donné une fête superbe, où je me
suis amusé comme un roi...

— Telet, dit Vautrin en interrompant net.

— Monsieur, reprit vivement Eugène, que voulez-
vous dire ?

— Je dis *telet*, parce que les roitelets s'amusent
beaucoup plus que les rois.

— C'est vrai : j'aimerais mieux être ce petit oiseau
sans souci que roi, parce... fit Poiret l'*idémiste* [1].

— Enfin, reprit l'étudiant en lui coupant la parole, je danse avec une des plus belles femmes du bal, une comtesse ravissante, la plus délicieuse créature que j'aie jamais vue. Elle était coiffée avec des fleurs de pêcher, elle avait au côté le plus beau bouquet de fleurs, des fleurs naturelles qui embaumaient ; mais, bah ! il faudrait que vous l'eussiez vue, il est impossible de peindre une femme animée par la danse. Eh bien ! ce matin j'ai rencontré cette divine comtesse, sur les neuf heures, à pied, rue des Grès. Oh ! le cœur m'a battu, je me figurais...

— Qu'elle venait ici, dit Vautrin en jetant un regard profond à l'étudiant. Elle allait sans doute chez le papa Gobseck, un usurier. Si jamais vous fouillez des cœurs de femmes à Paris, vous y trouverez l'usurier avant l'amant. Votre comtesse se nomme Anastasie de Restaud, et demeure rue du Helder.

A ce nom, l'étudiant regarda fixement Vautrin. Le père Goriot leva brusquement la tête, il jeta sur les deux interlocuteurs un regard lumineux et plein d'inquiétude qui surprit les pensionnaires.

— Christophe arrivera trop tard, elle y sera donc allée, s'écria douloureusement Goriot.

— J'ai deviné, dit Vautrin en se penchant à l'oreille de madame Vauquer.

Goriot mangeait machinalement et sans savoir ce qu'il mangeait. Jamais il n'avait semblé plus stupide et plus absorbé qu'il l'était en ce moment.

— Qui diable, monsieur Vautrin, a pu vous dire son nom ? demanda Eugène.

— Ah ! ah ! voilà, répondit Vautrin. Le père Goriot le savait bien, lui ! pourquoi ne le saurais-je pas ?

— Monsieur Goriot, s'écria l'étudiant.

— Quoi ! dit le pauvre vieillard. Elle était donc bien belle hier ?

— Qui ?

— Madame de Restaud.

— Voyez-vous le vieux grigou, dit madame Vauquer à Vautrin, comme ses yeux s'allument.

— Il l'entretiendrait donc ? dit à voix basse mademoiselle Michonneau à l'étudiant.

— Oh ! oui, elle était furieusement belle, reprit Eugène, que le père Goriot regardait avidement. Si madame de Beauséant n'avait pas été là, ma divine comtesse eût été la reine du bal, les jeunes gens n'avaient d'yeux que pour elle, j'étais le douzième inscrit sur la liste, elle dansait toutes les contredanses. Les autres femmes enrageaient. Si une créature a été heureuse hier, c'était bien elle. On a bien raison de dire qu'il n'y a rien de plus beau que frégate à la voile, cheval au galop et femme qui danse.

— Hier en haut de la roue, chez une duchesse, dit Vautrin ; ce matin en bas de l'échelle chez un escompteur : voilà les Parisiennes. Si leurs maris ne peuvent entretenir leur luxe effréné, elles se vendent. Si elles ne savent pas se vendre, elles éventreraient leurs mères pour y chercher de quoi briller. Enfin elles font les cent mille coups. Connu, connu !

Le visage du père Goriot, qui s'était allumé comme le soleil d'un beau jour en entendant l'étudiant, devint sombre à cette cruelle observation de Vautrin.

— Eh bien ! dit madame Vauquer, où donc est votre aventure ? Lui avez-vous parlé ? lui avez-vous demandé si elle voulait apprendre le Droit ?

— Elle ne m'a pas vu, dit Eugène. Mais rencontrer une des plus jolies femmes de Paris rue des Grès, à neuf heures, une femme qui a dû rentrer du bal à deux heures du matin, n'est-ce pas singulier ? Il n'y a que Paris pour ces aventures-là.

— Bah ! il y en a de bien plus drôles, s'écria Vautrin.

Mademoiselle Taillefer avait à peine écouté, tant elle était préoccupée par la tentative qu'elle allait faire. Madame Couture lui fit signe de se lever pour aller s'habiller. Quand les deux dames sortirent, le père Goriot les imita.

— Eh bien ! L'avez-vous vu ? dit madame Vauquer à Vautrin et à ses autres pensionnaires. Il est clair qu'il s'est ruiné pour ces femmes-là.

— Jamais on ne me fera croire, s'écria l'étudiant, que la belle comtesse de Restaud appartienne au père Goriot.

— Mais, lui dit Vautrin en l'interrompant, nous ne tenons pas à vous le faire croire. Vous êtes encore trop jeune pour bien connaître Paris, vous saurez plus tard qu'il s'y rencontre ce que nous nommons des *hommes à passions...* (A ces mots, mademoiselle Michonneau regarda Vautrin d'un air intelligent. Vous eussiez dit un cheval de régiment entendant le son de la trompette.) — Ah ! ah ! fit Vautrin en s'interrompant pour lui jeter un regard profond, *que* nous *n'avons néu* nos petites passions, nous ? (La vieille fille baissa les yeux comme une religieuse qui voit des statues.) — Eh bien ! reprit-il, ces gens-là chaussent une idée et n'en démordent pas. Ils n'ont soif que d'une certaine eau prise à une certaine fontaine, et souvent croupie ; pour en boire, ils vendraient leurs femmes, leurs enfants ; ils vendraient leur âme au diable. Pour les uns, cette fontaine est le jeu, la Bourse, une collection de tableaux ou d'insectes, la musique ; pour d'autres, c'est une femme qui sait leur cuisiner des friandises. A ceux-là, vous leur offririez toutes les femmes de la terre, ils s'en moquent, ils ne veulent que celle qui satisfait leur passion. Souvent cette femme ne les aime pas du tout, vous les rudoie, leur vend fort cher des bribes de satisfaction ; eh bien ! mes farceurs ne se lassent pas, et mettraient leur dernière couverture au Mont-de-Piété pour lui apporter leur dernier écu. Le père Goriot est un de ces gens-là. La comtesse l'exploite parce qu'il est discret, et voilà le beau monde ! Le pauvre bonhomme ne pense qu'à elle. Hors de sa passion, vous le voyez, c'est une bête brute. Mettez-le sur ce chapitre-là, son visage étincelle comme un diamant. Il n'est pas difficile de deviner ce secret-là. Il a porté ce matin du vermeil à la fonte, et je l'ai vu entrant chez le papa Gobseck, rue des Grès. Suivez bien ! En revenant, il a envoyé chez la comtesse de Restaud ce niais de Christophe qui nous a montré l'adresse de la lettre dans laquelle était un billet acquitté. Il est clair que si la comtesse allait aussi chez le vieil escompteur, il y avait urgence. Le père Goriot a galamment financé pour elle. Il ne faut pas coudre deux idées pour voir clair là-dedans. Cela vous prouve, mon jeune étudiant, que, pendant que votre comtesse riait, dansait, faisait ses singeries, balançait ses fleurs de pêcher, et pinçait sa robe, elle était dans ses petits souliers, comme on dit, en pensant à ses lettres de change protestées, ou à celles de son amant.

— Vous me donnez une furieuse envie de savoir la vérité. J'irai demain chez madame de Restaud, s'écria Eugène.

— Oui, dit Poiret, il faut aller demain chez madame de Restaud.

— Vous y trouverez peut-être le bonhomme Goriot qui viendra toucher le montant de ses galanteries.

— Mais, dit Eugène avec un air de dégoût, votre Paris est donc un bourbier.

— Et un drôle de bourbier, reprit Vautrin. Ceux qui s'y crottent en voiture sont d'honnêtes gens, ceux qui s'y crottent à pied sont des fripons. Ayez le malheur d'y décrocher n'importe quoi, vous êtes montré sur la place du Palais-de-Justice comme une curiosité. Volez un million, vous êtes marqué dans les salons comme une vertu. Vous payez trente millions à la Gendarmerie et à la Justice pour maintenir cette morale-là. Joli !

— Comment, s'écria madame Vauquer, le père Goriot aurait fondu son déjeuner de vermeil ?

— N'y avait-il pas deux tourterelles sur le couvercle ? dit Eugène.

— C'est bien cela.

— Il y tenait donc beaucoup, il a pleuré quand il a eu pétri l'écuelle et le plat. Je l'ai vu par hasard, dit Eugène.

— Il y tenait comme à sa vie, répondit la veuve.

— Voyez-vous le bonhomme, combien il est passionné, s'écria Vautrin. Cette femme-là sait lui chatouiller l'âme.

L'étudiant remonta chez lui. Vautrin sortit. Quelques instants après, madame Couture et Victorine montèrent dans un fiacre que Sylvie alla leur chercher. Poiret offrit son bras à mademoiselle Michonneau, et tous deux allèrent se promener au Jardin des Plantes, pendant les deux belles heures de la journée.

— Eh bien ! les voilà donc quasiment mariés, dit la grosse Sylvie. Ils sortent ensemble aujourd'hui pour la première fois. Ils sont tous deux si secs que, s'ils se cognent, ils feront feu comme un briquet.

— Gare au châle de mademoiselle Michonneau, dit en riant madame Vauquer, il prendra comme de l'amadou.

A quatre heures du soir, quand Goriot rentra, il vit, à la lueur de deux lampes fumeuses, Victorine dont les yeux étaient rouges. Madame Vauquer écoutait le récit de la visite infructueuse faite à monsieur Taillefer pendant la matinée. Ennuyé de recevoir sa fille et cette vieille femme, Taillefer les avait laissé parvenir jusqu'à lui pour s'expliquer avec elles.

— Ma chère dame, disait madame Couture à madame Vauquer, figurez-vous qu'il n'a pas même fait asseoir Victorine, qu'est restée constamment debout. A moi, il m'a dit, sans se mettre en colère, tout froidement, de nous épargner la peine de venir chez lui ; que mademoiselle, sans dire sa fille, se nuisait dans son esprit en l'importunant (une fois par an, le monstre !) ; que la mère de Victorine ayant été épousée sans fortune, elle n'avait rien à prétendre ; enfin les choses les plus dures, qui ont fait fondre en larmes cette pauvre petite. La petite s'est jetée alors aux pieds de son père, et lui a dit avec courage qu'elle n'insistait autant que pour sa mère, qu'elle obéirait à ses volontés sans murmure, mais qu'elle le suppliait de lire le testament de la pauvre défunte ; elle a pris la lettre et la lui a présentée en disant les plus belles choses du monde et les mieux senties, je ne sais pas où elle les a prises, Dieu les lui dictait, car la pauvre enfant était si bien inspirée qu'en l'entendant, moi, je pleurais comme une bête. Savez-vous ce que faisait cette horreur d'homme, il se coupait les ongles, il a pris cette lettre que la pauvre madame Taillefer avait trempée de larmes, et l'a jetée sur la cheminée en disant : « C'est bon ! » Il a voulu relever sa fille qui lui prenait les mains pour les lui baiser, mais il les a retirées. Est-ce pas une scélératesse ? Son grand dadais de fils est entré sans saluer sa sœur.

— C'est donc des monstres ? dit le père Goriot.

— Et puis, dit madame Couture sans faire attention à l'exclamation du bonhomme, le père et le fils s'en sont allés en me saluant et en me priant de les excuser, ils avaient des affaires pressantes. Voilà notre visite. Au moins, il a vu sa fille. Je ne sais pas comment il peut la renier, elle lui ressemble comme deux gouttes d'eau.

Les pensionnaires, internes et externes, arrivèrent les uns après les autres, en se souhaitant mutuellement le bonjour, et se disant de ces riens qui constituent, chez certaines classes parisiennes, un esprit drolatique dans lequel la bêtise entre comme élément principal, et dont le mérite consiste particulièrement dans le geste ou la prononciation. Cette espèce d'argot varie continuellement. La plaisanterie qui en est le principe n'a jamais un mois d'existence.

Un événement politique, un procès en cour d'assises, une chanson des rues, les farces d'un acteur, tout sert à entretenir ce jeu d'esprit qui consiste surtout à prendre les idées et les mots comme des volants, et à se les renvoyer sur des raquettes. La récente invention du Diorama, qui portait l'illusion de l'optique à un plus haut degré que dans les Panoramas [1], avait amené dans quelques ateliers de peinture la plaisanterie de parler en *rama*, espèce de charge qu'un jeune peintre, habitué de la pension Vauquer, y avait inoculée.

— Eh bien ! *monsieurre* Poiret, dit l'employé au Muséum, comment va cette petite *santérama* ? Puis, sans attendre la réponse : Mesdames, vous avez du chagrin, dit-il à madame Couture et à Victorine.

— Allons-nous *dinaire* ? s'écria Horace Bianchon, un étudiant en médecine, ami de Rastignac, ma petite estomac est descendue *usque ad talones*.

— Il fait un fameux *froitorama* ! dit Vautrin. Dérangez-vous donc, père Goriot ! Que diable ! votre pied prend toute la gueule du poêle.

— Illustre monsieur Vautrin, dit Bianchon, pourquoi dites-vous *froitorama* ? il y a une faute, c'est *froidorama*.

— Non, dit l'employé au Muséum, c'est *froitorama*, par la règle : j'ai froit aux pieds.

— Ah ! ah !

— Voici son excellence le marquis de Rastignac, docteur en droit-travers, s'écria Bianchon en saisissant Eugène par le cou et le serrant de manière à l'étouffer. Ohé ! les autres, ohé !

Mademoiselle Michonneau entra doucement, salua

les convives sans rien dire, et s'alla placer près des trois femmes.

— Elle me fait toujours grelotter, cette vieille chauve-souris, dit à voix basse Bianchon à Vautrin en montrant mademoiselle Michonneau. Moi qui étudie le système de Gall, je lui trouve les bosses de Judas [1].

— Monsieur l'a connu ? dit Vautrin.

— Qui ne l'a pas rencontré [2] ! répondit Bianchon. Ma parole d'honneur, cette vieille fille blanche me fait l'effet de ces longs vers qui finissent par ronger une poutre.

— Voilà ce que c'est, jeune homme, dit le quadragénaire en peignant ses favoris.

Et rose, elle a vécu ce que vivent les roses,
L'espace d'un matin [3].

— Ah ! ah ! voici une fameuse *soupeaurama*, dit Poiret en voyant Christophe qui entrait en tenant respectueusement le potage.

— Pardonnez-moi, monsieur, dit madame Vauquer, c'est une soupe aux choux.

Tous les jeunes gens éclatèrent de rire.

— Enfoncé, Poiret !

— Poirrrrrette enfoncé !

— Marquez deux points à maman Vauquer, dit Vautrin.

— Quelqu'un a-t-il fait attention au brouillard de ce matin ? dit l'employé.

— C'était, dit Bianchon, un brouillard frénétique et sans exemple, un brouillard lugubre, mélancolique, vert, poussif, un brouillard Goriot.

— Goriorama, dit le peintre, parce qu'on n'y voyait goutte.

— Hé, milord Gâôriotte, il être questiônne dé véaus.

Assis au bas-bout de la table, près de la porte par laquelle on servait, le père Goriot leva la tête en flairant un morceau de pain qu'il avait sous sa serviette, par une vieille habitude commerciale qui reparaissait quelquefois.

— Eh bien ! lui cria aigrement madame Vauquer d'une voix qui domina le bruit des cuillers, des assiettes et des voix, est-ce que vous ne trouvez pas le pain bon ?

— Au contraire, madame, répondit-il, il est fait avec de la farine d'Étampes, première qualité.

— A quoi voyez-vous cela ? lui dit Eugène.

— A la blancheur, au goût.

— Au goût du nez puisque vous le sentez, dit madame Vauquer. Vous devenez si économe que vous finirez par trouver le moyen de vous nourrir en humant l'air de la cuisine.

— Prenez alors un brevet d'invention, cria l'employé au Muséum, vous ferez une belle fortune.

— Laissez donc, il fait ça pour nous persuader qu'il a été vermicellier, dit le peintre.

— Votre nez est donc une cornue, demanda encore l'employé du Muséum.

— Cor quoi ? fit Bianchon.

— Cor-nouille.

— Cor-nemuse.

— Cor-naline.

— Cor-niche.

— Cor-nichon.

— Cor-beau.

— Cor-nac.

— Cor-norama.

Ces huit réponses partirent de tous les côtés de la salle avec la rapidité d'un feu de file, et prêtèrent d'autant plus à rire, que le pauvre père Goriot regardait les convives d'un air niais, comme un homme qui tâche de comprendre une langue étrangère.

— Cor ? dit-il à Vautrin qui se trouvait près de lui.

— Cor aux pieds, mon vieux ! dit Vautrin en enfonçant le chapeau du père Goriot par une tape qu'il lui appliqua sur la tête et qui le fit descendre jusque sur les yeux.

Le pauvre vieillard, stupéfait de cette brusque attaque, resta pendant un moment immobile. Christophe emporta l'assiette du bonhomme, croyant qu'il avait fini sa soupe ; en sorte que quand Goriot, après avoir relevé son chapeau, prit sa cuiller, il frappa la table. Tous les convives éclatèrent de rire.

— Monsieur, dit le vieillard, vous êtes un mauvais plaisant, et si vous vous permettez encore de me donner de pareils renfoncements...

— Eh bien, quoi, papa ? dit Vautrin en l'interrompant.

— Eh bien ! vous payerez cela bien cher quelque jour...

— En enfer, pas vrai ? dit le peintre, dans ce petit coin noir où l'on met les enfants méchants !

— Eh bien ! mademoiselle, dit Vautrin à Victorine,

vous ne mangez pas. Le papa s'est donc montré récalcitrant ?

— Une horreur, dit madame Couture.

— Il faut le mettre à la raison, dit Vautrin.

— Mais, dit Rastignac, qui se trouvait assez près de Bianchon, mademoiselle pourrait intenter un procès sur la question des aliments, puisqu'elle ne mange pas. Eh ! eh ! voyez donc comme le père Goriot examine mademoiselle Victorine.

Le vieillard oubliait de manger pour contempler la pauvre jeune fille dans les traits de laquelle éclatait une douleur vraie, la douleur de l'enfant méconnu qui aime son père.

— Mon cher, dit Eugène à voix basse, nous nous sommes trompés sur le père Goriot. Ce n'est ni un imbécile ni un homme sans nerfs. Applique-lui ton système de Gall, et dis-moi ce que tu en penseras. Je lui ai vu cette nuit tordre un plat de vermeil, comme si c'eût été de la cire, et dans ce moment l'air de son visage trahit des sentiments extraordinaires. Sa vie me paraît être trop mystérieuse pour ne pas valoir la peine d'être étudiée. Oui, Bianchon, tu as beau rire, je ne plaisante pas.

— Cet homme est un fait médical, dit Bianchon, d'accord ; s'il veut, je le dissèque.

— Non, tâte-lui la tête.

— Ah ! bien, sa bêtise est peut-être contagieuse.

Le lendemain Rastignac s'habilla fort élégamment, et alla, vers trois heures de l'après-midi, chez madame de Restaud, en se livrant pendant la route à ces espérances étourdiment folles qui rendent la vie des jeunes gens si belles d'émotions : ils ne calculent alors

ni les obstacles ni les dangers, ils voient en tout le
succès, poétisent leur existence par le seul jeu de leur
imagination, et se font malheureux ou tristes par le
renversement de projets qui ne vivaient encore que
dans leurs désirs effrénés ; s'ils n'étaient pas ignorants
et timides, le monde social serait impossible. Eugène
marchait avec mille précautions pour ne se point
crotter, mais il marchait en pensant à ce qu'il dirait à
madame de Restaud, il s'approvisionnait d'esprit, il
inventait les reparties d'une conversation imaginaire,
il préparait ses mots fins, ses phrases à la Talleyrand,
en supposant de petites circonstances favorables à la
déclaration sur laquelle il fondait son avenir. Il se
crotta, l'étudiant, il fut forcé de faire cirer ses bottes et
brosser son pantalon au Palais-Royal. « Si j'étais
riche, se dit-il en changeant une pièce de trente sous
qu'il avait prise *en cas de malheur*, je serais allé en
voiture, j'aurais pu penser à mon aise. » Enfin il
arriva rue du Helder et demanda la comtesse de
Restaud. Avec la rage froide d'un homme sûr de
triompher un jour, il reçut le coup d'œil méprisant des
gens qui l'avaient vu traversant la cour à pied, sans
avoir entendu le bruit d'une voiture à la porte. Ce
coup d'œil lui fut d'autant plus sensible qu'il avait
déjà compris son infériorité en entrant dans cette
cour, où piaffait un beau cheval richement attelé à
l'un de ces cabriolets pimpants qui affichent le luxe
d'une existence dissipatrice, et sous-entendent l'habitude de toutes les félicités parisiennes. Il se mit, à lui
tout seul, de mauvaise humeur. Les tiroirs ouverts
dans son cerveau et qu'il comptait trouver pleins
d'esprit se fermèrent, il devint stupide. En attendant

la réponse de la comtesse, à laquelle un valet de
chambre allait dire les noms du visiteur, Eugène se
posa sur un seul pied devant une croisée de l'antichambre, s'appuya le coude sur une espagnolette, et
regarda machinalement dans la cour. Il trouvait le
temps long, il s'en serait allé s'il n'avait pas été doué
de cette ténacité méridionale qui enfante des prodiges
quand elle va en ligne droite.

— Monsieur, dit le valet de chambre, madame est
dans son boudoir et fort occupée, elle ne m'a pas
répondu ; mais si monsieur veut passer au salon, il y a
déjà quelqu'un.

Tout en admirant l'épouvantable pouvoir de ces
gens qui, d'un seul mot, accusent ou jugent leurs
maîtres, Rastignac ouvrit délibérément la porte par
laquelle était sorti le valet de chambre, afin sans doute
de faire croire à ces insolents valets qu'il connaissait
les êtres de la maison ; mais déboucha fort étourdiment dans une pièce où se trouvaient des lampes, des
buffets, un appareil à chauffer des serviettes pour le
bain, et qui menait à la fois dans un corridor obscur et
dans un escalier dérobé. Les rires étouffés qu'il
entendit dans l'antichambre mirent le comble à sa
confusion.

— Monsieur, le salon est par ici, lui dit le valet de
chambre avec ce faux respect qui semble être une
raillerie de plus.

Eugène revint sur ses pas avec une telle précipita-
tion qu'il se heurta contre une baignoire, mais il retint
assez heureusement son chapeau pour l'empêcher de
tomber dans le bain. En ce moment, une porte
s'ouvrit au fond du long corridor éclairé par une petite

lampe, Rastignac y entendit à la fois la voix de madame de Restaud, celle du père Goriot, et le bruit d'un baiser. Il entra dans la salle à manger, la traversa, suivit le valet de chambre, et rentra dans un premier salon où il resta posé devant la fenêtre, en s'apercevant qu'elle avait vue sur la cour. Il voulait voir si ce père Goriot était bien réellement son père Goriot. Le cœur lui battait étrangement, il se souvenait des épouvantables réflexions de Vautrin. Le valet de chambre attendait Eugène à la porte du salon, mais il en sortit tout à coup un élégant jeune homme, qui dit impatiemment : « Je m'en vais, Maurice. Vous direz à madame la comtesse que je l'ai attendue plus d'une demi-heure. » Cet impertinent, qui sans doute avait le droit de l'être, chantonna quelque roulade italienne en se dirigeant vers la fenêtre où stationnait Eugène, autant pour voir la figure de l'étudiant que pour regarder dans la cour.

— Mais monsieur le comte ferait mieux d'attendre encore un instant, Madame a fini, dit Maurice en retournant à l'antichambre.

En ce moment, le père Goriot débouchait près de la porte cochère par la sortie du petit escalier. Le bonhomme tirait son parapluie et se disposait à le déployer, sans faire attention que la grande porte était ouverte pour donner passage à un jeune homme décoré qui conduisait un tilbury. Le père Goriot n'eut que le temps de se jeter en arrière pour n'être pas écrasé. Le taffetas du parapluie avait effrayé le cheval, qui fit un léger écart en se précipitant vers le perron. Ce jeune homme détourna la tête d'un air de colère, regarda le père Goriot, et lui fit, avant qu'il ne

sortît, un salut qui peignait la considération forcée
que l'on accorde aux usuriers dont on a besoin, ou ce
respect nécessaire exigé par un homme taré, mais
dont on rougit plus tard. Le père Goriot répondit par
un petit salut amical, plein de bonhomie. Ces événements se passèrent avec la rapidité de l'éclair. Trop
attentif pour s'apercevoir qu'il n'était pas seul,
Eugène entendit tout à coup la voix de la comtesse.

— Ah ! Maxime, vous vous en alliez, dit-elle avec
un ton de reproche où se mêlait un peu de dépit.

La comtesse n'avait pas fait attention à l'entrée du
tilbury. Rastignac se retourna brusquement et vit la
comtesse coquettement vêtue d'un peignoir en cachemire blanc, à nœuds roses, coiffée négligemment,
comme le sont les femmes de Paris au matin ; elle
embaumait, elle avait sans doute pris un bain, et sa
beauté, pour ainsi dire assouplie, semblait plus voluptueuse ; ses yeux étaient humides. L'œil des jeunes
gens sait tout voir : leurs esprits s'unissent aux
rayonnements de la femme comme une plante aspire
dans l'air des substances qui lui sont propres. Eugène
sentit donc la fraîcheur épanouie des mains de cette
femme sans avoir besoin d'y toucher. Il voyait, à
travers le cachemire, les teintes rosées du corsage que
le peignoir, légèrement entrouvert, laissait parfois à
nu, et sur lequel son regard s'étalait. Les ressources
du busc étaient inutiles à la comtesse, la ceinture
marquait seule sa taille flexible, son cou invitait à
l'amour, ses pieds étaient jolis dans les pantoufles.
Quand Maxime prit cette main pour la baiser, Eugène
aperçut alors Maxime, et la comtesse aperçut Eugène.

— Ah ! c'est vous, monsieur de Rastignac, je suis

bien aise de vous voir, dit-elle d'un air auquel savent obéir les gens d'esprit.

Maxime regardait alternativement Eugène et la comtesse d'une manière assez significative pour faire décamper l'intrus. « Ah çà, ma chère, j'espère que tu vas me mettre ce petit drôle à la porte ! » Cette phrase était une traduction claire et intelligible des regards du jeune homme impertinemment fier que la comtesse Anastasie avait nommé Maxime, et dont elle consultait le visage de cette intention soumise qui dit tous les secrets d'une femme sans qu'elle s'en doute. Rastignac se sentit une haine violente pour ce jeune homme. D'abord les beaux cheveux blonds et bien frisés de Maxime lui apprirent combien les siens étaient horribles. Puis Maxime avait des bottes fines et propres, tandis que les siennes, malgré le soin qu'il avait pris en marchant, s'étaient empreintes d'une légère teinte de boue. Enfin Maxime portait une redingote qui lui serrait élégamment la taille et le faisait ressembler à une jolie femme, tandis qu'Eugène avait à deux heures et demie un habit noir. Le spirituel enfant de la Charente sentit la supériorité que la mise donnait à ce dandy, mince et grand, à l'œil clair, au teint pâle, un de ces hommes capables de ruiner des orphelins. Sans attendre la réponse d'Eugène, madame de Restaud se sauva comme à tire-d'aile dans l'autre salon, en laissant flotter les pans de son peignoir qui se roulaient et se déroulaient de manière à lui donner l'apparence d'un papillon ; et Maxime la suivit. Eugène furieux suivit Maxime et la comtesse. Ces trois personnages se trouvèrent donc en présence, à la hauteur de la cheminée, au milieu du grand salon. L'étudiant savait bien qu'il allait gêner cet odieux Maxime ; mais, au risque de déplaire à madame de Restaud, il voulut gêner le dandy. Tout à coup, en se souvenant d'avoir vu ce jeune homme au bal de madame de Beauséant, il devina ce qu'était Maxime pour madame de Restaud, et avec cette audace juvénile qui fait commettre de grandes sottises ou obtenir de grands succès, il se dit : « Voilà mon rival, je veux triompher de lui. » L'imprudent ! il ignorait que le comte Maxime de Trailles se laissait insulter, tirait le premier et tuait son homme. Eugène était un adroit chasseur, mais il n'avait pas encore abattu vingt poupées sur vingt-deux dans un tir. Le jeune comte se jeta dans une bergère au coin du feu, prit les pincettes et fouilla le foyer par un mouvement si violent, si grimaud [1], que le beau visage d'Anastasie se chagrina soudain. La jeune femme se tourna vers Eugène, et lui lança un de ces regards froidement interrogatifs qui disent si bien : Pourquoi ne vous en allez-vous pas ? que les gens bien élevés savent aussitôt faire de ces phrases qu'il faudrait appeler des phrases de sortie.

Eugène prit un air agréable et dit : — Madame, j'avais hâte de vous voir pour...

Il s'arrêta tout court. Une porte s'ouvrit. Le monsieur qui conduisait le tilbury se montra soudain, sans chapeau, ne salua pas la comtesse, regarda soucieusement Eugène, et tendit la main à Maxime, en lui disant : « Bonjour » avec une expression fraternelle qui surprit singulièrement Eugène. Les jeunes gens de province ignorent combien est douce la vie à trois.

— Monsieur de Restaud, dit la comtesse à l'étudiant en lui montrant son mari.

Eugène s'inclina profondément.

— Monsieur, dit-elle en continuant et en présentant Eugène au comte de Restaud, est monsieur de Rastignac, parent de madame la vicomtesse de Beauséant par les Marcillac, et que j'ai eu le plaisir de rencontrer à son dernier bal.

Parent de madame la vicomtesse de Beauséant par les Marcillac! ces mots, que la comtesse prononça presque emphatiquement, par suite de l'espèce d'orgueil qu'éprouve une maîtresse de maison à prouver qu'elle n'a chez elle que des gens de distinction, furent d'un effet magique, le comte quitta son air froidement cérémonieux et salua l'étudiant.

— Enchanté, dit-il, monsieur, de pouvoir faire votre connaissance.

Le comte Maxime de Trailles lui-même jeta sur Eugène un regard inquiet et quitta tout à coup son air impertinent. Ce coup de baguette, dû à la puissante intervention d'un nom, ouvrit trente cases dans le cerveau du Méridional, et lui rendit l'esprit qu'il avait préparé. Une soudaine lumière lui fit voir clair dans l'atmosphère de la haute société parisienne, encore ténébreuse pour lui. La Maison Vauquer, le père Goriot étaient alors bien loin de sa pensée.

— Je croyais les Marcillac éteints? dit le comte de Restaud à Eugène.

— Oui, monsieur, répondit-il. Mon grand-oncle, le chevalier de Rastignac, a épousé l'héritière de la famille de Marcillac. Il n'a eu qu'une fille, qui a épousé le maréchal de Clarimbault, aïeul maternel de

madame de Beauséant. Nous sommes la branche
cadette, branche d'autant plus pauvre que mon
grand-oncle, vice-amiral, a tout perdu au service du
Roi. Le gouvernement révolutionnaire n'a pas voulu
admettre nos créances dans la liquidation qu'il a faite
de la Compagnie des Indes [1].

— Monsieur votre grand-oncle ne commandait-il
pas le *Vengeur* avant 1789 ?

— Précisément.

— Alors, il a connu mon grand-père, qui comman-
dait le *Warwick*.

Maxime haussa légèrement les épaules en regardant
madame de Restaud, et eut l'air de lui dire : « S'il se
met à causer marine avec celui-là, nous sommes
perdus. » Anastasie comprit le regard de monsieur de
Trailles. Avec cette admirable puissance que possèdent les femmes, elle se mit à sourire en disant :
« Venez, Maxime ; j'ai quelque chose à vous demander. Messieurs, nous vous laisserons naviguer de
conserve sur le *Warwick* et sur le *Vengeur*. » Elle se
leva et fit un signe plein de traîtrise railleuse à
Maxime, qui prit avec elle la route du boudoir. A
peine ce couple *morganatique* [2], jolie expression allemande qui n'a pas son équivalent en français, avait-il
atteint la porte que le comte interrompit sa conversation avec Eugène.

— Anastasie ! restez donc, ma chère, s'écria-t-il
avec humeur, vous savez bien que...

— Je reviens, je reviens, dit-elle en l'interrompant,
il ne me faut qu'un moment pour dire à Maxime ce
dont je veux le charger.

Elle revint promptement. Comme toutes les femmes

qui, forcées d'observer le caractère de leurs maris
pour pouvoir se conduire à leur fantaisie, savent
reconnaître jusqu'où elles peuvent aller afin de ne pas
perdre une confiance précieuse, et qui alors ne les
choquent jamais dans les petites choses de la vie, la
comtesse avait vu d'après les inflexions de la voix du
comte qu'il n'y aurait aucune sécurité à rester dans le
boudoir. Ces contretemps étaient dus à Eugène. Aussi
la comtesse montra-t-elle l'étudiant d'un air et par un
geste pleins de dépit à Maxime, qui dit fort épigram-
matiquement au comte, à sa femme et à Eugène : —
Écoutez, vous êtes en affaires, je ne veux pas vous
gêner ; adieu. Il se sauva.

— Restez donc, Maxime ! cria le comte.

— Venez dîner, dit la comtesse qui, laissant encore
une fois Eugène et le comte, suivit Maxime dans le
premier salon où ils restèrent assez de temps ensemble
pour croire que monsieur de Restaud congédierait
Eugène.

Rastignac les entendait tour à tour éclatant de rire,
causant, se taisant ; mais le malicieux étudiant faisait
de l'esprit avec monsieur de Restaud, le flattait ou
l'embarquait dans des discussions, afin de revoir la
comtesse et de savoir quelles étaient ses relations avec
le père Goriot. Cette femme, évidemment amoureuse
de Maxime ; cette femme, maîtresse de son mari, liée
secrètement au vieux vermicellier, lui semblait tout un
mystère. Il voulait pénétrer ce mystère, espérant ainsi
pouvoir régner en souverain sur cette femme si
éminemment Parisienne.

— Anastasie, dit le comte appelant de nouveau sa
femme.

— Allons, mon pauvre Maxime, dit-elle au jeune homme, il faut se résigner. A ce soir...

— J'espère, *Nasie*, lui dit-il à l'oreille, que vous consignerez ce petit jeune homme dont les yeux s'allumaient comme des charbons quand votre peignoir s'entrouvrait. Il vous ferait des déclarations, vous compromettrait, et vous me forceriez à le tuer.

— Êtes-vous fou, Maxime ? dit-elle. Ces petits étudiants ne sont-ils pas, au contraire, d'excellents paratonnerres ? Je le ferai, certes, prendre en grippe à Restaud.

Maxime éclata de rire et sortit suivi de la comtesse, qui se mit à la fenêtre pour le voir montant en voiture, faisant piaffer son cheval, et agitant son fouet. Elle ne revint que quand la grande porte fut fermée.

— Dites donc, lui cria le comte quand elle rentra, ma chère, la terre où demeure la famille de monsieur n'est pas loin de Verteuil, sur la Charente. Le grand-oncle de monsieur et mon grand-père se connaissaient.

— Enchantée d'être en pays de connaissance, dit la comtesse distraite.

— Plus que vous ne le croyez, dit à voix basse Eugène.

— Comment ? dit-elle vivement.

— Mais, reprit l'étudiant, je viens de voir sortir de chez vous un monsieur avec lequel je suis porte à porte dans la même pension, le père Goriot.

A ce nom enjolivé du mot *père*, le comte, qui tisonnait, jeta les pincettes dans le feu, comme si elles lui eussent brûlé les mains, et se leva.

— Monsieur, vous auriez pu dire monsieur Goriot !
s'écria-t-il.

La comtesse pâlit d'abord en voyant l'impatience
de son mari, puis elle rougit, et fut évidemment
embarrassée ; elle répondit d'une voix qu'elle voulut
rendre naturelle, et d'un air faussement dégagé : « Il
est impossible de connaître quelqu'un que nous
aimions mieux... » Elle s'interrompit, regarda son
piano, comme s'il se réveillait en elle quelque fantaisie, et dit : — Aimez-vous la musique, monsieur ?

— Beaucoup, répondit Eugène devenu rouge et
bêtifié par l'idée confuse qu'il eut d'avoir commis
quelque lourde sottise.

— Chantez-vous ? s'écria-t-elle en s'en allant à son
piano dont elle attaqua vivement toutes les touches en
les remuant depuis l'ut d'en bas jusqu'au fa d'en haut.
Rrrrah !

— Non, madame.

Le comte de Restaud se promenait de long en large.

— C'est dommage, vous êtes privé d'un grand
moyen de succès. — *Ca-a-ro, ca-a-ro, ca-a-a-a-ro,
non dubita-re* [1], chanta la comtesse.

En prononçant le nom du père Goriot, Eugène avait
donné un coup de baguette magique, mais dont l'effet
était inverse de celui qu'avaient frappé ces mots :
parent de madame de Beauséant. Il se trouvait dans la
situation d'un homme introduit par faveur chez un
amateur de curiosités, et qui, touchant par mégarde
une armoire pleine de figures sculptées, fait tomber
trois ou quatre têtes mal collées. Il aurait voulu se
jeter dans un gouffre. Le visage de madame de

Restaud était sec, froid, et ses yeux devenus indifférents fuyaient ceux du malencontreux étudiant.

— Madame, dit-il, vous avez à causer avec monsieur de Restaud, veuillez agréer mes hommages, et
me permettre...

— Toutes les fois que vous viendrez, dit précipitamment la comtesse en arrêtant Eugène par un geste,
vous êtes sûr de nous faire, à monsieur de Restaud
comme à moi, le plus vif plaisir.

Eugène salua profondément le couple et sortit suivi
de monsieur de Restaud, qui, malgré ses instances,
l'accompagna jusque dans l'antichambre.

— Toutes les fois que monsieur se présentera, dit le
comte à Maurice, ni madame ni moi nous n'y serons.

Quand Eugène mit pied sur le perron, il s'aperçut
qu'il pleuvait. — Allons, se dit-il, je suis venu faire
une gaucherie dont j'ignore la cause et la portée, je
gâterai par-dessus le marché mon habit et mon
chapeau. Je devrais rester dans un coin à piocher le
Droit, ne penser qu'à devenir un rude magistrat. Puis-
je aller dans le monde quand, pour y manœuvrer
convenablement, il faut un tas de cabriolets, de bottes
cirées, d'agrès indispensables, de chaînes d'or, dès le
matin des gants de daim blancs qui coûtent six francs,
et toujours des gants jaunes le soir ? Vieux drôle de
père Goriot, va !

Quand il se trouva sous la porte de la rue, le cocher
d'une voiture de louage, qui venait sans doute de
remiser de nouveaux mariés et qui ne demandait pas
mieux que de voler à son maître quelques courses de
contrebande, fit à Eugène un signe en le voyant sans
parapluie, en habit noir, gilet blanc, gants jaunes et

bottes cirées. Eugène était sous l'empire de ces rages sourdes qui poussent un jeune homme à s'enfoncer de plus en plus dans l'abîme où il est entré, comme s'il espérait y trouver une heureuse issue. Il consentit par un mouvement de tête à la demande du cocher. Sans avoir plus de vingt-deux sous dans sa poche, il monta dans la voiture où quelques grains de fleurs d'oranger et des brins de cannetille [1] attestaient le passage des mariés.

— Où monsieur va-t-il ? demanda le cocher, qui n'avait déjà plus ses gants blancs.

— Parbleu ! se dit Eugène, puisque je m'enfonce, il faut au moins que cela me serve à quelque chose ! Allez à l'hôtel de Beauséant, ajouta-t-il à haute voix.

— Lequel ? dit le cocher.

Mot sublime qui confondit Eugène. Cet élégant inédit ne savait pas qu'il y avait deux hôtels de Beauséant, il ne connaissait pas combien il était riche en parents qui ne se souciaient pas de lui.

— Le vicomte de Beauséant, rue...

— De Grenelle, dit le cocher en hochant la tête et l'interrompant. Voyez-vous, il y a encore l'hôtel du comte et du marquis de Beauséant, rue Saint-Dominique, ajouta-t-il en relevant le marchepied.

— Je le sais bien, répondit Eugène d'un air sec. Tout le monde aujourd'hui se moque donc de moi ! dit-il en jetant son chapeau sur les coussins de devant. Voilà une escapade qui va me coûter la rançon d'un roi. Mais au moins je vais faire ma visite à ma soi-disant cousine d'une manière solidement aristocratique. Le père Goriot me coûte déjà au moins dix francs, le vieux scélérat ! Ma foi, je vais raconter mon

aventure à madame de Beauséant, peut-être la ferai-je
rire. Elle saura sans doute le mystère des liaisons
criminelles de ce vieux rat sans queue et de cette belle
femme. Il vaut mieux plaire à ma cousine que de me
cogner contre cette femme immorale, qui me fait
l'effet d'être bien coûteuse. Si le nom de la belle
vicomtesse est si puissant, de quel poids doit donc être
sa personne ? Adressons-nous en haut. Quand on
s'attaque à quelque chose dans le ciel, il faut viser
Dieu !

Ces paroles sont la formule brève des mille et une
pensées entre lesquelles il flottait. Il reprit un peu de
calme et d'assurance en voyant tomber la pluie. Il se
dit que s'il allait dissiper deux des précieuses pièces de
cent sous qui lui restaient, elles seraient heureusement
employées à la conservation de son habit, de ses bottes
et de son chapeau. Il n'entendit pas sans un mouvement d'hilarité son cocher criant : *La porte, s'il vous
plaît ?* Un suisse rouge et doré fit grogner sur ses
gonds la porte de l'hôtel, et Rastignac vit avec une
douce satisfaction sa voiture passant sous le porche,
tournant dans la cour, et s'arrêtant sous la marquise
du perron. Le cocher à grosse houppelande bleue
bordée de rouge vint déplier le marchepied. En
descendant de sa voiture, Eugène entendit des rires
étouffés qui partaient sous le péristyle. Trois ou
quatre valets avaient déjà plaisanté sur cet équipage
de mariée vulgaire. Leur rire éclaira l'étudiant au
moment où il compara cette voiture à l'un des plus
élégants coupés de Paris, attelé de deux chevaux
fringants qui avaient des roses à l'oreille, qui mor-
daient leur frein, et qu'un cocher poudré, bien

cravaté, tenait en bride comme s'ils eussent voulu
s'échapper. A la Chaussée-d'Antin, madame de Restaud avait dans sa cour le fin cabriolet de l'homme de
vingt-six ans. Au faubourg Saint-Germain, attendait
le luxe d'un grand seigneur, un équipage que trente
mille francs n'auraient pas payé.

— Qui donc est là ? se dit Eugène en comprenant
un peu tardivement qu'il devait se rencontrer à Paris
bien peu de femmes qui ne fussent occupées, et que la
conquête d'une de ces reines coûtait plus que du sang.
Diantre ! ma cousine aura sans doute aussi son
Maxime.

Il monta le perron la mort dans l'âme. A son aspect
la porte vitrée s'ouvrit ; il trouva les valets sérieux
comme des ânes qu'on étrille. La fête à laquelle il
avait assisté s'était donnée dans les grands appartements de réception, situés au rez-de-chaussée de
l'hôtel de Beauséant. N'ayant pas eu le temps, entre
l'invitation et le bal, de faire une visite à sa cousine, il
n'avait donc pas encore pénétré dans les appartements de madame de Beauséant ; il allait donc voir
pour la première fois les merveilles de cette élégance
personnelle qui trahit l'âme et les mœurs d'une
femme de distinction. Étude d'autant plus curieuse
que le salon de madame de Restaud lui fournissait un
terme de comparaison. A quatre heures et demie la
vicomtesse était visible. Cinq minutes plus tôt, elle
n'eût pas reçu son cousin. Eugène, qui ne savait rien
des diverses étiquettes parisiennes, fut conduit par un
grand escalier plein de fleurs, blanc de ton, à rampe
dorée, à tapis rouge, chez madame de Beauséant, dont
il ignorait la biographie verbale, une de ces chan-

geantes histoires qui se content tous les soirs d'oreille
à oreille dans les salons de Paris.

La vicomtesse était liée depuis trois ans avec un des
plus célèbres et des plus riches seigneurs portugais, le
marquis d'Ajuda-Pinto. C'était une de ces liaisons
innocentes qui ont tant d'attraits pour les personnes
ainsi liées, qu'elles ne peuvent supporter personne en
tiers. Aussi le vicomte de Beauséant avait-il donné lui-
même l'exemple au public en respectant, bon gré, mal
gré, cette union morganatique. Les personnes qui,
dans les premiers jours de cette amitié, vinrent voir la
vicomtesse à deux heures, y trouvaient le marquis
d'Ajuda-Pinto. Madame de Beauséant, incapable de
fermer sa porte, ce qui eût été fort inconvenant,
recevait si froidement les gens et contemplait si
studieusement sa corniche, que chacun comprenait
combien il la gênait. Quand on sut dans Paris qu'on
gênait madame de Beauséant en venant la voir entre
deux et quatre heures, elle se trouva dans la solitude
la plus complète. Elle allait aux Bouffons ou à l'Opéra
en compagnie de monsieur de Beauséant et de monsieur d'Ajuda-Pinto ; mais en homme qui sait vivre,
monsieur de Beauséant quittait toujours sa femme et
le Portugais après les y avoir installés. Monsieur
d'Ajuda devait se marier. Il épousait une demoiselle
de Rochefide. Dans toute la haute société une seule
personne ignorait encore ce mariage, cette personne
était madame de Beauséant. Quelques-unes de ses
amies lui en avaient bien parlé vaguement ; elle en
avait ri, croyant que ses amies voulaient troubler un
bonheur jalousé. Cependant les bans allaient se
publier. Quoiqu'il fût venu pour notifier ce mariage à

la vicomtesse, le beau Portugais n'avait pas encore osé
dire un traître mot. Pourquoi ? rien sans doute n'est
plus difficile que de notifier à une femme un semblable *ultimatum*. Certains hommes se trouvent plus à
l'aise sur le terrain, devant un homme qui leur
menace le cœur avec une épée, que devant une femme
qui, après avoir débité ses élégies pendant deux
heures, fait la morte et demande des sels. En ce
moment donc monsieur d'Ajuda-Pinto était sur les
épines, et voulait sortir, en se disant que madame de
Beauséant apprendrait cette nouvelle, il lui écrirait, il
serait plus commode de traiter ce galant assassinat
par correspondance que de vive voix. Quand le valet
de chambre de la vicomtesse annonça monsieur
Eugène de Rastignac, il fit tressaillir de joie le marquis
d'Ajuda-Pinto. Sachez-le bien, une femme aimante
est encore plus ingénieuse à se créer des doutes qu'elle
n'est habile à varier le plaisir. Quand elle est sur le
point d'être quittée, elle devine plus rapidement le
sens d'un geste que le coursier de Virgile ne flaire les
lointains corpuscules qui lui annoncent l'amour. Aussi
comptez que madame de Beauséant surprit ce tres-
saillement involontaire, léger, mais naïvement épouvantable. Eugène ignorait qu'on ne doit jamais se
présenter chez qui que ce soit à Paris sans s'être fait
conter par les amis de la maison l'histoire du mari,
celle de la femme ou des enfants, afin de n'y
commettre aucune de ces balourdises dont on dit
pittoresquement en Pologne : *Attelez cinq bœufs à
votre char !* sans doute pour vous tirer du mauvais pas
où vous vous embourbez. Si ces malheurs de la
conversation n'ont encore aucun nom en France, on

les y suppose sans doute impossibles, par suite de
l'énorme publicité qu'y obtiennent les médisances.
Après s'être embourbé chez madame de Restaud, qui
ne lui avait pas même laissé le temps d'atteler les cinq
bœufs à son char, Eugène seul était capable de
recommencer son métier de bouvier, en se présentant
chez madame de Beauséant. Mais s'il avait horriblement gêné madame de Restaud et monsieur de
Trailles, il tirait d'embarras monsieur d'Ajuda.

— Adieu, dit le Portugais en s'empressant de
gagner la porte quand Eugène entra dans un petit
salon coquet, gris et rose, où le luxe semblait n'être
que de l'élégance.

— Mais à ce soir, dit madame de Beauséant en
retournant la tête et jetant un regard au marquis.
N'allons-nous pas aux Bouffons ?

— Je ne le puis, dit-il en prenant le bouton de la
porte.

Madame de Beauséant se leva, le rappela près
d'elle, sans faire la moindre attention à Eugène, qui,
debout, étourdi par les scintillements d'une richesse
merveilleuse, croyait à la réalité des contes arabes, et
ne savait où se fourrer en se trouvant en présence de
cette femme sans être remarqué par elle. La vicomtesse avait levé l'index de sa main droite, et par un joli
mouvement désignait au marquis une place devant
elle. Il y eut dans ce geste un si violent despotisme de
passion que le marquis laissa le bouton de la porte et
vint. Eugène le regarda non sans envie.

— Voilà, se dit-il, l'homme au coupé ! Mais il faut
donc avoir des chevaux fringants, des livrées et de l'or
à flots pour obtenir le regard d'une femme de Paris ?

Le démon du luxe le mordit au cœur, la fièvre du gain le prit, la soif de l'or lui sécha la gorge. Il avait cent trente francs pour son trimestre. Son père, sa mère, ses frères, ses sœurs, sa tante, ne dépensaient pas deux cents francs par mois, à eux tous. Cette rapide comparaison entre sa situation présente et le but auquel il fallait parvenir contribuèrent à le stupéfier.

— Pourquoi, dit la vicomtesse en riant, ne *pouvez-vous pas* venir aux Italiens ?

— Des affaires ! je dîne chez l'ambassadeur d'Angleterre.

— Vous les quitterez.

Quand un homme trompe, il est invinciblement forcé d'entasser mensonges sur mensonges. Monsieur d'Ajuda dit alors en riant : « Vous l'exigez ? »

— Oui, certes.

— Voilà ce que je voulais me faire dire, répondit-il en jetant un de ces fins regards qui auraient rassuré toute autre femme. Il prit la main de la vicomtesse, la baisa et partit.

Eugène passa la main dans ses cheveux et se tortilla pour saluer en croyant que madame de Beauséant allait penser à lui ; tout à coup elle s'élance, se précipite dans la galerie, accourt à la fenêtre et regarde monsieur d'Ajuda pendant qu'il montait en voiture ; elle prête l'oreille à l'ordre, et entend le chasseur répétant au cocher : « Chez monsieur de Rochefide. » Ces mots, et la manière dont d'Ajuda se plongea dans sa voiture, furent l'éclair et la foudre pour cette femme, qui revint en proie à de mortelles appréhensions. Les plus horribles catastrophes ne sont que cela dans le grand monde. La vicomtesse

rentra dans sa chambre à coucher, se mit à sa [1] table,
et prit un joli papier.

Du moment, écrivait-elle, *où vous dînez chez les
Rochefide, et non à l'ambassade anglaise, vous me
devez une explication, je vous attends.*

Après avoir redressé quelques lettres défigurées par
le tremblement convulsif de sa main, elle mit un C qui
voulait dire Claire de Bourgogne, et sonna.

— Jacques, dit-elle à son valet de chambre qui vint
aussitôt, vous irez à sept heures et demie chez
monsieur de Rochefide, vous y demanderez le marquis d'Ajuda. Si monsieur le marquis y est, vous lui
ferez parvenir ce billet sans demander de réponse ; s'il
n'y est pas, vous reviendrez et me rapporterez ma
lettre.

— Madame la vicomtesse a quelqu'un dans son
salon.

— Ah ! c'est vrai, dit-elle en poussant la porte.

Eugène commençait à se trouver très mal à l'aise, il
aperçut enfin la vicomtesse qui lui dit d'un ton dont
l'émotion lui remua les fibres du cœur : « Pardon,
monsieur, j'avais un mot à écrire, je suis maintenant
tout à vous. » Elle ne savait ce qu'elle disait, car voici
ce qu'elle pensait : « Ah ! il veut épouser mademoiselle de Rochefide. Mais est-il donc libre ? Ce soir ce
mariage sera brisé, ou je... Mais il n'en sera plus
question demain. »

— Ma cousine... répondit Eugène.

— Hein ? fit la vicomtesse en lui jetant un regard
dont l'impertinence glaça l'étudiant.

Eugène comprit ce hein. Depuis trois heures il avait
appris tant de choses, qu'il s'était mis sur le qui-vive.

— Madame, reprit-il en rougissant. Il hésita, puis il dit en continuant : Pardonnez-moi ; j'ai besoin de tant de protection qu'un bout de parenté n'aurait rien gâté.

Madame de Beauséant sourit, mais tristement : elle sentait déjà le malheur qui grondait dans son atmosphère [1].

— Si vous connaissiez la situation dans laquelle se trouve ma famille, dit-il en continuant, vous aimeriez à jouer le rôle d'une de ces fées fabuleuses qui se plaisaient à dissiper les obstacles autour de leurs filleuls.

— Eh bien ! mon cousin, dit-elle en riant, à quoi puis-je vous être bonne ?

— Mais le sais-je ? Vous appartenir par un lien de parenté qui se perd dans l'ombre est déjà toute une fortune. Vous m'avez troublé, je ne sais plus ce que je venais vous dire. Vous êtes la seule personne que je connaisse à Paris. Ah ! je voulais vous consulter en vous demandant de m'accepter comme un pauvre enfant qui désire se coudre à votre jupe, et qui saurait mourir pour vous.

— Vous tueriez quelqu'un pour moi ?

— J'en tuerais deux, dit Eugène.

— Enfant ! Oui, vous êtes un enfant, dit-elle en réprimant quelques larmes ; vous aimeriez sincèrement, vous !

— Oh ! fit-il en hochant la tête.

La vicomtesse s'intéressa vivement à l'étudiant pour une réponse d'ambitieux. Le Méridional en était à son premier calcul. Entre le boudoir bleu de madame de Restaud et le salon rose de madame de

Beauséant, il avait fait trois années de ce *Droit parisien* dont on ne parle pas, quoiqu'il constitue une haute jurisprudence sociale qui, bien apprise et bien pratiquée, mène à tout.

— Ah ! j'y suis, dit Eugène. J'avais remarqué madame de Restaud à votre bal, je suis allé ce matin chez elle.

— Vous avez dû bien la gêner, dit en souriant madame de Beauséant.

— Eh ! oui, je suis un ignorant qui mettra contre lui tout le monde, si vous me refusez votre secours. Je crois qu'il est fort difficile de rencontrer à Paris une femme jeune, belle, riche, élégante qui soit inoccupée, et il m'en faut une qui m'apprenne ce que, vous autres femmes, vous savez si bien expliquer : la vie. Je trouverai partout un monsieur de Trailles. Je venais donc à vous pour vous demander le mot d'une énigme, et vous prier de me dire de quelle nature est la sottise que j'y ai faite. J'ai parlé d'un père...

— Madame la duchesse de Langeais, dit Jacques en coupant la parole à l'étudiant, qui fit le geste d'un homme violemment contrarié.

— Si vous voulez réussir, dit la vicomtesse à voix basse, d'abord ne soyez pas aussi démonstratif.

— Eh ! bonjour, ma chère, reprit-elle en se levant et allant au-devant de la duchesse dont elle pressa les mains avec l'effusion caressante qu'elle aurait pu montrer pour une sœur et à laquelle la duchesse répondit par les plus jolies câlineries.

— Voilà deux bonnes amies, se dit Rastignac. J'aurai dès lors deux protectrices ; ces deux femmes

doivent avoir les mêmes affections, et celle-ci s'inté-
ressera sans doute à moi.

— A quelle heureuse pensée dois-je le bonheur de
te voir, ma chère Antoinette ? dit madame de Beauséant.

— Mais j'ai vu monsieur d'Ajuda-Pinto entrant
chez monsieur de Rochefide, et j'ai pensé qu'alors
vous étiez seule.

Madame de Beauséant ne se pinça point les lèvres,
elle ne rougit pas, son regard resta le même, son front
parut s'éclaircir pendant que la duchesse prononçait
ces fatales paroles.

— Si j'avais su que vous fussiez occupée... ajouta
la duchesse en se tournant vers Eugène.

— Monsieur est monsieur Eugène de Rastignac, un
de mes cousins, dit la vicomtesse. Avez-vous des
nouvelles du général Montriveau ? fit-elle. Sérisy m'a
dit hier qu'on ne le voyait plus, l'avez-vous eu chez
vous aujourd'hui ?

La duchesse, qui passait pour être abandonnée par
monsieur de Montriveau, de qui elle était éperdument
éprise [1], sentit au cœur la pointe de cette question, et
rougit en répondant : — Il était hier à l'Élysée.

— De service [2], dit madame de Beauséant.

— Clara, vous savez sans doute, reprit la duchesse
en jetant des flots de malignité par ses regards, que
demain les bans de monsieur d'Ajuda-Pinto et de
mademoiselle de Rochefide se publient ?

Ce coup était trop violent, la vicomtesse pâlit et
répondit en riant : — Un de ces bruits dont s'amusent
les sots. Pourquoi monsieur d'Ajuda porterait-il chez

les Rochefide un des plus beaux noms du Portugal ? Les Rochefide sont des gens anoblis d'hier.

— Mais Berthe réunira, dit-on, deux cent mille livres de rente.

— Monsieur d'Ajuda est trop riche pour faire de ces calculs.

— Mais, ma chère, mademoiselle de Rochefide est charmante.

— Ah !

— Enfin il y dîne aujourd'hui, les conditions sont arrêtées. Vous m'étonnez étrangement d'être si peu instruite.

— Quelle sottise avez-vous donc faite, monsieur ? dit madame de Beauséant. Ce pauvre enfant est si nouvellement jeté dans le monde, qu'il ne comprend rien, ma chère Antoinette, à ce que nous disons. Soyez bonne pour lui, remettons à causer de cela demain. Demain, voyez-vous, tout sera sans doute officiel, et vous pourrez être officieuse à coup sûr.

La duchesse tourna sur Eugène un de ces regards impertinents qui enveloppent un homme des pieds à la tête, l'aplatissent, et le mettent à l'état de zéro.

— Madame, j'ai, sans le savoir, plongé un poignard dans le cœur de madame de Restaud. Sans le savoir, voilà ma faute, dit l'étudiant que son génie avait assez bien servi et qui avait découvert les mordantes épigrammes cachées sous les phrases affectueuses de ces deux femmes. Vous continuez à voir, et vous craignez peut-être les gens qui sont dans le secret du mal qu'ils vous font, tandis que celui qui blesse en ignorant la profondeur de sa blessure est regardé comme un sot, un maladroit qui ne sait profiter de rien, et chacun le méprise.

Madame de Beauséant jeta sur l'étudiant un de ces regards fondants où les grandes âmes savent mettre tout à la fois de la reconnaissance et de la dignité. Ce regard fut comme un baume qui calma la plaie que venait de faire au cœur de l'étudiant le coup d'œil d'huissier-priseur [1] par lequel la duchesse l'avait évalué.

— Figurez-vous que je venais, dit Eugène en continuant, de capter la bienveillance du comte de Restaud ; car, dit-il en se tournant vers la duchesse d'un air à la fois humble et malicieux, il faut vous dire, madame, que je ne suis encore qu'un pauvre diable d'étudiant, bien seul, bien pauvre...

— Ne dites pas cela, monsieur de Rastignac. Nous autres femmes, nous ne voulons jamais de ce dont personne ne veut.

— Bah ! fit Eugène, je n'ai que vingt-deux ans, il faut savoir supporter les malheurs de son âge. D'ailleurs, je suis à confesse ; et il est impossible de se mettre à genoux dans un plus joli confessional : on y fait les péchés dont on s'accuse dans l'autre.

La duchesse prit un air froid à ce discours antireligieux, dont elle proscrivit le mauvais goût en disant à la vicomtesse : — Monsieur arrive...

Madame de Beauséant se prit à rire franchement et de son cousin et de la duchesse.

— Il arrive, ma chère, et cherche une institutrice qui lui enseigne le bon goût.

— Madame la duchesse, reprit Eugène, n'est-il pas naturel de vouloir s'initier aux secrets de ce qui nous charme ? (Allons, se dit-il en lui-même, je suis sûr que je leur fais des phrases de coiffeur.)

— Mais madame de Restaud est, je crois, l'écolière de monsieur de Trailles, dit la duchesse.

— Je n'en savais rien, madame, reprit l'étudiant. Aussi me suis-je étourdiment jeté entre eux. Enfin, je m'étais assez bien entendu avec le mari, je me voyais souffert pour un temps par la femme, lorsque je me suis avisé de leur dire que je connaissais un homme que je venais de voir sortant par un escalier dérobé, et qui avait au fond d'un couloir embrassé la comtesse.

— Qui est-ce ? dirent les deux femmes.

— Un vieillard qui vit à raison de deux louis par mois, au fond du faubourg Saint-Marceau, comme moi, pauvre étudiant ; un véritable malheureux dont tout le monde se moque, et que nous appelons le père Goriot.

— Mais, enfant que vous êtes, s'écria la vicomtesse, madame de Restaud est une demoiselle Goriot.

— La fille d'un vermicellier, reprit la duchesse, une petite femme qui s'est fait présenter le même jour qu'une fille de pâtissier. Ne vous en souvenez-vous pas, Clara ? Le Roi s'est mis à rire, et a dit en latin un bon mot sur la farine. Des gens, comment donc ? des gens...

— *Ejusdem farinæ*, dit Eugène.

— C'est cela, dit la duchesse.

— Ah ! c'est son père, reprit l'étudiant en faisant un geste d'horreur.

— Mais oui ; ce bonhomme avait deux filles dont il est quasi fou, quoique l'une et l'autre l'aient à peu près renié.

— La seconde n'est-elle pas, dit la vicomtesse en regardant madame de Langeais, mariée à un banquier dont le nom est allemand, un baron de Nucingen ? Ne se nomme-t-elle pas Delphine ? N'est-ce pas une blonde qui a une loge de côté à l'Opéra, qui vient aussi aux Bouffons, et rit très haut pour se faire remarquer ?

La duchesse sourit en disant : — Mais, ma chère, je vous admire. Pourquoi vous occupez-vous donc tant de ces gens-là ? Il a fallu être amoureux fou, comme l'était Restaud, pour s'être enfariné de mademoiselle Anastasie. Oh ! il n'en sera pas le bon marchand ! Elle est entre les mains de monsieur de Trailles, qui la perdra.

— Elles ont renié leur père, répétait Eugène.

— Eh bien ! oui, leur père, le père, un père, reprit la vicomtesse, un bon père qui leur a donné, dit-on, à chacune cinq ou six cent mille francs pour faire leur bonheur en les mariant bien, et qui ne s'était réservé que huit à dix mille livres de rente pour lui, croyant que ses filles resteraient ses filles, qu'il s'était créé chez elles deux existences, deux maisons où il serait adoré, choyé. En deux ans, ses gendres l'ont banni de leur société comme le dernier des misérables...

Quelques larmes roulèrent dans les yeux d'Eugène, récemment rafraîchi par les pures et saintes émotions de la famille, encore sous le charme des croyances jeunes, et qui n'en était qu'à sa première journée sur le champ de bataille de la civilisation parisienne. Les émotions véritables sont si communicatives, que pendant un moment ces trois personnes se regardèrent en silence.

— Eh ! mon Dieu, dit madame de Langeais, oui,
cela semble bien horrible, et nous voyons cependant
cela tous les jours. N'y a-t-il pas une cause à cela ?
Dites-moi, ma chère, avez-vous pensé jamais à ce
qu'est un gendre ? Un gendre est un homme pour qui
nous élèverons, vous ou moi, une chère petite créature
à laquelle nous tiendrons par mille liens, qui sera
pendant dix-sept ans la joie de la famille, qui en est
l'âme blanche, dirait Lamartine, et qui en deviendra
la peste. Quand cet homme nous l'aura prise, il
commencera par saisir son amour comme une hache,
afin de couper dans le cœur et au vif de cet ange tous
les sentiments par lesquels elle s'attachait à sa famille.
Hier, notre fille était tout pour nous, nous étions tout
pour elle ; le lendemain elle se fait notre ennemie. Ne
voyons-nous pas cette tragédie s'accomplissant tous
les jours ? Ici, la belle-fille est de la dernière impertinence avec le beau-père, qui a tout sacrifié pour son
fils. Plus loin, un gendre met sa belle-mère à la porte.
J'entends demander ce qu'il y a de dramatique
aujourd'hui dans la société ; mais le drame du gendre
est effrayant, sans compter nos mariages qui sont
devenus de fort sottes choses. Je me rends parfaitement compte de ce qui est arrivé à ce vieux vermicellier. Je crois me rappeler que ce Foriot...

— Goriot, madame...

— Oui, ce Moriot a été président de sa section [1]
pendant la Révolution ; il a été dans le secret de la
fameuse disette, et a commencé sa fortune par vendre
dans ce temps-là des farines dix fois plus qu'elles ne
lui coûtaient. Il en a eu tant qu'il en a voulu.
L'intendant de ma grand-mère lui en a vendu pour

des sommes immenses. Ce Goriot partageait sans doute, comme tous ces gens-là, avec le Comité de Salut Public. Je me souviens que l'intendant disait à ma grand-mère qu'elle pouvait rester en toute sûreté à Granvilliers, parce que ses blés étaient une excellente carte civique. Eh bien ! ce Loriot, qui vendait du blé aux coupeurs de têtes, n'a eu qu'une passion. Il adore, dit-on, ses filles. Il a juché l'aînée dans la maison de Restaud, et greffé l'autre sur le baron de Nucingen, un riche banquier qui fait le royaliste. Vous comprenez bien que, sous l'Empire, les deux gendres ne se sont pas trop formalisés d'avoir ce vieux Quatre-vingt-treize chez eux ; ça pouvait encore aller avec Buona-parte. Mais quand les Bourbons sont revenus, le bonhomme a gêné monsieur de Restaud, et plus encore le banquier. Les filles, qui aimaient peut-être toujours leur père, ont voulu ménager la chèvre et le chou, le père et le mari ; elles ont reçu le Goriot quand elles n'avaient personne ; elles ont imaginé des pré-textes de tendresse. « Papa, venez, nous serons mieux, parce que nous serons seuls ! » etc. Moi, ma chère, je crois que les sentiments vrais ont des yeux et une intelligence : le cœur de ce pauvre Quatre-vingt-treize a donc saigné. Il a vu que ses filles avaient honte de lui ; que, si elles aimaient leurs maris, il nuisait à ses gendres. Il fallait donc se sacrifier. Il s'est sacrifié, parce qu'il était père : il s'est banni de lui-même. En voyant ses filles contentes, il comprit qu'il avait bien fait. Le père et les enfants ont été complices de ce petit crime. Nous voyons cela partout. Ce père Doriot n'aurait-il pas été une tache de cambouis dans le salon de ses filles ? Il y aurait été gêné, il se serait

ennuyé. Ce qui arrive à ce père peut arriver à la plus
jolie femme avec l'homme qu'elle aimera le mieux : si
elle l'ennuie de son amour, il s'en va, il fait des
lâchetés pour la fuir. Tous les sentiments en sont là.
Notre cœur est un trésor, videz-le d'un coup, vous êtes
ruinés. Nous ne pardonnons pas plus à un sentiment
de s'être montré tout entier qu'à un homme de ne pas
avoir un sou à lui. Ce père avait tout donné. Il avait
donné, pendant vingt ans, ses entrailles, son amour ; il
avait donné sa fortune en un jour. Le citron bien
pressé, ses filles ont laissé le zeste au coin des rues.

— Le monde est infâme, dit la vicomtesse en
effilant son châle et sans lever les yeux, car elle était
atteinte au vif par les mots que madame de Langeais
avait dits, pour elle, en racontant cette histoire.

— Infâme ! non, reprit la duchesse ; il va son train,
voilà tout. Si je vous en parle ainsi, c'est pour montrer
que je ne suis pas la dupe du monde. Je pense comme
vous, dit-elle en pressant la main de la vicomtesse. Le
monde est un bourbier, tâchons de rester sur les
hauteurs. Elle se leva, embrassa madame de Beauséant au front en lui disant : « Vous êtes bien belle en
ce moment, ma chère. Vous avez les plus jolies
couleurs que j'aie vues jamais. » Puis elle sortit après
avoir légèrement incliné la tête en regardant le cousin.

— Le père Goriot est sublime ! dit Eugène en se
souvenant de l'avoir vu tordant son vermeil la nuit.

Madame de Beauséant n'entendit pas, elle était
pensive. Quelques moments de silence s'écoulèrent, et
le pauvre étudiant, par une sorte de stupeur honteuse,
n'osait ni s'en aller, ni rester, ni parler.

— Le monde est infâme et méchant, dit enfin la

vicomtesse. Aussitôt qu'un malheur nous arrive, il se rencontre toujours un ami prêt à venir nous le dire, et à nous fouiller le cœur avec un poignard en nous en faisant admirer le manche. Déjà le sarcasme, déjà les railleries ! Ah ! je me défendrai. Elle releva la tête comme une grande dame qu'elle était, et des éclairs sortirent de ses yeux fiers. — Ah ! fit-elle en voyant Eugène, vous êtes là !

— Encore, dit-il piteusement.

— Eh bien ! monsieur de Rastignac, traitez ce monde comme il mérite de l'être. Vous voulez parvenir, je vous aiderai. Vous sonderez combien est profonde la corruption féminine, vous toiserez la largeur de la misérable vanité des hommes. Quoique j'aie bien lu dans ce livre du monde, il y avait des pages qui cependant m'étaient inconnues. Maintenant je sais tout. Plus froidement vous calculerez, plus avant vous irez. Frappez sans pitié, vous serez craint. N'acceptez les hommes et les femmes que comme les chevaux de poste que vous laisserez crever à chaque relais, vous arriverez ainsi au faîte de vos désirs. Voyez-vous, vous ne serez rien ici si vous n'avez pas une femme qui s'intéresse à vous. Il vous la faut jeune, riche, élégante. Mais si vous avez un sentiment vrai, cachez-le comme un trésor ; ne le laissez jamais soupçonner, vous seriez perdu. Vous ne seriez plus le bourreau, vous deviendriez la victime. Si jamais vous aimiez, gardez bien votre secret ! ne le livrez pas avant d'avoir bien su à qui vous ouvrirez votre cœur. Pour préserver par avance cet amour qui n'existe pas encore, apprenez à vous méfier de ce monde-ci. Écoutez-moi, Miguel... (Elle se trompait naïvement de

nom sans s'en apercevoir.) Il existe quelque chose de
plus épouvantable que ne l'est l'abandon du père par
ses deux filles, qui le voudraient mort. C'est la rivalité
des deux sœurs entre elles. Restaud a de la naissance,
sa femme a été adoptée, elle a été présentée ; mais sa
sœur, sa riche sœur, la belle madame Delphine de
Nucingen, femme d'un homme d'argent, meurt de
chagrin ; la jalousie la dévore, elle est à cent lieues de
sa sœur ; sa sœur n'est plus sa sœur ; ces deux femmes
se renient entre elles comme elles renient leur père.
Aussi, madame de Nucingen laperait-elle toute la
boue qu'il y a entre la rue Saint-Lazare et la rue de
Grenelle pour entrer dans mon salon. Elle a cru que
de Marsay la ferait arriver à son but, et elle s'est faite
l'esclave de de Marsay, elle assomme de Marsay. De
Marsay se soucie fort peu d'elle. Si vous me la
présentez, vous serez son Benjamin [1], elle vous ado-
rera. Aimez-la si vous pouvez après, sinon servez-vous
d'elle. Je la verrai une ou deux fois, en grande soirée,
quand il y aura cohue ; mais je ne la recevrai jamais le
matin. Je la saluerai, cela suffira. Vous vous êtes
fermé la porte de la comtesse pour avoir prononcé le
nom du père Goriot. Oui, mon cher, vous iriez vingt
fois chez madame de Restaud, vingt fois vous la
trouveriez absente. Vous avez été consigné. Eh bien !
que le père Goriot vous introduise près de madame
Delphine de Nucingen. La belle madame de Nucingen
sera pour vous une enseigne. Soyez l'homme qu'elle
distingue, les femmes raffoleront de vous. Ses rivales,
ses amies, ses meilleures amies voudront vous enlever
à elle. Il y a des femmes qui aiment l'homme déjà
choisi par une autre, comme il y a de pauvres

bourgeoises qui, en prenant nos chapeaux, espèrent avoir nos manières. Vous aurez des succès. A Paris, le succès est tout, c'est la clef du pouvoir. Si les femmes vous trouvent de l'esprit, du talent, les hommes le croiront, si vous ne les détrompez pas. Vous pourrez alors tout vouloir, vous aurez le pied partout. Vous saurez alors ce qu'est le monde, une réunion de dupes et de fripons. Ne soyez ni parmi les uns ni parmi les autres. Je vous donne mon nom comme un fil d'Ariane pour entrer dans ce labyrinthe. Ne le compromettez pas, dit-elle en recourbant son cou et jetant un regard de reine à l'étudiant, rendez-le-moi blanc. Allez, laissez-moi. Nous autres femmes, nous avons aussi nos batailles à livrer.

— S'il vous fallait un homme de bonne volonté pour aller mettre le feu à une mine ? dit Eugène en l'interrompant.

— Eh bien ? dit-elle.

Il se frappa le cœur, sourit au sourire de sa cousine, et sortit. Il était cinq heures. Eugène avait faim, il craignit de ne pas arriver à temps pour l'heure du dîner. Cette crainte lui fit sentir le bonheur d'être rapidement emporté dans Paris. Ce plaisir purement machinal le laissa tout entier aux pensées qui l'assaillaient. Lorsqu'un jeune homme de son âge est atteint par le mépris, il s'emporte, il enrage, il menace du poing la société entière, il veut se venger et doute aussi de lui-même. Rastignac était en ce moment accablé par ces mots : *Vous vous êtes fermé la porte de la comtesse.* — J'irai ! se dit-il, et si madame de Beauséant a raison, si je suis consigné... je... Madame de Restaud me trouvera dans tous les salons où elle va.

J'apprendrai à faire des armes, à tirer le pistolet, je lui tuerai son Maxime ! — Et de l'argent ! lui criait sa conscience, où donc en prendras-tu ? Tout à coup la richesse étalée chez la comtesse de Restaud brilla devant ses yeux. Il avait vu là le luxe dont une demoiselle Goriot devait être amoureuse, des dorures, des objets de prix en évidence, le luxe inintelligent du parvenu, le gaspillage de la femme entretenue. Cette fascinante image fut soudainement écrasée par le grandiose hôtel de Beauséant. Son imagination, transportée dans les hautes régions de la société parisienne, lui inspira mille pensées mauvaises au cœur, en lui élargissant la tête et la conscience. Il vit le monde comme il est : les lois et la morale impuissantes chez les riches, et vit dans la fortune l'*ultima ratio mundi*[1]. « Vautrin a raison, la fortune est la vertu ! » se dit-il.

Arrivé rue Neuve-Sainte-Geneviève, il monta rapidement chez lui, descendit pour donner dix francs au cocher, et vint dans cette salle à manger nauséabonde où il aperçut, comme des animaux à un râtelier, les dix-huit convives en train de se repaître. Le spectacle de ces misères et l'aspect de cette salle lui furent horribles. La transition était trop brusque, le contraste trop complet, pour ne pas développer outre mesure chez lui le sentiment de l'ambition. D'un côté, les fraîches et charmantes images de la nature sociale la plus élégante, des figures jeunes, vives, encadrées par les merveilles de l'art et du luxe, des têtes passionnées pleines de poésie ; de l'autre, de sinistres tableaux bordés de fange, et des faces où les passions n'avaient laissé que leurs cordes et leur mécanisme. Les enseignements que la colère d'une femme aban-

donnée avaient arrachés à madame de Beauséant, ses
offres captieuses revinrent dans sa mémoire, et la
misère les commenta. Rastignac résolut d'ouvrir deux
tranchées parallèles pour arriver à la fortune, de
s'appuyer sur la science et sur l'amour, d'être un
savant docteur et un homme à la mode. Il était encore
bien enfant ! Ces deux lignes sont des asymptotes qui
ne peuvent jamais se rejoindre.

— Vous êtes bien sombre, monsieur le marquis, lui
dit Vautrin, qui lui jeta un de ces regards par lesquels
cet homme semblait s'initier aux secrets les plus
cachés du cœur.

— Je ne suis pas disposé à souffrir les plaisanteries
de ceux qui m'appellent monsieur le marquis, répondit-il. Ici, pour être vraiment marquis, il faut avoir
cent mille livres de rente, et quand on vit dans la
Maison Vauquer on n'est pas précisément le favori de
la Fortune.

Vautrin regarda Rastignac d'un air paternel et
méprisant, comme s'il eût dit : « Marmot ! dont je ne
ferais qu'une bouchée ! » Puis il répondit : — Vous
êtes de mauvaise humeur, parce que vous n'avez
peut-être pas réussi auprès de la belle comtesse de
Restaud.

— Elle m'a fermé sa porte pour lui avoir dit que
son père mangeait à notre table, s'écria Rastignac.

Tous les convives s'entre-regardèrent. Le père
Goriot baissa les yeux, et se retourna pour les essuyer.

— Vous m'avez jeté du tabac dans l'œil, dit-il à
son voisin.

— Qui vexera le père Goriot s'attaquera désormais
à moi, répondit Eugène en regardant le voisin de

l'ancien vermicellier ; il vaut mieux que nous tous. Je ne parle pas des dames, dit-il en se retournant vers mademoiselle Taillefer.

Cette phrase fut un dénouement, Eugène l'avait prononcée d'un air qui imposa silence aux convives. Vautrin seul lui dit en goguenardant : — Pour prendre le père Goriot à votre compte, et vous établir son éditeur responsable, il faut savoir bien tenir une épée et bien tirer le pistolet.

— Ainsi ferai-je, dit Eugène.

— Vous êtes donc entré en campagne aujourd'hui ?

— Peut-être, répondit Rastignac. Mais je ne dois compte de mes affaires à personne, attendu que je ne cherche pas à deviner celles que les autres font la nuit.

Vautrin regarda Rastignac de travers.

— Mon petit, quand on ne veut pas être dupe des marionnettes, il faut entrer tout à fait dans la baraque, et ne pas se contenter de regarder par les trous de la tapisserie. Assez causé, ajouta-t-il en voyant Eugène près de se gendarmer. Nous aurons ensemble un petit bout de conversation quand vous le voudrez.

Le dîner devint sombre et froid. Le père Goriot, absorbé par la profonde douleur que lui avait causée la phrase de l'étudiant, ne comprit pas que les dispositions des esprits étaient changées à son égard, et qu'un jeune homme en état d'imposer silence à la persécution avait pris sa défense.

— Monsieur Goriot, dit madame Vauquer à voix basse, serait donc le père d'une comtesse à c't' heure ?

— Et d'une baronne, lui répliqua Rastignac.

— Il n'a que ça à faire, dit Bianchon à Rastignac, je lui ai pris la tête : il n'y a qu'une bosse, celle de la paternité, ce sera un Père *Éternel*.

Eugène était trop sérieux pour que la plaisanterie de Bianchon le fît rire. Il voulait profiter des conseils de madame de Beauséant, et se demandait où et comment il se procurerait de l'argent. Il devint soucieux en voyant les savanes du monde qui se déroulaient à ses yeux à la fois vides et pleines ; chacun le laissa seul dans la salle à manger quand le dîner fut fini.

— Vous avez donc vu ma fille ? lui dit Goriot d'une voix émue.

Réveillé de sa méditation par le bonhomme, Eugène lui prit la main, et le contemplant avec une sorte d'attendrissement : — Vous êtes un brave et digne homme, répondit-il. Nous causerons de vos filles plus tard. Il se leva sans vouloir écouter le père Goriot, et se retira dans sa chambre, où il écrivit à sa mère la lettre suivante :

« Ma chère mère, vois si tu n'as pas une troisième mamelle à t'ouvrir pour moi. Je suis dans une situation à faire promptement fortune. J'ai besoin de douze cents francs, et il me les faut à tout prix. Ne dis rien de ma demande à mon père, il s'y opposerait peut-être, et si je n'avais pas cet argent, je serais en proie à un désespoir qui me conduirait à me brûler la cervelle. Je t'expliquerai mes motifs aussitôt que je te verrai, car il faudrait t'écrire des volumes pour te faire compren-

dre la situation dans laquelle je suis. Je n'ai
pas joué, ma bonne mère, je ne dois rien ;
mais si tu tiens à me conserver la vie que tu
m'as donnée, il faut me trouver cette somme.
Enfin, je vais chez la vicomtesse de Beauséant, qui m'a pris sous sa protection. Je dois
aller dans le monde, et n'ai pas un sou pour
avoir des gants propres. Je saurai ne manger
que du pain, ne boire que de l'eau, je
jeûnerai au besoin ; mais je ne puis me passer
des outils avec lesquels on pioche la vigne
dans ce pays-ci. Il s'agit pour moi de faire
mon chemin ou de rester dans la boue. Je sais
toutes les espérances que vous avez mises en
moi, et veux les réaliser promptement. Ma
bonne mère, vends quelques-uns de tès
anciens bijoux, je les remplacerai bientôt. Je
connais assez la situation de notre famille
pour savoir apprécier de tels sacrifices, et tu
dois croire que je ne te demande pas de les
faire en vain, sinon je serais un monstre. Ne
vois dans ma prière que le cri d'une impérieuse nécessité. Notre avenir est tout entier
dans ce subside, avec lequel je dois ouvrir la
campagne ; car cette vie de Paris est un
combat perpétuel. Si, pour compléter la
somme, il n'y a pas d'autres ressources que
de vendre les dentelles de ma tante, dis-lui
que je lui en enverrai de plus belles. » Etc.

Il écrivit à chacune de ses sœurs en leur demandant
leurs économies, et, pour les leur arracher sans

qu'elles parlassent en famille du sacrifice qu'elles ne manqueraient pas de lui faire avec bonheur, il intéressa leur délicatesse en attaquant les cordes de l'honneur qui sont si bien tendues et résonnent si fort dans de jeunes cœurs. Quand il eut écrit ces lettres, il éprouva néanmoins une trépidation involontaire : il palpitait, il tressaillait. Ce jeune ambitieux connaissait la noblesse immaculée de ces âmes ensevelies dans la solitude, il savait quelles peines il causerait à ses deux sœurs, et aussi quelles seraient leurs joies ; avec quel plaisir elles s'entretiendraient en secret de ce frère bien-aimé, au fond du clos. Sa conscience se dressa lumineuse, et les lui montra comptant en secret leur petit trésor : il les vit, déployant le génie malicieux des jeunes filles pour lui envoyer *incognito* cet argent, essayant une première tromperie pour être sublimes. « Le cœur d'une sœur est un diamant de pureté, un abîme de tendresse ! » se dit-il. Il avait honte d'avoir écrit. Combien seraient puissants leurs vœux, combien pur serait l'élan de leurs âmes vers le ciel ! Avec quelle volupté ne se sacrifieraient-elles pas ! De quelle douleur serait atteinte sa mère, si elle ne pouvait envoyer toute la somme ! Ces beaux sentiments, ces effroyables sacrifices allaient lui servir d'échelon pour arriver à Delphine de Nucingen. Quelques larmes, derniers grains d'encens jetés sur l'autel sacré de la famille, lui sortirent des yeux. Il se promena dans une agitation pleine de désespoir. Le père Goriot, le voyant ainsi par sa porte qui était restée entrebâillée, entra et lui dit : — Qu'avez-vous, monsieur ?

— Ah ! mon bon voisin, je suis encore fils et frère

comme vous êtes père. Vous avez raison de trembler
pour la comtesse Anastasie, elle est à un monsieur
Maxime de Trailles qui la perdra.

Le père Goriot se retira en balbutiant quelques
paroles dont Eugène ne saisit pas le sens. Le lendemain, Rastignac alla jeter ses lettres à la poste. Il
hésita jusqu'au dernier moment, mais il les lança dans
la boîte en disant : « Je réussirai ! » Le mot du joueur,
du grand capitaine, mot fataliste qui perd plus
d'hommes qu'il n'en sauve. Quelques jours après,

Eugène alla chez madame de Restaud et ne fut pas
reçu. Trois fois, il y retourna, trois fois encore il
trouva la porte close, quoiqu'il se présentât à des
heures où le comte Maxime de Trailles n'y était pas.
La vicomtesse avait eu raison. L'étudiant n'étudia
plus. Il allait aux cours pour y répondre à l'appel, et
quand il avait attesté sa présence, il décampait. Il
s'était fait le raisonnement que se font la plupart des
étudiants. Il réservait ses études pour le moment où il
s'agirait de passer ses examens ; il avait résolu d'entasser ses inscriptions de seconde et de troisième
année, puis d'apprendre le Droit sérieusement et d'un
seul coup au dernier moment. Il avait ainsi quinze
mois de loisirs pour naviguer sur l'océan de Paris,
pour s'y livrer à la traite des femmes, ou y pêcher la
fortune. Pendant cette semaine, il vit deux fois
madame de Beauséant, chez laquelle il n'allait qu'au
moment où sortait la voiture du marquis d'Ajuda.
Pour quelques jours encore cette illustre femme, la
plus poétique figure du faubourg Saint-Germain,
resta victorieuse, et fit suspendre le mariage de
mademoiselle de Rochefide avec le marquis d'Ajuda-

Pinto. Mais ces derniers jours, que la crainte de perdre son bonheur rendit les plus ardents de tous, devaient précipiter la catastrophe. Le marquis d'Ajuda, de concert avec les Rochefide, avait regardé cette brouille et ce raccommodement comme une circonstance heureuse : ils espéraient que madame de Beauséant s'accoutumerait à l'idée de ce mariage et finirait par sacrifier ses matinées à un avenir prévu dans la vie des hommes. Malgré les plus saintes promesses renouvelées chaque jour, monsieur d'Ajuda jouait donc la comédie, la vicomtesse aimait à être trompée. « Au lieu de sauter noblement par la fenêtre, elle se laissait rouler dans les escaliers », disait la duchesse de Langeais, sa meilleure amie. Néanmoins, ces dernières lueurs brillèrent assez longtemps pour que la vicomtesse restât à Paris et y servît son jeune parent auquel elle portait une sorte d'affection superstitieuse. Eugène s'était montré pour elle plein de dévouement et de sensibilité dans une circonstance où les femmes ne voient de pitié, de consolation vraie dans aucun regard. Si un homme leur dit alors de douces paroles, il les dit par spéculation.

Dans le désir de parfaitement bien connaître son échiquier avant de tenter l'abordage de la maison de Nucingen, Rastignac voulut se mettre au fait de la vie antérieure du père Goriot, et recueillit des renseignements certains, qui peuvent se réduire à ceci.

Jean-Joachim Goriot était, avant la Révolution, un simple ouvrier vermicellier, habile, économe, et assez entreprenant pour avoir acheté le fonds de son maître, que le hasard rendit victime du premier soulèvement de 1789. Il s'était établi rue de la Jussienne, près de la

Halle-aux-Blés [1], et avait eu le gros bon sens d'accepter la présidence de sa section, afin de faire protéger
son commerce par les personnages les plus influents
de cette dangereuse époque. Cette sagesse avait été
l'origine de sa fortune qui commença dans la disette,
fausse ou vraie, par suite de laquelle les grains
acquirent un prix énorme à Paris. Le peuple se tuait à
la porte des boulangers, tandis que certaines personnes allaient chercher sans émeute des pâtes d'Italie
chez les épiciers. Pendant cette année, le citoyen
Goriot amassa les capitaux qui plus tard lui servirent
à faire son commerce avec toute la supériorité que
donne une grande masse d'argent à celui qui la
possède. Il lui arriva ce qui arrive à tous les hommes
qui n'ont qu'une capacité relative. Sa médiocrité le
sauva. D'ailleurs, sa fortune n'étant connue qu'au
moment où il n'y avait plus de danger à être riche, il
n'excita l'envie de personne. Le commerce des grains
semblait avoir absorbé toute son intelligence. S'agis-
sait-il de blés, de farines, de grenailles [2], de reconnaître leurs qualités, les provenances, de veiller à leur
conservation, de prévoir les cours, de prophétiser
l'abondance ou la pénurie des récoltes, de se procurer
les céréales à bon marché, de s'en approvisionner en
Sicile, en Ukraine, Goriot n'avait pas son second. A lui
voir conduire ses affaires, expliquer les lois sur
l'exportation, sur l'importation des grains, étudier
leur esprit, saisir leurs défauts, un homme l'eût jugé
capable d'être ministre d'État. Patient, actif, énergique, constant, rapide dans ses expéditions, il avait un
coup d'œil d'aigle, il devançait tout, prévoyait tout,
savait tout, cachait tout ; diplomate pour concevoir,

soldat pour marcher. Sorti de sa spécialité, de sa
simple et obscure boutique sur le pas de laquelle il
demeurait pendant ses heures d'oisiveté, l'épaule
appuyée au montant de la porte, il redevenait l'ouvrier stupide et grossier, l'homme incapable de
comprendre un raisonnement, insensible à tous les
plaisirs de l'esprit, l'homme qui s'endormait au
spectacle, un de ces Dolibans [1] parisiens, forts seulement en bêtise. Ces natures se ressemblent presque
toutes. A presque toutes, vous trouveriez un sentiment
sublime au cœur. Deux sentiments exclusifs avaient
rempli le cœur du vermicellier, en avaient absorbé
l'humide, comme le commerce des grains employait
toute l'intelligence de sa cervelle. Sa femme, fille
unique d'un riche fermier de la Brie, fut pour lui
l'objet d'une admiration religieuse, d'un amour sans
bornes. Goriot avait admiré en elle une nature frêle et
forte, sensible et jolie, qui contrastait vigoureusement
avec la sienne. S'il est un sentiment inné dans le cœur
de l'homme, n'est-ce pas l'orgueil de la protection
exercée à tout moment en faveur d'un être faible ?
joignez-y l'amour, cette reconnaissance vive de toutes
les âmes franches pour le principe de leurs plaisirs, et
vous comprendrez une foule de bizarreries morales.
Après sept ans de bonheur sans nuages, Goriot,
malheureusement pour lui, perdit sa femme : elle
commençait à prendre de l'empire sur lui, en dehors
de la sphère des sentiments. Peut-être eût-elle cultivé
cette nature inerte, peut-être y eût-elle jeté l'intelligence des choses du monde et de la vie. Dans cette
situation, le sentiment de la paternité se développa
chez Goriot jusqu'à la déraison. Il reporta ses affec-

tions trompées par la mort sur ses deux filles, qui
d'abord satisfirent pleinement tous ses sentiments.
Quelque brillantes que fussent les propositions qui lui
furent faites par des négociants ou des fermiers jaloux
de lui donner leurs filles, il voulut rester veuf. Son
beau-père, le seul homme pour lequel il avait eu du
penchant, prétendait savoir pertinemment que Goriot
avait juré de ne pas faire d'infidélité à sa femme,
quoique morte. Les gens de la Halle, incapables de
comprendre cette sublime folie, en plaisantèrent, et
donnèrent à Goriot quelque grotesque sobriquet. Le
premier d'entre eux qui, en buvant le vin d'un
marché, s'avisa de le prononcer, reçut du vermicellier
un coup de poing sur l'épaule qui l'envoya, la tête la
première, sur une borne de la rue Oblin [1]. Le dévouement irréfléchi, l'amour ombrageux et délicat que
portait Goriot à ses filles était si connu, qu'un jour un
de ses concurrents, voulant le faire partir du marché
pour rester maître du cours, lui dit que Delphine
venait d'être renversée par un cabriolet. Le vermicellier, pâle et blême, quitta aussitôt la Halle. Il fut
malade pendant plusieurs jours par suite de la
réaction des sentiments contraires auxquels le livra
cette fausse alarme. S'il n'appliqua pas sa tape
meurtrière sur l'épaule de cet homme, il le chassa de
la Halle en le forçant, dans une circonstance critique,
à faire faillite. L'éducation de ses deux filles fut
naturellement déraisonnable. Riche de plus de
soixante mille livres de rente, et ne dépensant pas
douze cents francs pour lui, le bonheur de Goriot était
de satisfaire les fantaisies de ses filles : les plus
excellents maîtres furent chargés de les douer des

talents qui signalent une bonne éducation ; elles
eurent une demoiselle de compagnie ; heureusement
pour elles, ce fut une femme d'esprit et de goût ; elles
allaient à cheval, elles avaient voiture, elles vivaient
comme auraient vécu les maîtresses d'un vieux seigneur riche ; il leur suffisait d'exprimer les plus
coûteux désirs pour voir leur père s'empressant de les
combler ; il ne demandait qu'une caresse en retour de
ses offrandes. Goriot mettait ses filles au rang des
anges, et nécessairement au-dessus de lui, le pauvre
homme ! il aimait jusqu'au mal qu'elles lui faisaient.
Quand ses filles furent en âge d'être mariées, elles
purent choisir leurs maris suivant leurs goûts : chacune d'elles devait avoir en dot la moitié de la fortune
de son père. Courtisée pour sa beauté par le comte de
Restaud, Anastasie avait des penchants aristocratiques qui la portèrent à quitter la maison paternelle
pour s'élancer dans les hautes sphères sociales. Delphine aimait l'argent : elle épousa Nucingen, banquier d'origine allemande qui devint baron du Saint-
Empire. Goriot resta vermicellier. Ses filles et gendres
se choquèrent bientôt de lui voir continuer ce
commerce, quoique ce fût toute sa vie. Après avoir
subi pendant cinq ans leurs instances, il consentit à se
retirer avec le produit de son fonds, et les bénéfices de
ces dernières années ; capital que madame Vauquer,
chez laquelle il était venu s'établir, avait estimé
rapporter de huit à dix mille livres de rente. Il se jeta
dans cette pension par suite du désespoir qui l'avait
saisi en voyant ses deux filles obligées par leurs maris
de refuser non seulement de le prendre chez elles,
mais encore de l'y recevoir ostensiblement.

Ces renseignements étaient tout ce que savait un monsieur Muret sur le compte du père Goriot, dont il avait acheté le fonds. Les suppositions que Rastignac avait entendu faire par la duchesse de Langeais se trouvaient ainsi confirmées. Ici se termine l'exposition de cette obscure, mais effroyable tragédie parisienne.

II

L'ENTRÉE DANS LE MONDE

Vers la fin de cette première semaine du mois de décembre, Rastignac reçut deux lettres, l'une de sa mère, l'autre de sa sœur aînée. Ces écritures si connues le firent à la fois palpiter d'aise et trembler de terreur. Ces deux frêles papiers contenaient un arrêt de vie ou de mort sur ses espérances. S'il concevait quelque terreur en se rappelant la détresse de ses parents, il avait trop bien éprouvé leur prédilection pour ne pas craindre d'avoir aspiré leurs dernières gouttes de sang. La lettre de sa mère était ainsi conçue :

« Mon cher enfant, je t'envoie ce que tu m'as demandé. Fais un bon emploi de cet argent, je ne pourrais, quand il s'agirait de te sauver la vie, trouver une seconde fois une somme si considérable sans que ton père en fût instruit, ce qui troublerait l'harmonie de notre ménage. Pour nous la procurer, nous serions obligés de donner des garanties sur notre terre. Il m'est impossible de juger le

mérite de projets que je ne connais pas ; mais
de quelle nature sont-ils donc pour te faire
craindre de me les confier ? Cette explication
ne demandait pas des volumes, il ne nous
faut qu'un mot à nous autres mères, et ce
mot m'aurait évité les angoisses de l'incertitude. Je ne saurais te cacher l'impression
douloureuse que ta lettre m'a causée. Mon
cher fils, quel est donc le sentiment qui t'a
contraint à jeter un tel effroi dans mon
cœur ? tu as dû bien souffrir en m'écrivant,
car j'ai bien souffert en te lisant. Dans quelle
carrière t'engages-tu donc ? Ta vie, ton bonheur seraient attachés à paraître ce que tu
n'es pas, à voir un monde où tu ne saurais
aller sans faire des dépenses d'argent que tu
ne peux soutenir, sans perdre un temps
précieux pour tes études ? Mon bon Eugène,
crois-en le cœur de ta mère, les voies tor-
tueuses ne mènent à rien de grand. La
patience et la résignation doivent être les
vertus des jeunes gens qui sont dans ta
position. Je ne te gronde pas, je ne voudrais
communiquer à notre offrande aucune amertume. Mes paroles sont celles d'une mère
aussi confiante que prévoyante. Si tu sais
quelles sont tes obligations, je sais, moi,
combien ton cœur est pur, combien tes
intentions sont excellentes. Aussi puis-je te
dire sans crainte : Va, mon bien-aimé, marche ! Je tremble parce que je suis mère ; mais
chacun de tes pas sera tendrement accompa-

gné de nos vœux et de nos bénédictions. Sois
prudent, cher enfant. Tu dois être sage
comme un homme, les destinées de cinq
personnes qui te sont chères reposent sur ta
tête. Oui, toutes nos fortunes sont en toi,
comme ton bonheur est le nôtre. Nous prions
tous Dieu de te seconder dans tes entreprises.
Ta tante Marcillac a été, dans cette circonstance, d'une bonté inouïe : elle allait jusqu'à
concevoir ce que tu me dis de tes gants. Mais
elle a un faible pour l'aîné, disait-elle gaiement. Mon Eugène, aime bien ta tante, je ne
te dirai ce qu'elle a fait pour toi que quand tu
auras réussi ; autrement, son argent te brûle-
rait les doigts. Vous ne savez pas, enfants, ce
que c'est que de sacrifier des souvenirs ! Mais
que ne vous sacrifierait-on pas ? Elle me
charge de te dire qu'elle te baise au front, et
voudrait te communiquer par ce baiser la
force d'être souvent heureux. Cette bonne et
excellente femme t'aurait écrit si elle n'avait
pas la goutte aux doigts. Ton père va bien.
La récolte de 1819 passe nos espérances.
Adieu, cher enfant. Je ne dirai rien de tes
sœurs : Laure t'écrit. Je lui laisse le plaisir de
babiller sur les petits événements de la
famille. Fasse le ciel que tu réussisses ! Oh !
oui, réussis, mon Eugène, tu m'as fait
connaître une douleur trop vive pour que je
puisse la supporter une seconde fois. J'ai su
ce que c'était d'être pauvre, en désirant la
fortune pour la donner à mon enfant. Allons,

adieu. Ne nous laisse pas sans nouvelles, et prends ici le baiser que ta mère t'envoie. »

Quand Eugène eut achevé cette lettre, il était en pleurs, il pensait au père Goriot tordant son vermeil et le vendant pour aller payer la lettre de change de sa fille. « Ta mère a tordu ses bijoux ! se disait-il. Ta tante a pleuré sans doute en vendant quelques-unes de ses reliques ! De quel droit maudirais-tu Anastasie ? Tu viens d'imiter pour l'égoïsme de ton avenir ce qu'elle a fait pour son amant ! Qui, d'elle ou de toi, vaut mieux ? » L'étudiant se sentit les entrailles rongées par une sensation de chaleur intolérable. Il voulait renoncer au monde, il voulait ne pas prendre cet argent. Il éprouva ces nobles et beaux remords secrets dont le mérite est rarement apprécié par les hommes quand ils jugent leurs semblables, et qui font souvent absoudre par les anges du ciel le criminel condamné par les juristes de la terre. Rastignac ouvrit la lettre de sa sœur, dont les expressions innocemment gracieuses lui rafraîchirent le cœur.

« Ta lettre est venue bien à propos, cher frère. Agathe et moi [1] nous voulions employer notre argent de tant de manières différentes, que nous ne savions plus à quel achat nous résoudre. Tu as fait comme le domestique du roi d'Espagne quand il a renversé les montres de son maître, tu nous as mises d'accord. Vraiment, nous étions constamment en querelle pour celui de nos désirs auquel nous donnerions la préférence, et

nous n'avions pas deviné, mon bon Eugène,
l'emploi qui comprenait tous nos désirs.
Agathe a sauté de joie. Enfin, nous avons été
comme deux folles pendant toute la journée,
à telles enseignes (style de tante) que ma
mère nous disait de son air sévère : " Mais
qu'avez-vous, mesdemoiselles ? " Si nous
avions été grondées un brin, nous en aurions
été, je crois, encore plus contentes. Une
femme doit trouver bien du plaisir à souffrir
pour celui qu'elle aime ! Moi seule étais
rêveuse et chagrine au milieu de ma joie. Je
ferai sans doute une mauvaise femme, je suis
trop dépensière. Je m'étais acheté deux cein-
tures, un joli poinçon pour percer les œillets
de mes corsets, des niaiseries, en sorte que
j'avais moins d'argent que cette grosse
Agathe, qui est économe, et entasse ses écus
comme une pie. Elle avait deux cents francs !
Moi, mon pauvre ami, je n'ai que cinquante
écus. Je suis bien punie, je voudrais jeter ma
ceinture dans le puits, il me sera toujours
pénible de la porter. Je t'ai volé. Agathe a été
charmante. Elle m'a dit : " Envoyons les
trois cent cinquante francs, à nous deux ! "
Mais je n'ai pas tenu [1] à te raconter les choses
comme elles se sont passées. Sais-tu
comment nous avons fait pour obéir à tes
commandements, nous avons pris notre glo-
rieux argent, nous sommes allées nous promener toutes deux, et quand une fois nous
avons eu gagné la grande route, nous avons

couru à Ruffec, où nous avons tout bonnement donné la somme à monsieur Grimbert,
qui tient le bureau des Messageries royales !
Nous étions légères comme des hirondelles en
revenant. " Est-ce que le bonheur nous allé-
girait [1] ? " me dit Agathe. Nous nous sommes
dit mille choses que je ne vous répéterai pas,
monsieur le Parisien, il était trop question de
vous. Oh ! cher frère, nous t'aimons bien,
voilà tout en deux mots. Quant au secret,
selon ma tante, de petites masques comme
nous sont capables de tout, même de se taire.
Ma mère est allée mystérieusement à Angoulême avec ma tante, et toutes deux ont gardé
le silence sur la haute politique de leur
voyage, qui n'a pas eu lieu sans de longues
conférences d'où nous avons été bannies,
ainsi que monsieur le baron. De grandes
conjectures occupent les esprits dans l'État
de Rastignac. La robe de mousseline semée
de fleurs à jour que brodent les infantes pour
sa majesté la reine avance dans le plus
profond secret. Il n'y a plus que deux laizes [2]
à faire. Il a été décidé qu'on ne ferait pas de
mur du côté de Verteuil, il y aura une haie.
Le menu peuple y perdra des fruits, des
espaliers, mais on y gagnera une belle vue
pour les étrangers. Si l'héritier présomptif
avait besoin de mouchoirs, il est prévenu que
la douairière de Marcillac, en fouillant dans
ses trésors et ses malles, désignées sous le
nom de Pompéia et d'Herculanum, a décou-

vert une pièce de belle toile de Hollande, qu'elle ne se connaissait pas ; les princesses Agathe et Laure mettent à ses ordres leur fil, leur aiguille, et des mains toujours un peu trop rouges. Les deux jeunes princes don Henri et don Gabriel ont conservé la funeste habitude de se gorger de raisiné, de faire enrager leurs sœurs, de ne vouloir rien apprendre, de s'amuser à dénicher les oiseaux, de tapager et de couper, malgré les lois de l'État, des osiers pour se faire des badines. Le nonce du pape, vulgairement appelé monsieur le curé, menace de les excommunier s'ils continuent à laisser les saints canons de la grammaire pour les canons du sureau belliqueux. Adieu, cher frère, jamais lettre n'a porté tant de vœux faits pour ton bonheur, ni tant d'amour satisfait. Tu auras donc bien des choses à nous dire quand tu viendras ! Tu me diras tout, à moi, je suis l'aînée. Ma tante nous a laissé soupçonner que tu avais des succès dans le monde.

L'on parle d'une dame et l'on se tait du reste [1].

Avec nous s'entend ! Dis donc Eugène, si tu voulais, nous pourrions nous passer de mouchoirs, et nous te ferions des chemises. Réponds-moi vite à ce sujet. S'il te fallait promptement de belles chemises bien cou-

sues, nous serions obligées de nous y mettre
tout de suite ; et s'il y avait à Paris des façons
que nous ne connussions pas, tu nous enver-
rais un modèle, surtout pour les poignets.
Adieu, adieu ! je t'embrasse au front du côté
gauche, sur la tempe qui m'appartient exclusivement. Je laisse l'autre feuillet pour
Agathe, qui m'a promis de ne rien lire de ce
que je te dis. Mais, pour en être plus sûre, je
resterai près d'elle pendant qu'elle t'écrira.
Ta sœur qui t'aime.

« LAURE DE RASTIGNAC. »

— Oh ! oui, se dit Eugène, oui, la fortune à tout
prix ! Des trésors ne payeraient pas ce dévouement. Je
voudrais leur apporter tous les bonheurs ensemble.
Quinze cent cinquante francs ! se dit-il après une
pause. Il faut que chaque pièce porte coup ! Laure a
raison. Nom d'une femme ! je n'ai que des chemises
de grosse toile. Pour le bonheur d'un autre, une jeune
fille devient rusée autant qu'un voleur. Innocente
pour elle et prévoyante pour moi, elle est comme
l'ange du ciel qui pardonne les fautes de la terre sans
les comprendre.

Le monde était à lui ! Déjà son tailleur avait été
convoqué, sondé, conquis. En voyant monsieur de
Trailles, Rastignac avait compris l'influence qu'exer-
cent les tailleurs sur la vie des jeunes gens. Hélas ! il
n'existe pas de moyenne entre ces deux termes : un
tailleur est ou un ennemi mortel, ou un ami donné par
la facture [1]. Eugène rencontra dans le sien un homme

qui avait compris la paternité de son commerce, et qui
se considérait comme un trait d'union entre le présent
et l'avenir des jeunes gens. Aussi Rastignac reconnaissant a-t-il fait la fortune de cet homme par un de ces
mots auxquels il excella plus tard. — Je lui connais,
disait-il, deux pantalons qui ont fait faire des
mariages de vingt mille livres de rente.

Quinze cents francs et des habits à discrétion ! En
ce moment le pauvre Méridional ne douta plus de
rien, et descendit au déjeuner avec cet air indéfinissa-
ble que donne à un jeune homme la possession d'une
somme quelconque. A l'instant où l'argent se glisse
dans la poche d'un étudiant, il se dresse en lui-même
une colonne fantastique sur laquelle il s'appuie. Il
marche mieux qu'auparavant, il se sent un point
d'appui pour son levier, il a le regard plein, direct, il a
les mouvements agiles ; la veille, humble et timide, il
aurait reçu des coups ; le lendemain, il en donnerait à
un premier ministre. Il se passe en lui des phénomènes
inouïs : il veut tout et peut tout, il désire à tort et à
travers, il est gai, généreux, expansif. Enfin, l'oiseau
naguère sans ailes a retrouvé son envergure. L'étudiant sans argent happe un brin de plaisir comme un
chien qui dérobe un os à travers mille périls, il le
casse, en suce la moelle, et court encore ; mais le jeune
homme qui fait mouvoir dans son gousset quelques
fugitives pièces d'or déguste ses jouissances, il les
détaille, il s'y complaît, il se balance dans le ciel, il ne
sait plus ce que signifie le mot *misère*. Paris lui
appartient tout entier. Âge où tout est luisant, où tout
scintille et flambe ! âge de force joyeuse dont personne
ne profite, ni l'homme ni la femme ! âge des dettes et

des vives craintes qui décuplent tous les plaisirs ! Qui n'a pas pratiqué la rive gauche de la Seine, entre la rue Saint-Jacques et la rue des Saints-Pères, ne connaît rien à la vie humaine ! — « Ah ! si les femmes de Paris savaient ! se disait Rastignac en dévorant les poires cuites, à un liard la pièce, servies par madame Vauquer, elles viendraient se faire aimer ici. » En ce moment un facteur des Messageries royales se présenta dans la salle à manger, après avoir fait sonner la porte à claire-voie. Il demanda monsieur Eugène de Rastignac, auquel il tendit deux sacs à prendre, et un registre à émarger. Rastignac fut alors sanglé comme d'un coup de fouet par le regard profond que lui lança Vautrin.

— Vous aurez de quoi payer des leçons d'armes et des séances au tir, lui dit cet homme.

— Les galions sont arrivés, lui dit madame Vauquer en regardant les sacs.

Mademoiselle Michonneau craignait de jeter les yeux sur l'argent, de peur de montrer sa convoitise.

— Vous avez une bonne mère, dit madame Couture.

— Monsieur a une bonne mère, répéta Poiret.

— Oui, la maman s'est saignée, dit Vautrin. Vous pourrez maintenant faire vos farces, aller dans le monde, y pêcher des dots, et danser avec des comtesses qui ont des fleurs de pêcher sur la tête. Mais croyez-moi, jeune homme, fréquentez le tir.

Vautrin fit le geste d'un homme qui vise son adversaire. Rastignac voulut donner pour boire au facteur, et ne trouva rien dans sa poche. Vautrin fouilla dans la sienne, et jeta vingt sous à l'homme.

— Vous avez bon crédit, reprit-il en regardant l'étudiant.

Rastignac fut forcé de le remercier, quoique depuis les mots aigrement échangés, le jour où il était revenu de chez madame de Beauséant, cet homme lui fût insupportable. Pendant ces huit jours Eugène et Vautrin étaient restés silencieusement en présence, et s'observaient l'un l'autre. L'étudiant se demandait vainement pourquoi. Sans doute les idées se projettent en raison directe de la force avec laquelle elles se conçoivent, et vont frapper là où le cerveau les envoie, par une loi mathématique comparable à celle qui dirige les bombes au sortir du mortier. Divers en sont les effets. S'il est des natures tendres où les idées se logent et qu'elles ravagent, il est aussi des natures vigoureusement munies, des crânes à remparts d'airain sur lesquels les volontés des autres s'aplatissent et tombent comme les balles devant une muraille ; puis il est encore des natures flasques et cotonneuses où les idées d'autrui viennent mourir comme des boulets s'amortissent dans la terre molle des redoutes. Rastignac avait une de ces têtes pleines de poudre qui sautent au moindre choc. Il était trop vivacement jeune pour ne pas être accessible à cette projection des idées, à cette contagion des sentiments dont tant de bizarres phénomènes nous frappent à notre insu. Sa vue morale avait la portée lucide de ses yeux de lynx. Chacun de ses doubles sens avait cette longueur mystérieuse, cette flexibilité d'aller et de retour qui nous émerveille chez les gens supérieurs, bretteurs habiles à saisir le défaut de toutes les cuirasses. Depuis un mois il s'était d'ailleurs développé chez

Eugène autant de qualités que de défauts. Ses défauts,
le monde et l'accomplissement de ses croissants désirs
les lui avaient demandés. Parmi ses qualités se
trouvait cette vivacité méridionale qui fait marcher
droit à la difficulté pour la résoudre, et qui ne permet
pas à un homme d'outre-Loire de rester dans une
incertitude quelconque ; qualité que les gens du Nord
nomment un défaut : pour eux, si ce fut l'origine de la
fortune de Murat, ce fut aussi la cause de sa mort [1]. Il
faudrait conclure de là que quand un Méridional sait
unir la fourberie du Nord à l'audace d'outre-Loire, il
est complet et reste roi de Suède [2]. Rastignac ne
pouvait donc pas demeurer longtemps sous le feu des
batteries de Vautrin sans savoir si cet homme était son
ami ou son ennemi. De moment en moment, il lui
semblait que ce singulier personnage pénétrait ses
passions et lisait dans son cœur, tandis que chez lui
tout était si bien clos qu'il semblait avoir la profondeur immobile d'un sphinx qui sait, voit tout, et ne dit
rien. En se sentant le gousset plein, Eugène se mutina.

— Faites-moi le plaisir d'attendre, dit-il à Vautrin
qui se levait pour sortir après avoir savouré les
dernières gorgées de son café.

— Pourquoi ? répondit le quadragénaire en mettant son chapeau à larges bords et prenant une canne
en fer avec laquelle il faisait souvent des moulinets en
homme qui n'aurait pas craint d'être assailli par
quatre voleurs.

— Je vais vous rendre, reprit Rastignac qui défit
promptement un sac et compta cent quarante francs à
madame Vauquer. Les bons comptes font les bons

amis, dit-il à la veuve. Nous sommes quittes jusqu'à la Saint-Sylvestre. Changez-moi ces cent sous.

— Les bons amis font les bons comptes, répéta Poiret en regardant Vautrin.

— Voici vingt sous, dit Rastignac en tendant une pièce au sphinx en perruque.

— On dirait que vous avez peur de me devoir quelque chose ? s'écria Vautrin en plongeant un regard divinateur dans l'âme du jeune homme auquel il jeta un de ces sourires goguenards et diogéniques [1] desquels Eugène avait été sur le point de se fâcher cent fois.

— Mais... oui, répondit l'étudiant qui tenait ses deux sacs à la main et s'était levé pour monter chez lui.

Vautrin sortait par la porte qui donnait dans le salon et l'étudiant se disposait à s'en aller par celle qui menait sur le carré de l'escalier.

— Savez-vous, monsieur le marquis de Rastignacorama, que ce que vous me dites n'est pas exactement poli, dit alors Vautrin en fouettant la porte du salon et venant à l'étudiant qui le regarda froidement.

Rastignac ferma la porte de la salle à manger, en emmenant avec lui Vautrin au bas de l'escalier, dans le carré qui séparait la salle à manger de la cuisine, où se trouvait une porte pleine donnant sur le jardin, et surmontée d'un long carreau garni de barreaux en fer. Là, l'étudiant dit devant Sylvie qui déboucha de sa cuisine : — *Monsieur* Vautrin, je ne suis pas marquis, et je ne m'appelle pas Rastignacorama.

— Ils vont se battre, dit mademoiselle Michonneau d'un air indifférent.

— Se battre ! répéta Poiret.

— Que non, répondit madame Vauquer en caressant sa pile d'écus.

— Mais les voilà qui vont sous les tilleuls, cria mademoiselle Victorine en se levant pour regarder dans le jardin. Ce pauvre jeune homme a pourtant raison.

— Remontons, ma chère petite, dit madame Couture, ces affaires-là ne nous regardent pas.

Quand madame Couture et Victorine se levèrent, elles rencontrèrent, à la porte, la grosse Sylvie qui leur barra le passage.

— Quoi qui n'y a donc ? dit-elle. Monsieur Vautrin a dit à monsieur Eugène : « Expliquons-nous ! » Puis il l'a pris par le bras, et les voilà qui marchent dans nos artichauts.

En ce moment Vautrin parut. — Maman Vauquer, dit-il en souriant, ne vous effrayez de rien, je vais essayer mes pistolets sous les tilleuls.

— Oh ! monsieur, dit Victorine en joignant les mains, pourquoi voulez-vous tuer monsieur Eugène ?

Vautrin fit deux pas en arrière et contempla Victorine.

— Autre histoire, s'écria-t-il d'une voix railleuse qui fit rougir la pauvre fille. Il est bien gentil, n'est-ce pas, ce jeune homme-là ? reprit-il. Vous me donnez une idée. Je ferai votre bonheur à tous deux, ma belle enfant.

Madame Couture avait prit sa pupille par le bras et l'avait entraînée en lui disant à l'oreille : — Mais, Victorine, vous êtes inconcevable ce matin.

— Je ne veux pas qu'on tire des coups de pistolet

chez moi, dit madame Vauquer. N'allez-vous pas effrayer tout le voisinage et amener la police, à c't' heure !

— Allons, du calme, maman Vauquer, répondit Vautrin. Là, là, tout beau, nous irons au tir. Il rejoignit Rastignac, qu'il prit familièrement par le bras :

— Quand je vous aurais prouvé qu'à trente-cinq pas je mets cinq fois de suite ma balle dans un as de pique, lui dit-il, cela ne vous ôterait pas votre courage. Vous m'avez l'air d'être un peu rageur, et vous vous feriez tuer comme un imbécile.

— Vous reculez, dit Eugène.

— Ne m'échauffez pas la bile, répondit Vautrin. Il ne fait pas froid ce matin, venez vous asseoir là-bas, dit-il en montrant les sièges peints en vert. Là, personne ne nous entendra. J'ai à causer avec vous. Vous êtes un bon petit jeune homme auquel je ne veux pas de mal. Je vous aime, foi de Tromp... (mille tonnerres !), foi de Vautrin. Pourquoi vous aimé-je je vous le dirai. En attendant, je vous connais comme si je vous avais fait, et vais vous le prouver. Mettez vos sacs là, reprit-il en lui montrant la table ronde.

Rastignac posa son argent sur la table et s'assit en proie à une curiosité que développa chez lui au plus haut degré le changement soudain opéré dans les manières de cet homme, qui, après avoir parlé de le tuer, se posait comme son protecteur.

— Vous voudriez bien savoir qui je suis, ce que j'ai fait, ou ce que je fais, reprit Vautrin. Vous êtes trop curieux, mon petit. Allons, du calme. Vous allez en entendre bien d'autres ! J'ai eu des malheurs. Écou-

tez-moi d'abord, vous me répondrez après. Voilà ma
vie antérieure en trois mots. Qui suis-je ? Vautrin.
Que fais-je ? Ce qui me plaît. Passons. Voulez-vous
connaître mon caractère ? Je suis bon avec ceux qui
me font du bien ou dont le cœur parle au mien. A
ceux-là tout est permis, ils peuvent me donner des
coups de pied dans les os des jambes sans que je leur
dise : *Prends garde !* Mais, nom d'une pipe ! je suis
méchant comme le diable avec ceux qui me tracas-
sent, ou qui ne me reviennent pas. Et il est bon de
vous apprendre que je me soucie de tuer un homme
comme de ça ! dit-il en lançant un jet de salive.
Seulement je m'efforce de le tuer proprement, quand
il le faut absolument. Je suis ce que vous appelez un
artiste. J'ai lu les Mémoires de Benvenuto Cellini [1], tel
que vous me voyez, et en italien encore ! J'ai appris de
cet homme-là, qui était un fier luron, à imiter la
Providence qui nous tue à tort et à travers, et à aimer
le beau partout où il se trouve. N'est-ce pas d'ailleurs
une belle partie à jouer que d'être seul contre tous les
hommes et d'avoir la chance ? J'ai bien réfléchi à la
constitution actuelle de votre désordre social. Mon
petit, le duel est un jeu d'enfant, une sottise. Quand de
deux hommes vivants l'un doit disparaître, il faut être
imbécile pour s'en remettre au hasard. Le duel ? croix
ou pile ! voilà. Je mets cinq balles de suite dans un as
de pique en enfonçant chaque nouvelle balle sur
l'autre, et à trente-cinq pas encore ! quand on est
doué de ce petit talent-là, l'on peut se croire sûr
d'abattre son homme. Eh bien ! j'ai tiré sur un homme
à vingt pas, je l'ai manqué. Le drôle n'avait jamais
manié de sa vie un pistolet. Tenez ! dit cet homme

extraordinaire en défaisant son gilet et montrant sa poitrine velue comme le dos d'un ours, mais garnie d'un crin fauve qui causait une sorte de dégoût mêlé d'effroi, ce blanc-bec m'a roussi le poil, ajouta-t-il en mettant le doigt de Rastignac sur un trou qu'il avait au sein. Mais dans ce temps-là j'étais un enfant, j'avais votre âge, vingt et un ans. Je croyais encore à quelque chose, à l'amour d'une femme, un tas de bêtises dans lesquelles vous allez vous embarbouiller. Nous nous serions battus, pas vrai ? Vous auriez pu me tuer. Supposez que je sois en terre, où seriez-vous ? Il faudrait décamper, aller en Suisse, manger l'argent de papa, qui n'en a guère. Je vais vous éclairer, moi, la position dans laquelle vous êtes ; mais je vais le faire avec la supériorité d'un homme qui, après avoir examiné les choses d'ici-bas, a vu qu'il n'y avait que deux partis à prendre : ou une stupide obéissance ou la révolte. Je n'obéis à rien, est-ce clair ? Savez-vous ce qu'il vous faut, à vous, au train dont vous allez ? un million, et promptement ; sans quoi, avec votre petite tête, nous pourrions aller flâner dans les filets de Saint-Cloud, pour voir s'il y a un Être Suprême [1]. Ce million, je vais vous le donner. Il fit une pause en regardant Eugène. — Ah ! ah ! vous faites meilleure mine à votre petit papa Vautrin. En entendant ce mot-là, vous êtes comme une jeune fille à qui l'on dit : « A ce soir », et qui se toilette en se pourléchant comme un chat qui boit du lait. A la bonne heure. Allons donc ! A nous deux ! Voici notre compte, jeune homme. Nous avons, là-bas, papa, maman, grand-tante, deux sœurs (dix-huit et dix-sept ans), deux petits frères (quinze et dix ans), voilà le

contrôle de l'équipage. La tante élève vos sœurs. Le
curé vient apprendre le latin aux deux frères. La
famille mange plus de bouillie de marrons que de pain
blanc, le papa ménage ses culottes, maman se donne à
peine une robe d'hiver et une robe d'été, nos sœurs
font comme elles peuvent. Je sais tout, j'ai été dans le
Midi. Les choses sont comme cela chez vous, si l'on
vous envoie douze cents francs par an, et que votre
terrine [1] ne rapporte que trois mille francs. Nous
avons une cuisinière et un domestique, il faut garder
le décorum, papa est baron. Quant à nous, nous avons
de l'ambition, nous avons les Beauséant pour alliés et
nous allons à pied, nous voulons la fortune et nous
n'avons pas le sou, nous mangeons les *ratatouilles* de
maman Vauquer et nous aimons les beaux dîners du
faubourg Saint-Germain, nous couchons sur un grabat et nous voulons un hôtel ! Je ne blâme pas vos
vouloirs. Avoir de l'ambition, mon petit cœur, ce n'est
pas donné à tout le monde. Demandez aux femmes
quels hommes elles recherchent, les ambitieux. Les
ambitieux ont les reins plus forts, le sang plus riche en
fer, le cœur plus chaud que ceux des autres hommes.
Et la femme se trouve si heureuse et si belle aux
heures où elle est forte, qu'elle préfère à tous les
hommes celui dont la force est énorme, fût-elle en
danger d'être brisée par lui. Je fais l'inventaire de vos
désirs afin de vous poser la question. Cette question,
la voici. Nous avons une faim de loup, nos quenottes
sont incisives, comment nous y prendrons-nous pour
approvisionner la marmite ? Nous avons d'abord le
Code à manger, ce n'est pas amusant, et ça n'apprend
rien ; mais il le faut. Soit. Nous nous faisons avocat

pour devenir président d'une cour d'assises, envoyer
les pauvres diables qui valent mieux que nous avec
T. F. sur l'épaule [1], afin de prouver aux riches qu'ils
peuvent dormir tranquillement. Ce n'est pas drôle, et
puis c'est long. D'abord, deux années à droguer [2] dans
Paris, à regarder, sans y toucher, les *nanans* [3] dont
nous sommes friands. C'est fatigant de désirer toujours sans jamais se satisfaire. Si vous étiez pâle et de
la nature des mollusques, vous n'auriez rien à craindre ; mais nous avons le sang fiévreux des lions et un
appétit à faire vingt sottises par jour. Vous succombe-
rez donc à ce supplice, le plus horrible que nous ayons
aperçu dans l'enfer du bon Dieu. Admettons que vous
soyez sage, que vous buviez du lait et que vous fassiez
des élégies ; il faudra, généreux comme vous l'êtes,
commencer, après bien des ennuis et des privations à
rendre un chien enragé, par devenir le substitut de
quelque drôle, dans un trou de ville où le gouvernement vous jettera mille francs d'appointements,
comme on jette une soupe à un dogue de boucher.
Aboie après les voleurs, plaide pour le riche, fais
guillotiner des gens de cœur. Bien obligé ! Si vous
n'avez pas de protections, vous pourrirez dans votre
tribunal de province. Vers trente ans, vous serez jugé
à douze cents francs par an, si vous n'avez pas encore
jeté la robe aux orties. Quand vous aurez atteint la
quarantaine, vous épouserez quelque fille de meunier,
riche d'environ six mille livres de rente. Merci. Ayez
des protections, vous serez procureur du roi à trente
ans, avec mille écus d'appointements, et vous épouserez la fille du maire. Si vous faites quelques-unes de
ces petites bassesses politiques, comme de lire sur un

bulletin Villèle au lieu de Manuel [1] (ça rime, ça met la
conscience en repos), vous serez, à quarante ans,
procureur général, et pourrez devenir député. Remar-
quez, mon cher enfant, que nous aurons fait des
accrocs à notre petite conscience, que nous aurons eu
vingt ans d'ennuis, de misères secrètes, et que nos
sœurs auront coiffé sainte Catherine. J'ai l'honneur de
vous faire observer de plus qu'il n'y a que vingt
procureurs généraux en France, et que vous êtes vingt
mille aspirants au grade, parmi lesquels il se rencontre des farceurs qui vendraient leur famille pour
monter d'un cran. Si le métier vous dégoûte, voyons
autre chose. Le baron de Rastignac veut-il être
avocat ? Oh ! joli. Il faut pâtir pendant dix ans,
dépenser mille francs par mois, avoir une bibliothèque, un cabinet, aller dans le monde, baiser la robe
d'un avoué pour avoir des causes, balayer le palais
avec sa langue. Si ce métier vous menait à bien, je ne
dirais pas non ; mais trouvez-moi dans Paris cinq
avocats qui, à cinquante ans, gagnent plus de cinquante mille francs par an ? Bah ! plutôt que de
m'amoindrir ainsi l'âme, j'aimerais mieux me faire
corsaire. D'ailleurs, où prendre des écus ? Tout ça
n'est pas gai. Nous avons une ressource dans la dot
d'une femme. Voulez-vous vous marier ? ce sera vous
mettre une pierre au cou ; puis, si vous vous mariez
pour de l'argent, que deviennent nos sentiments
d'honneur, notre noblesse ? Autant commencer
aujourd'hui votre révolte contre les conventions
humaines. Ce ne serait rien que se coucher comme un
serpent devant une femme, lécher les pieds de la mère,
faire des bassesses à dégoûter une truie, pouah ! si

vous trouviez au moins le bonheur. Mais vous serez
malheureux comme les pierres d'égout avec une
femme que vous aurez épousée ainsi. Vaut encore
mieux guerroyer avec les hommes que de lutter avec
sa femme. Voilà le carrefour de la vie, jeune homme,
choisissez. Vous avez déjà choisi : vous êtes allé chez
votre cousin de Beauséant, et vous y avez flairé le
luxe. Vous êtes allé chez madame de Restaud, la fille
du père Goriot, et vous y avez flairé la Parisienne. Ce
jour-là vous êtes revenu avec un mot sur votre front,
et que j'ai bien su lire : *parvenir!* parvenir à tout prix.
Bravo ! ai-je dit, voilà un gaillard qui me va. Il vous a
fallu de l'argent. Où en prendre ? Vous avez saigné
vos sœurs. Tous les frères *flouent* plus ou moins leurs
sœurs. Vos quinze cents francs arrachés, Dieu sait
comme ! dans un pays où l'on trouve plus de châ-
taignes que de pièces de cent sous, vont filer comme
des soldats à la maraude. Après, que ferez-vous ? vous
travaillerez ? Le travail, compris comme vous le
comprenez en ce moment, donne, dans les vieux jours,
un appartement chez maman Vauquer à des gars de
la force de Poiret. Une rapide fortune est le problème
que se proposent de résoudre en ce moment cinquante
mille jeunes gens qui se trouvent tous dans votre
position. Vous êtes une unité de ce nombre-là. Jugez
des efforts que vous avez à faire et de l'acharnement
du combat. Il faut vous manger les uns les autres
comme des araignées dans un pot, attendu qu'il n'y a
pas cinquante mille bonnes places. Savez-vous
comment on fait son chemin ici ? par l'éclat du génie
ou par l'adresse de la corruption. Il faut entrer dans
cette masse d'hommes comme un boulet de canon, ou

s'y glisser comme une peste. L'honnêteté ne sert à
rien. L'on plie sous le pouvoir du génie, on le hait, on
tâche de le calomnier, parce qu'il prend sans partager ; mais on plie s'il persiste ; en un mot, on l'adore à
genoux quand on n'a pas pu l'enterrer sous la boue.
La corruption est en force, le talent est rare. Ainsi, la
corruption est l'arme de la médiocrité qui abonde, et
vous en sentirez partout la pointe. Vous verrez des
femmes dont les maris ont six mille francs d'appointements pour tout potage, et qui dépensent plus de dix
mille francs à leur toilette. Vous verrez des employés à
douze cents francs acheter des terres. Vous verrez des
femmes se prostituer pour aller dans la voiture du fils
d'un pair de France, qui peut courir à Longchamp sur
la chaussée du milieu. Vous avez vu le pauvre bêta de
père Goriot obligé de payer la lettre de change
endossée par sa fille, dont le mari a cinquante mille
livres de rente. Je vous défie de faire deux pas dans
Paris sans rencontrer des manigances infernales. Je
parierais ma tête contre un pied de cette salade que
vous donnerez dans un guêpier chez la première
femme qui vous plaira, fût-elle riche, belle et jeune.
Toutes sont bricolées [1] par les lois, en guerre avec
leurs maris à propos de tout. Je n'en finirais pas s'il
fallait vous expliquer les trafics qui se font pour des
amants, pour des chiffons, pour des enfants, pour le
ménage ou pour la vanité, rarement par vertu, soyez-
en sûr. Aussi l'honnête homme est-il l'ennemi
commun. Mais que croyez-vous que soit l'honnête
homme ? A Paris, l'honnête homme est celui qui se
tait, et refuse de partager. Je ne vous parle pas de ces
pauvres ilotes qui partout font la besogne sans être

jamais récompensés de leurs travaux, et que je nomme
la confrérie des savates du bon Dieu. Certes, là est la
vertu dans toute la fleur de sa bêtise, mais là est la
misère. Je vois d'ici la grimace de ces braves gens si
Dieu nous faisait la mauvaise plaisanterie de s'absen-
ter au jugement dernier. Si donc vous voulez promptement la fortune, il faut être déjà riche ou le paraître.
Pour s'enrichir, il s'agit ici de jouer de grands coups ;
autrement on carotte, et votre serviteur ! Si, dans les
cent professions que vous pouvez embrasser, il se
rencontre dix hommes qui réussissent vite, le public
les appelle des voleurs. Tirez vos conclusions. Voilà la
vie telle qu'elle est. Ça n'est pas plus beau que la
cuisine, ça pue tout autant, et il faut se salir les mains
si l'on veut fricoter ; sachez seulement vous bien
débarbouiller : là est toute la morale de notre époque.
Si je vous parle ainsi du monde, il m'en a donné le
droit, je le connais. Croyez-vous que je blâme ? du
tout. Il a toujours été ainsi. Les moralistes ne le
changeront jamais. L'homme est imparfait. Il est
parfois plus ou moins hypocrite, et les niais disent
alors qu'il a ou n'a pas de mœurs. Je n'accuse pas les
riches en faveur du peuple : l'homme est le même en
haut, en bas, au milieu. Il se rencontre par chaque
million de ce haut bétail dix lurons qui se mettent au-
dessus de tout, même des lois ; j'en suis. Vous, si vous
êtes un homme supérieur, allez en droite ligne et la
tête haute. Mais il faudra lutter contre l'envie, la
calomnie, la médiocrité, contre tout le monde. Napoléon
a rencontré un ministre de la guerre qui s'appelait
Aubry [1], et qui a failli l'envoyer aux colonies. Tâtez-
vous ! Voyez si vous pourrez vous lever tous les matins

avec plus de volonté que vous n'en aviez la veille.
Dans ces conjonctures, je vais vous faire une proposition que personne ne refuserait. Écoutez bien. Moi,
voyez-vous, j'ai une idée. Mon idée est d'aller vivre de
la vie patriarcale au milieu d'un grand domaine, cent
mille arpents, par exemple, aux États-Unis, dans le
Sud. Je veux m'y faire planteur, avoir des esclaves,
gagner quelques bons petits millions à vendre mes
bœufs, mon tabac, mes bois, en vivant comme un
souverain, en faisant mes volontés, en menant une vie
qu'on ne conçoit pas ici, où l'on se tapit dans un
terrier de plâtre. Je suis un grand poète. Mes poésies,
je ne les écris pas : elles consistent en actions et en
sentiments. Je possède en ce moment cinquante mille
francs qui me donneraient à peine quarante nègres.
J'ai besoin de deux cent mille francs, parce que je
veux deux cents nègres, afin de satisfaire mon goût
pour la vie patriarcale. Des nègres, voyez-vous ? c'est
des enfants tout venus dont on fait ce qu'on veut, sans
qu'un curieux procureur du roi arrive vous en demander compte. Avec ce capital noir, en dix ans j'aurai
trois ou quatre millions. Si je réussis, personne ne me
demandera : « Qui es-tu ? » Je serai monsieur Qua-
tre-Millions, citoyen des États-Unis. J'aurai cinquante
ans, je ne serai pas encore pourri, je m'amuserai à ma
façon. En deux mots, si je vous procure une dot d'un
million, me donnerez-vous deux cent mille francs ?
Vingt pour cent de commission, hein ! est-ce trop
cher ? Vous vous ferez aimer de votre petite femme.
Une fois marié, vous manifesterez des inquiétudes,
des remords, vous ferez le triste pendant quinze jours.
Une nuit, après quelques singeries, vous déclarerez,

entre deux baisers, deux cent mille francs de dettes à
votre femme, en lui disant : « Mon amour ! » Ce
vaudeville est joué tous les jours par les jeunes gens les
plus distingués. Une jeune femme ne refuse pas sa
bourse à celui qui lui prend le cœur. Croyez-vous que
vous y perdrez ? Non. Vous trouverez le moyen de
regagner vos deux cent mille francs dans une affaire.
Avec votre argent et votre esprit, vous amasserez une
fortune aussi considérable que vous pourrez la souhaiter. *Ergo* vous aurez fait, en six mois de temps,
votre bonheur, celui d'une femme aimable et celui de
votre papa Vautrin, sans compter celui de votre
famille qui souffle dans ses doigts, l'hiver, faute de
bois. Ne vous étonnez ni de ce que je vous propose, ni
de ce que je vous demande ! Sur soixante beaux
mariages qui ont lieu dans Paris, il y en a quarante-
sept qui donnent lieu à des marchés semblables. La
Chambre des Notaires a forcé monsieur...

— Que faut-il que je fasse ? dit avidement Rastignac en interrompant Vautrin.

— Presque rien, répondit cet homme en laissant
échapper un mouvement de joie semblable à la sourde
expression d'un pêcheur qui sent un poisson au bout
de sa ligne. Écoutez-moi bien ! Le cœur d'une pauvre
fille malheureuse et misérable est l'éponge la plus
avide à se remplir d'amour, une éponge sèche qui se
dilate aussitôt qu'il y tombe une goutte de sentiment.
Faire la cour à une jeune personne qui se rencontre
dans des conditions de solitude, de désespoir et de
pauvreté sans qu'elle se doute de sa fortune à venir !
dam ! c'est quinte et quatorze en main [1], c'est connaître les numéros à la loterie, et c'est jouer sur les rentes

en sachant les nouvelles. Vous construisez sur pilotis
un mariage indestructible. Viennent des millions à
cette jeune fille, elle vous les jettera aux pieds, comme
si c'était des cailloux. « Prends, mon bien-aimé !
Prends, Adolphe ! Alfred ! Prends, Eugène ! » dira-t-
elle si Adolphe, Alfred ou Eugène ont eu le bon esprit
de se sacrifier pour elle. Ce que j'entends par des
sacrifices, c'est vendre un vieil habit afin d'aller au
Cadran-Bleu[1] manger ensemble des croûtes aux
champignons ; de là, le soir, à l'Ambigu-Comique[2] ;
c'est mettre sa montre au Mont-de-Piété pour lui
donner un châle. Je ne vous parle pas du gribouillage
de l'amour ni des fariboles auxquelles tiennent tant
les femmes, comme, par exemple, de répandre des
gouttes d'eau sur le papier à lettre en manière de
larmes quand on est loin d'elles : vous m'avez l'air de
connaître parfaitement l'argot du cœur. Paris, voyez-
vous, est comme une forêt du Nouveau-Monde, où
s'agitent vingt espèces de peuplades sauvages, les
Illinois, les Hurons, qui vivent du produit que donnent les différentes chasses sociales ; vous êtes un
chasseur de millions. Pour les prendre, vous usez de
pièges, de pipeaux, d'appeaux. Il y a plusieurs
manières de chasser. Les uns chassent à la dot ; les
autres chassent à la liquidation[3] ; ceux-ci pêchent des
consciences[4], ceux-là vendent leurs abonnés pieds et
poings liés[5]. Celui qui revient avec sa gibecière bien
garnie est salué, fêté, reçu dans la bonne société.
Rendons justice à ce sol hospitalier, vous avez affaire
à la ville la plus complaisante qui soit dans le monde.
Si les fières aristocraties de toutes les capitales de
l'Europe refusent d'admettre dans leurs rangs un

millionnaire infâme, Paris lui tend les bras, court à ses
fêtes, mange ses dîners et trinque avec son infamie.

— Mais où trouver une fille ? dit Eugène.

— Elle est à vous, devant vous !

— Mademoiselle Victorine ?

— Juste !

— Eh ! comment ?

— Elle vous aime déjà, votre petite baronne de
Rastignac !

— Elle n'a pas un sou, reprit Eugène étonné.

— Ah ! nous y voilà. Encore deux mots, dit Vautrin, et tout s'éclaircira. Le père Taillefer est un vieux
coquin qui passe pour avoir assassiné l'un de ses amis
pendant la Révolution [1]. C'est un de mes gaillards qui
ont de l'indépendance dans les opinions. Il est banquier, principal associé de la maison Frédéric Taillefer et compagnie. Il a un fils unique, auquel il veut
laisser son bien, au détriment de Victorine. Moi, je
n'aime pas ces injustices-là. Je suis comme don
Quichotte, j'aime à prendre la défense du faible contre
le fort. Si la volonté de Dieu était de lui retirer son fils,
Taillefer reprendrait sa fille ; il voudrait un héritier
quelconque, une bêtise qui est dans la nature et il ne
peut plus avoir d'enfants, je le sais. Victorine est
douce et gentille, elle aura bientôt entortillé son père,
et le fera tourner comme une toupie d'Allemagne avec
le fouet du sentiment ! Elle sera trop sensible à votre
amour pour vous oublier, vous l'épouserez. Moi, je me
charge du rôle de la Providence, je ferai vouloir le bon
Dieu. J'ai un ami pour qui je me suis dévoué, un
colonel de l'armée de la Loire qui vient dêtre employé
dans la garde royale. Il écoute mes avis, et s'est fait

ultra-royaliste : ce n'est pas un de ces imbéciles qui
tiennent à leurs opinions. Si j'ai encore un conseil à
vous donner, mon ange, c'est de ne pas plus tenir à
vos opinions qu'à vos paroles. Quand on vous les
demandera, vendez-les. Un homme qui se vante de ne
jamais changer d'opinion est un homme qui se charge
d'aller toujours en ligne droite, un niais qui croit à
l'infaillibilité. Il n'y a pas de principes, il n'y a que des
événements ; il n'y a pas de lois, il n'y a que des
circonstances : l'homme supérieur épouse les événements et les circonstances pour les conduire. S'il y
avait des principes et des lois fixes, les peuples n'en
changeraient pas comme nous changeons de chemises. L'homme n'est pas tenu d'être plus sage que
toute une nation. L'homme qui a rendu le moins de
services à la France est un fétiche vénéré pour avoir
toujours vu en rouge, il est tout au plus bon à mettre
au Conservatoire, parmi les machines, en l'étiquetant
la Fayette ; tandis que le prince auquel chacun lance
sa pierre, et qui méprise assez l'humanité pour lui
cracher au visage autant de serments qu'elle en
demande, a empêché le partage de la France au
congrès de Vienne : on lui doit des couronnes, on lui
jette de la boue [1]. Oh ! Je connais les affaires, moi ! j'ai
les secrets de bien des hommes ! Suffit. J'aurai une
opinion inébranlable le jour où j'aurai rencontré trois
têtes d'accord sur l'emploi d'un principe et j'attendrai
longtemps ! L'on ne trouve pas dans les tribunaux
trois juges qui aient le même avis sur un article de la
loi. Je reviens à mon homme. Il remettrait Jésus-
Christ en croix si je le lui disais. Sur un seul mot de
son papa Vautrin, il cherchera querelle à ce drôle qui

n'envoie pas seulement cent sous à sa pauvre sœur,
et... ici Vautrin se leva, se mit en garde, et fit le
mouvement d'un maître d'armes qui se fend. — Et, à
l'ombre ! ajouta-t-il.

— Quelle horreur ! dit Eugène. Vous voulez plaisanter, monsieur Vautrin ?

— Là, là, là, du calme, reprit cet homme. Ne faites
pas l'enfant : cependant, si cela peut vous amuser,
courroucez-vous ! emportez-vous ! Dites que je suis
un infâme, un scélérat, un coquin, un bandit, mais ne
m'appelez ni escroc, ni espion ! Allez, dites, lâchez
votre bordée ! Je vous pardonne, c'est si naturel à
votre âge ! J'ai été comme ça, moi ! Seulement,
réfléchissez. Vous ferez pis quelque jour. Vous irez
coqueter chez quelque jolie femme et vous recevrez de
l'argent. Vous y avez pensé ! dit Vautrin ; car,
comment réussirez-vous, si vous n'escomptez pas
votre amour ? La vertu, mon cher étudiant, ne se
scinde pas : elle est ou n'est pas. On nous parle de
faire pénitence de nos fautes. Encore un joli système
que celui en vertu duquel on est quitte d'un crime
avec un acte de contrition ! Séduire une femme pour
arriver à vous poser sur tel bâton de l'échelle sociale,
jeter la zizanie entre les enfants d'une famille, enfin
toutes les infamies qui se pratiquent sous le manteau
d'une cheminée ou autrement dans un but de plaisir
ou d'intérêt personnel, croyez-vous que ce soient des
actes de foi, d'espérance et de charité ? Pourquoi deux
mois de prison au dandy qui, dans une nuit, ôte à un
enfant la moitié de sa fortune, et pourquoi le bagne au
pauvre diable qui vole un billet de mille francs avec
les circonstances aggravantes ? Voilà vos lois. Il n'y a

pas un article qui n'arrive à l'absurde. L'homme en
gants et à paroles jaunes a commis des assassinats où
l'on ne verse pas de sang, mais où l'on en donne ;
l'assassin a ouvert une porte avec un monseigneur [1] :
deux choses nocturnes ! Entre ce que je vous propose
et ce que vous ferez un jour, il n'y a que le sang de
moins. Vous croyez à quelque chose de fixe dans ce
monde-là ! Méprisez donc les hommes, et voyez les
mailles par où l'on peut passer à travers le réseau du
Code. Le secret des grandes fortunes sans cause
apparente est un crime oublié, parce qu'il a été
proprement fait.

— Silence, monsieur, je ne veux pas en entendre
davantage, vous me feriez douter de moi-même. En ce
moment le sentiment est toute ma science.

— A votre aise, bel enfant. Je vous croyais plus
fort, dit Vautrin, je ne vous dirai plus rien. Un dernier
mot, cependant. Il regarda fixement l'étudiant : Vous
avez mon secret, lui dit-il.

— Un jeune homme qui vous refuse saura bien
l'oublier.

— Vous avez bien dit cela, ça me fait plaisir. Un
autre, voyez-vous, sera moins scrupuleux. Souvenez-
vous de ce que je veux faire pour vous. Je vous donne
quinze jours. C'est à prendre ou à laisser.

— Quelle tête de fer a donc cet homme ! se dit
Rastignac en voyant Vautrin s'en aller tranquillement, sa canne sous le bras. Il m'a dit crûment ce que
madame de Beauséant me disait en y mettant des
formes. Il me déchirait le cœur avec des griffes
d'acier. Pourquoi veux-je aller chez madame de
Nucingen ? Il a deviné mes motifs aussitôt que je les ai

conçus. En deux mots, ce brigand m'a dit plus de
choses sur la vertu que ne m'en ont dit les hommes et
les livres. Si la vertu ne souffre pas de capitulation,
j'ai donc volé mes sœurs ? dit-il en jetant le sac sur la
table. Il s'assit, et resta là plongé dans une étourdis-
sante méditation. — Être fidèle à la vertu, martyre
sublime ! Bah ! tout le monde croit à la vertu ; mais
qui est vertueux ? Les peuples ont la liberté pour
idole ; mais où est sur la terre un peuple libre ? Ma
jeunesse est encore bleue comme un ciel sans nuage :
vouloir être grand ou riche, n'est-ce pas se résoudre à
mentir, plier, ramper, se redresser, flatter, dissimuler ? n'est-ce pas consentir à se faire le valet de ceux
qui ont menti, plié, rampé ? Avant d'être leur
complice, il faut les servir. Eh bien ! non. Je veux
travailler noblement, saintement ; je veux travailler
jour et nuit, ne devoir ma fortune qu'à mon labeur. Ce
sera la plus lente des fortunes, mais chaque jour ma
tête reposera sur mon oreiller sans une pensée mauvaise. Qu'y a-t-il de plus beau que de contempler sa
vie et de la trouver pure comme un lis ? Moi et la vie,
nous sommes comme un jeune homme et sa fiancée.
Vautrin m'a fait voir ce qui arrive après dix ans de
mariage. Diable ! ma tête se perd. Je ne veux penser à
rien, le cœur est un bon guide.

Eugène fut tiré de sa rêverie par la voix de la grosse
Sylvie, qui lui annonça son tailleur, devant lequel il se
présenta, tenant à la main ses deux sacs d'argent, et il
ne fut pas fâché de cette circonstance. Quand il eut
essayé ses habits du soir, il remit sa nouvelle toilette
du matin qui le métamorphosait complètement. — Je

vaux bien monsieur de Trailles, se dit-il. Enfin j'ai
l'air d'un gentilhomme !

— Monsieur, dit le père Goriot en entrant chez
Eugène, vous m'avez demandé si je connaissais les
maisons où va madame de Nucingen ?

— Oui !

— Eh bien ! elle va lundi prochain au bal du
maréchal Carigliano. Si vous pouvez y être, vous me
direz si mes deux filles se sont bien amusées, comment
elles seront mises, enfin tout.

— Comment avez-vous su cela, mon bon père
Goriot ? dit Eugène en le faisant asseoir à son feu.

— Sa femme de chambre me l'a dit. Je sais tout ce
qu'elles font par Thérèse et par Constance, reprit-il
d'un air joyeux. Le vieillard ressemblait à un amant
encore assez jeune pour être heureux d'un stratagème
qui le met en communication avec sa maîtresse sans
qu'elle puisse s'en douter. — Vous les verrez, vous !
dit-il en exprimant avec naïveté une douloureuse
envie.

— Je ne sais pas, répondit Eugène. Je vais aller
chez madame de Beauséant lui demander si elle peut
me présenter à la maréchale.

Eugène pensait avec une sorte de joie intérieure à se
montrer chez la vicomtesse mis comme il le serait
désormais. Ce que les moralistes nomment les abîmes
du cœur humain sont uniquement les décevantes
pensées, les involontaires mouvements de l'intérêt
personnel. Ces péripéties, le sujet de tant de réclama-
tions, ces retours soudains sont des calculs faits au
profit de nos jouissances. En se voyant bien mis, bien
ganté, bien botté, Rastignac oublia sa vertueuse

résolution. La jeunesse n'ose pas se regarder au miroir de la conscience quand elle verse du côté de l'injustice, tandis que l'âge mûr s'y est vu : là gît toute la différence entre ces deux phases de la vie. Depuis quelques jours, les deux voisins, Eugène et le père Goriot, étaient devenus bons amis. Leur secrète amitié tenait aux raisons psychologiques qui avaient engendré des sentiments contraires entre Vautrin et l'étudiant. Le hardi philosophe qui voudra constater les effets de nos sentiments dans le monde physique trouvera sans doute plus d'une preuve de leur effective matérialité dans les rapports qu'ils créent entre nous et les animaux. Quel physiognomoniste [1] est plus prompt à deviner un caractère qu'un chien l'est à savoir si un inconnu l'aime ou ne l'aime pas ? Les *atomes crochus*, expression proverbiale dont chacun se sert, sont un de ces faits qui restent dans les langages pour démentir les niaiseries philosophiques dont s'occupent ceux qui aiment à vanner les épluchures des mots primitifs. On se sent aimé. Le sentiment s'empreint en toutes choses et traverse les espaces. Une lettre est une âme, elle est un si fidèle écho de la voix qui parle que les esprits délicats la comptent parmi les plus riches trésors de l'amour. Le père Goriot, que son sentiment irréfléchi élevait jusqu'au sublime de la nature canine, avait flairé la compassion, l'admirative bonté, les sympathies juvéniles qui s'étaient émues pour lui dans le cœur de l'étudiant. Cependant cette union naissante n'avait encore amené aucune confidence. Si Eugène avait manifesté de voir madame de Nucingen, ce n'était pas qu'il comptât sur le vieillard pour être introduit par

lui chez elle ; mais il espérait qu'une indiscrétion
pourrait le bien servir. Le père Goriot ne lui avait
parlé de ses filles qu'à propos de ce qu'il s'était permis
d'en dire publiquement le jour de ses deux visites. —
Mon cher monsieur, lui avait-il dit le lendemain,
comment avez-vous pu croire que madame de Restaud vous en ait voulu d'avoir prononcé mon nom ?
Mes deux filles m'aiment bien. Je suis heureux père.
Seulement, mes deux gendres se sont mal conduits
envers moi. Je n'ai pas voulu faire souffrir ces chères
créatures de mes dissensions avec leurs maris, et j'ai
préféré les voir en secret. Ce mystère me donne mille
jouissances que ne comprennent pas les autres pères
qui peuvent voir leurs filles quand ils veulent. Moi, je
ne le peux pas, comprenez-vous ? Alors je vais, quand
il fait beau, dans les Champs-Élysées, après avoir
demandé aux femmes de chambre si mes filles sortent.
Je les attends au passage, le cœur me bat quand les
voitures arrivent, je les admire dans leur toilette, elles
me jettent en passant un petit rire qui me dore la
nature comme s'il y tombait un rayon de quelque
beau soleil. Et je reste, elles doivent revenir. Je les vois
encore ! l'air leur a fait du bien, elles sont roses.
J'entends dire autour de moi : Voilà une belle femme !
Ça me réjouit le cœur. N'est-ce pas mon sang ? J'aime
les chevaux qui les traînent, et je voudrais être le petit
chien qu'elles ont sur leurs genoux. Je vis de leurs
plaisirs. Chacun a sa façon d'aimer, la mienne ne fait
pourtant de mal à personne, pourquoi le monde
s'occupe-t-il de moi ? Je suis heureux à ma manière.
Est-ce contre les lois que j'aille voir mes filles, le soir,
au moment où elles sortent de leurs maisons pour se

rendre au bal ? Quel chagrin pour moi si j'arrive trop tard, et qu'on me dise : Madame est sortie. Un soir j'ai attendu jusqu'à trois heures du matin pour voir Nasie, que je n'avais pas vue depuis deux jours. J'ai manqué crever d'aise ! Je vous en prie, ne parlez de moi que pour dire combien mes filles sont bonnes. Elles veulent me combler de toutes sortes de cadeaux ; je les en empêche, je leur dis : « Gardez donc votre argent ! Que voulez-vous que j'en fasse ? Il ne me faut rien. » En effet, mon cher monsieur, que suis-je ? un méchant cadavre dont l'âme est partout où sont mes filles. Quand vous aurez vu madame de Nucingen, vous me direz celle des deux que vous préférez, dit le bonhomme après un moment de silence en voyant Eugène qui se disposait à partir pour aller se promener aux Tuileries en attendant l'heure de se présenter chez madame de Beauséant.

Cette promenade fut fatale à l'étudiant. Quelques femmes le remarquèrent. Il était si beau, si jeune, et d'une élégance de si bon goût ! En se voyant l'objet d'une attention presque admirative, il ne pensa plus à ses sœurs ni à sa tante dépouillées, ni à ses vertueuses répugnances. Il avait vu passer au-dessus de sa tête ce démon qu'il est si facile de prendre pour un ange, ce Satan aux ailes diaprées, qui sème des rubis, qui jette ses flèches d'or au front des palais, empourpre les femmes, revêt d'un sot éclat les trônes, si simples dans leur origine ; il avait écouté le dieu de cette vanité crépitante dont le clinquant nous semble être un symbole de puissance. La parole de Vautrin, quelque cynique qu'elle fût, s'était logée dans son cœur comme dans le souvenir d'une vierge se grave le profil

ignoble d'une vieille marchande à la toilette, qui lui a
dit : « Or et amour à flots ! » Après avoir indolem-
ment flâné, vers cinq heures Eugène se présenta chez
madame de Beauséant, et il y reçut un de ces coups
terribles contre lesquels les cœurs jeunes sont sans
armes. Il avait jusqu'alors trouvé la vicomtesse pleine
de cette aménité polie, de cette grâce melliflue donnée
par l'éducation aristocratique, et qui n'est complète
que si elle vient du cœur.

Quand il entra, madame de Beauséant fit un geste
sec, et lui dit d'une voix brève : — Monsieur de
Rastignac, il m'est impossible de vous voir, en ce
moment du moins ! je suis en affaire...

Pour un observateur, et Rastignac l'était devenu
promptement, cette phrase, le geste, le regard, l'in-
flexion de voix, étaient l'histoire du caractère et des
habitudes de la caste. Il aperçut la main de fer sous le
gant de velours ; la personnalité, l'égoïsme, sous les
manières ; le bois, sous le vernis. Il entendit enfin le
MOI LE ROI qui commence sous les panaches du trône
et finit sous le cimier du dernier gentilhomme. Eugène
s'était trop facilement abandonné sur sa parole à
croire aux noblesses de la femme. Comme tous les
malheureux, il avait signé de bonne foi le pacte
délicieux qui doit lier le bienfaiteur à l'obligé, et dont
le premier article consacre entre les grands cœurs une
complète égalité. La bienfaisance, qui réunit deux
êtres en un seul, est une passion céleste aussi incom-
prise, aussi rare que l'est le véritable amour. L'un et
l'autre est la prodigalité des belles âmes. Rastignac
voulait arriver au bal de la duchesse de Carigliano, il
dévora cette bourrasque.

— Madame, dit-il d'une voix émue, s'il ne s'agis-sait pas d'une chose importante, je ne serais pas venu vous importuner ; soyez assez gracieuse pour me permettre de vous voir plus tard, j'attendrai.

— Eh bien ! venez dîner avec moi, dit-elle un peu confuse de la dureté qu'elle avait mise dans ses paroles ; car cette femme était vraiment aussi bonne que grande.

Quoique touché de ce retour soudain, Eugène se dit en s'en allant : « Rampe, supporte tout. Que doivent être les autres, si, dans un moment, la meilleure des femmes efface les promesses de son amitié, te laisse là comme un vieux soulier ? Chacun pour soi, donc ? Il est vrai que sa maison n'est pas une boutique, et que j'ai tort d'avoir besoin d'elle. Il faut, comme dit Vautrin, se faire boulet de canon. » Les amères réflexions de l'étudiant furent bientôt dissipées par le plaisir qu'il se promettait en dînant chez la vicom-tesse. Ainsi, par une sorte de fatalité, les moindres événements de sa vie conspiraient à le pousser dans la carrière où, suivant les observations du terrible sphinx de la Maison Vauquer, il devait, comme sur un champ de bataille, tuer pour ne pas être tué, tromper pour ne pas être trompé ; où il devait déposer à la barrière sa conscience, son cœur, mettre un masque, se jouer sans pitié des hommes, et, comme à Lacédémone, saisir sa fortune sans être vu, pour mériter la couronne. Quand il revint chez la vicomtesse, il la trouva pleine de cette bonté gracieuse qu'elle lui avait toujours témoignée. Tous deux allèrent dans une salle à manger où le vicomte attendait sa femme, et où resplendissait ce luxe de table qui sous la Restauration fut poussé,

comme chacun le sait, au plus haut degré. Monsieur
de Beauséant, semblable à beaucoup de gens blasés,
n'avait plus guère d'autres plaisirs que ceux de la
bonne chère ; il était en fait de gourmandise de l'école
de Louis XVIII et du duc d'Escars [1]. Sa table offrait
donc un double luxe, celui du contenant et celui du
contenu. Jamais semblable spectacle n'avait frappé
les yeux d'Eugène, qui dînait pour la première fois
dans une de ces maisons où les grandeurs sociales sont
héréditaires. La mode venait de supprimer les soupers
qui terminaient autrefois les bals de l'Empire, où les
militaires avaient besoin de prendre des forces pour se
préparer à tous les combats qui les attendaient au-
dedans comme au-dehors. Eugène n'avait encore
assisté qu'à des bals. L'aplomb qui le distingua plus
tard si éminemment, et qu'il commençait à prendre,
l'empêcha de s'ébahir niaisement. Mais en voyant
cette argenterie sculptée, et les mille recherches d'une
table somptueuse, en admirant pour la première fois
un service fait sans bruit, il était difficile à un homme
d'ardente imagination de ne pas préférer cette vie
constamment élégante à la vie de privations qu'il
voulait embrasser le matin. Sa pensée le rejeta
pendant un moment dans sa pension bourgeoise ; il en
eut une si profonde horreur qu'il se jura de la quitter
au mois de janvier, autant pour se mettre dans une
maison propre que pour fuir Vautrin, dont il sentait la
large main sur son épaule. Si l'on vient à songer aux
mille formes que prend à Paris la corruption, parlante
ou muette, un homme de bon sens se demande par
quelle aberration l'État y met des écoles, y assemble
des jeunes gens, comment les jolies femmes y sont

respectées, comment l'or étalé par les changeurs ne s'envole pas magiquement de leurs sébiles. Mais si l'on vient à songer qu'il est peu d'exemples de crimes, voire même de délits commis par les jeunes gens, de quel respect ne doit-on pas être pris pour ces patients Tantales qui se combattent eux-mêmes, et sont presque toujours victorieux ! S'il était bien peint dans sa lutte avec Paris, le pauvre étudiant fournirait un des sujets les plus dramatiques de notre civilisation moderne. Madame de Beauséant regardait vainement Eugène pour le convier à parler, il ne voulut rien dire en présence du vicomte.

— Me menez-vous ce soir aux Italiens ? demanda la vicomtesse à son mari.

— Vous ne pouvez douter du plaisir que j'aurais à vous obéir, répondit-il avec une galanterie moqueuse dont l'étudiant fut la dupe, mais je dois aller rejoindre quelqu'un aux Variétés.

— Sa maîtresse, se dit-elle.

— Vous n'avez donc pas d'Ajuda ce soir ? demanda le vicomte.

— Non, répondit-elle avec humeur.

— Eh bien ! s'il vous faut absolument un bras, prenez celui de monsieur de Rastignac.

La vicomtesse regarda Eugène en souriant.

— Ce sera bien compromettant pour vous, dit-elle.

— *Le Français aime le péril, parce qu'il y trouve la gloire*, a dit monsieur de Chateaubriand, répondit Rastignac en s'inclinant.

Quelques moments après, il fut emporté près de madame de Beauséant, dans un coupé rapide, au théâtre à la mode, et crut à quelque féerie lorsqu'il entra dans une loge de face, et qu'il se vit le but de toutes les lorgnettes concurremment avec la vicomtesse, dont la toilette était délicieuse. Il marchait d'enchantements en enchantements.

— Vous avez à me parler, lui dit madame de Beauséant. Ah ! tenez, voici madame de Nucingen à trois loges de la nôtre. Sa sœur et monsieur de Trailles sont de l'autre côté.

En disant ces mots, la vicomtesse regardait la loge où devait être mademoiselle de Rochefide, et, n'y voyant pas monsieur d'Ajuda, sa figure prit un éclat extraordinaire.

— Elle est charmante, dit Eugène après avoir regardé madame de Nucingen.

— Elle a les cils blonds.

— Oui, mais quelle jolie taille mince !

— Elle a de grosses mains.

— Les beaux yeux !

— Elle a le visage en long.

— Mais la forme longue a de la distinction.

— Cela est heureux pour elle qu'il y en ait là. Voyez comment elle prend et quitte son lorgnon ! Le Goriot perce dans tous ses mouvements, dit la vicomtesse au grand étonnement d'Eugène.

En effet, madame de Beauséant lorgnait la salle et semblait ne pas faire attention à madame de Nucingen, dont elle ne perdait cependant pas un geste. L'assemblée était exquisément belle. Delphine de Nucingen n'était pas peu flattée d'occuper exclusivement le jeune, le beau, l'élégant cousin de madame de Beauséant, il ne regardait qu'elle.

— Si vous continuez à la couvrir de vos regards,

vous allez faire scandale, monsieur de Rastignac.
Vous ne réussirez à rien, si vous vous jetez ainsi à la
tête des gens.

— Ma chère cousine, dit Eugène, vous m'avez déjà
bien protégé ; si vous voulez achever votre ouvrage,
je ne vous demande plus que de me rendre un service
qui vous donnera peu de peine et me fera grand bien.
Me voilà pris.

— Déjà ?

— Oui.

— Et de cette femme ?

— Mes prétentions seraient-elles donc écoutées
ailleurs ? dit-il en lançant un regard pénétrant à sa
cousine. Madame la duchesse de Carigliano est attachée à madame la duchesse de Berry, reprit-il après
une pause, vous devez la voir, ayez la bonté de me
présenter chez elle et de m'amener au bal qu'elle
donne lundi. J'y rencontrerai madame de Nucingen,
et je livrerai ma première escarmouche.

— Volontiers, dit-elle. Si vous vous sentez déjà du
goût pour elle, vos affaires de cœur vont très bien.
Voici de Marsay dans la loge de la princesse
Galathionne. Madame de Nucingen est au supplice,
elle se dépite. Il n'y a pas de meilleur moment pour
aborder une femme, surtout une femme de banquier.
Ces dames de la Chaussée-d'Antin aiment toutes la
vengeance.

— Que feriez-vous donc, vous, en pareil cas ?

— Moi, je souffrirais en silence.

En ce moment le marquis d'Ajuda se présenta dans
la loge de madame de Beauséant.

— J'ai mal fait mes affaires afin de venir vous

retrouver, dit-il, et je vous en instruis pour que ce ne soit pas un sacrifice.

Les rayonnements du visage de la vicomtesse apprirent à Eugène à reconnaître les expressions d'un véritable amour, et à ne pas les confondre avec les simagrées de la coquetterie parisienne. Il admira sa cousine, devint muet et céda sa place à monsieur d'Ajuda en soupirant. « Quelle noble, quelle sublime créature est une femme qui aime ainsi ! se dit-il. Et cet homme la trahirait pour une poupée ! comment peut-on la trahir ? » Il se sentit au cœur une rage d'enfant. Il aurait voulu se rouler aux pieds de madame de Beauséant, il souhaitait le pouvoir des démons afin de l'emporter dans son cœur, comme un aigle enlève de la plaine dans son aire une jeune chèvre blanche qui tète encore. Il était humilié d'être dans ce grand Musée de la beauté sans son tableau, sans une maîtresse à lui. « Avoir une maîtresse et une position quasi royale, se disait-il, c'est le signe de la puissance ! » Et il regarda madame de Nucingen comme un homme insulté regarde son adversaire. La vicomtesse se retourna vers lui pour lui adresser sur sa discrétion mille remerciements dans un clignement d' yeux. Le premier acte était fini.

— Vous connaissez assez madame de Nucingen pour lui présenter monsieur de Rastignac ? dit-elle au marquis d'Ajuda.

— Mais elle sera charmée de voir monsieur, dit le marquis.

Le beau Portugais se leva, prit le bras de l'étudiant, qui en un clin d'œil se trouva auprès de madame de Nucingen.

— Madame la baronne, dit le marquis, j'ai l'honneur de vous présenter le chevalier Eugène de Rastignac, un cousin de la vicomtesse de Beauséant. Vous faites une si vive impression sur lui, que j'ai voulu compléter son bonheur en le rapprochant de son idole.

Ces mots furent dits avec un certain accent de raillerie qui en faisait passer la pensée un peu brutale, mais qui, bien sauvée, ne déplaît jamais à une femme. Madame de Nucingen sourit, et offrit à Eugène la place de son mari, qui venait de sortir.

— Je n'ose pas vous proposer de rester près de moi, monsieur, lui dit-elle. Quand on a le bonheur d'être auprès de madame de Beauséant, on y reste.

— Mais, lui dit à voix basse Eugène, il me semble, madame, que si je veux plaire à ma cousine, je demeurerai près de vous. Avant l'arrivée de monsieur le marquis, nous parlions de vous et de la distinction de toute votre personne, dit-il à haute voix.

Monsieur d'Ajuda se retira.

— Vraiment, monsieur, dit la baronne, vous allez me rester ? Nous ferons donc connaissance, madame de Restaud m'avait déjà donné le plus vif désir de vous voir.

— Elle est donc bien fausse, elle m'a fait consigner à sa porte.

— Comment ?

— Madame, j'aurai la conscience de vous en dire la raison ; mais je réclame toute votre indulgence en vous confiant un pareil secret. Je suis le voisin de monsieur votre père. J'ignorais que madame de Restaud fût sa fille. J'ai eu l'imprudence d'en parler fort innocemment, et j'ai fâché madame votre sœur et son mari. Vous ne sauriez croire combien madame la duchesse de Langeais et ma cousine ont trouvé cette apostasie filiale de mauvais goût. Je leur ai raconté la scène, elles en ont ri comme des folles. Ce fut alors qu'en faisant un parallèle entre vous et votre sœur, madame de Beauséant me parla en fort bons termes, et me dit combien vous étiez excellente pour mon voisin, monsieur Goriot. Comment, en effet, ne l'aimeriez-vous pas ? il vous adore si passionnément que j'en suis déjà jaloux. Nous avons parlé de vous ce matin pendant deux heures. Puis, tout plein de ce que votre père m'a raconté, ce soir en dînant avec ma cousine, je lui disais que vous ne pouviez pas être aussi belle que vous étiez aimante. Voulant sans doute favoriser une si chaude admiration, madame de Beauséant m'a amené ici, en me disant avec sa grâce habituelle que je vous y verrais.

— Comment, monsieur, dit la femme du banquier, je vous dois déjà de la reconnaissance ? Encore un peu, nous allons être de vieux amis.

— Quoique l'amitié doive être près de vous un sentiment peu vulgaire, dit Rastignac, je ne veux jamais être votre ami.

Ces sottises stéréotypées à l'usage des débutants paraissent toujours charmantes aux femmes, et ne sont pauvres que lues à froid. Le geste, l'accent, le regard d'un jeune homme, leur donnent d'incalculables valeurs. Madame de Nucingen trouva Rastignac charmant. Puis, comme toutes les femmes, ne pouvant rien dire à des questions aussi drûment posées que l'était celle de l'étudiant, elle répondit à une autre chose.

— Oui, ma sœur se fait tort par la manière dont elle se conduit avec ce pauvre père, qui vraiment a été pour nous un dieu. Il a fallu que monsieur de Nucingen m'ordonnât positivement de ne voir mon père que le matin, pour que je cédasse sur ce point. Mais j'en ai longtemps été bien malheureuse. Je pleurais. Ces violences, venues après les brutalités du mariage, ont été l'une des raisons qui troublèrent le plus mon ménage. Je suis certes la femme de Paris la plus heureuse aux yeux du monde, la plus malheureuse en réalité. Vous allez me trouver folle de vous parler ainsi. Mais vous connaissez mon père, et, à ce titre, vous ne pouvez pas m'être étranger.

— Vous n'avez jamais rencontré personne, lui dit Eugène, qui soit animé d'un plus vif désir de vous appartenir. Que cherchez-vous toutes ? le bonheur, reprit-il d'une voix qui allait à l'âme. Eh bien ! si, pour une femme, le bonheur est d'être aimée, adorée, d'avoir un ami à qui elle puisse confier ses désirs, ses fantaisies, ses chagrins, ses joies ; se montrer dans la nudité de son âme, avec ses jolis défauts et ses belles qualités, sans craindre d'être trahie ; croyez-moi, ce cœur dévoué, toujours ardent, ne peut se rencontrer que chez un homme jeune, plein d'illusions, qui peut mourir sur un seul de vos signes, qui ne sait rien encore du monde et n'en veut rien savoir, parce que vous devenez le monde pour lui. Moi, voyez-vous, vous allez rire de ma naïveté, j'arrive du fond d'une province, entièrement neuf, n'ayant connu que de belles âmes, et je comptais rester sans amour. Il m'est arrivé de voir ma cousine, qui m'a mis trop près de son cœur ; elle m'a fait deviner les mille trésors de la passion, je suis, comme Chérubin, l'amant de toutes les femmes, en attendant que je puisse me dévouer à quelqu'une d'entre elles. En vous voyant, quand je suis entré, je me suis senti porté vers vous comme par un courant. J'avais déjà tant pensé à vous ! Mais je ne vous avais pas rêvée aussi belle que vous l'êtes en réalité. Madame de Beauséant m'a ordonné de ne pas vous tant regarder. Elle ne sait pas ce qu'il y a d'attrayant à voir vos jolies lèvres rouges, votre teint blanc, vos yeux si doux. Moi aussi, je vous dis des folies, mais laissez-les-moi dire.

Rien ne plaît plus aux femmes que de s'entendre débiter ces douces paroles. La plus sévère dévote les écoute, même quand elle ne doit pas y répondre. Après avoir ainsi commencé, Rastignac défila son chapelet d'une voix coquettement sourde ; et madame de Nucingen encourageait Eugène par des sourires en regardant de temps en temps de Marsay, qui ne quittait pas la loge de la princesse Galathionne. Rastignac resta près de madame de Nucingen jusqu'au moment où son mari vint la chercher pour l'emmener.

— Madame, lui dit Eugène, j'aurai le plaisir de vous aller voir avant le bal de la duchesse de Carigliano.

— *Puisqui matame fous encache,* dit le baron, épais Alsacien dont la figure ronde annonçait une dangereuse finesse, *fous êtes sir d'être pien ressi.*

— Mes affaires sont en bon train, car elle ne s'est pas bien effarouchée en m'entendant lui dire : « M'aimerez-vous bien ? » Le mors est mis à ma bête, sautons dessus et gouvernons-là, se dit Eugène en allant saluer madame de Beauséant qui se levait et se retirait avec d'Ajuda. Le pauvre étudiant ne savait pas que la baronne était distraite, et attendait de de Marsay une de ces lettres décisives qui déchirent l'âme. Tout heureux de son faux succès, Eugène accompagna la vicomtesse jusqu'au péristyle, où chacun attend sa voiture.

— Votre cousin ne se ressemble plus à lui-même, dit le Portugais en riant à la vicomtesse quand Eugène les eut quittés. Il va faire sauter la banque. Il est souple comme une anguille, et je crois qu'il ira loin. Vous seule avez pu lui trier sur le volet une femme au moment où il faut la consoler.

— Mais, dit madame de Beauséant, il faut savoir si elle aime encore celui qui l'abandonne.

L'étudiant revint à pied du Théâtre-Italien à la rue Neuve-Sainte-Geneviève, en faisant les plus doux projets. Il avait bien remarqué l'attention avec laquelle madame de Restaud l'avait examiné, soit dans la loge de la vicomtesse, soit dans celle de madame de Nucingen, et il présuma que la porte de la comtesse ne lui serait plus fermée. Ainsi déjà quatre relations majeures, car il comptait bien plaire à la maréchale, allaient lui être acquises au cœur de la haute société parisienne. Sans trop s'expliquer les moyens, il devinait par avance que, dans le jeu compliqué des intérêts de ce monde, il devait s'accrocher à un rouage pour se trouver en haut de la machine, et il se sentait la force d'en enrayer la roue. « Si madame de Nucingen s'intéresse à moi, je lui apprendrai à gouverner son mari. Ce mari fait des affaires d'or, il pourra m'aider à ramasser tout d'un

coup une fortune [1]. » Il ne se disait pas cela crûment,
il n'était pas encore assez politique pour chiffrer une
situation, l'apprécier et la calculer ; ces idées flottaient
à l'horizon sous la forme de légers nuages, et,
quoiqu'elles n'eussent pas l'âpreté de celles de Vautrin, si elles avaient été soumises au creuset de la
conscience, elles n'auraient rien donné de bien pur.
Les hommes arrivent, par une suite de transactions de
ce genre, à cette morale relâchée que professe l'époque actuelle, où se rencontrent plus rarement que
dans aucun temps ces hommes rectangulaires, ces
belles volontés qui ne se plient jamais au mal, à qui la
moindre déviation de la ligne droite semble être un
crime : magnifiques images de la probité qui nous ont
valu deux chefs-d'œuvre, Alceste de Molière, puis
récemment Jenny Deans et son père, dans l'œuvre de
Walter Scott [2]. Peut-être l'œuvre opposée, la peinture
des sinuosités dans lesquelles un homme du monde,
un ambitieux fait rouler sa conscience, en essayant de
côtoyer le mal, afin d'arriver à son but en gardant les
apparences, ne serait-elle ni moins belle, ni moins
dramatique. En atteignant au seuil de sa pension,
Rastignac s'était épris de madame de Nucingen, elle
lui avait paru svelte, fine comme une hirondelle.
L'enivrante douceur de ses yeux, le tissu délicat et
soyeux de sa peau sous laquelle il avait cru voir couler
le sang, le son enchanteur de sa voix, ses blonds
cheveux, il se rappelait tout ; et peut-être la marche,
en mettant son sang en mouvement, aidait-elle à cette
fascination. L'étudiant frappa rudement à la porte du
père Goriot.

— Mon voisin, dit-il, j'ai vu madame Delphine.

— Où ?

— Aux Italiens.

— S'amusait-elle bien ? Entrez donc. Et le bonhomme, qui s'était levé en chemise, ouvrit sa porte et
se recoucha promptement.

— Parlez-moi donc d'elle, demanda-t-il.

Eugène, qui se trouvait pour la première fois chez le
père Goriot, ne fut pas maître d'un mouvement de
stupéfaction en voyant le bouge où vivait le père,
après avoir admiré la toilette de la fille. La fenêtre
était sans rideaux ; le papier de tenture collé sur les
murailles s'en détachait en plusieurs endroits par
l'effet de l'humidité, et se recroquevillait en laissant
apercevoir le plâtre jauni par la fumée. Le bonhomme
gisait sur un mauvais lit, n'avait qu'une maigre
couverture et un couvre-pied ouaté fait avec les bons
morceaux des vieilles robes de madame Vauquer. Le
carreau était humide et plein de poussière. En face de
la croisée se voyait une de ces vieilles commodes en
bois de rose à ventre renflé, qui ont des mains en
cuivre tordu en façon de sarments décorés de feuilles
ou de fleurs ; un vieux meuble à tablette de bois sur
lequel était un pot à eau dans sa cuvette et tous les
ustensiles nécessaires pour se faire la barbe. Dans un
coin, les souliers ; à la tête du lit, une table de nuit
sans porte ni marbre ; au coin de la cheminée, où il n'y
avait pas trace de feu, se trouvait la table carrée, en
bois de noyer, dont la barre avait servi au père Goriot
à dénaturer son écuelle en vermeil. Un méchant
secrétaire sur lequel était le chapeau du bonhomme,
un fauteuil foncé de paille et deux chaises complé-
taient ce mobilier misérable. La flèche du lit, attachée

au plancher par une loque, soutenait une mauvaise
bande d'étoffe à carreaux rouges et blancs. Le plus
pauvre commissionnaire était certes moins mal meublé dans son grenier, que ne l'était le père Goriot chez
madame Vauquer. L'aspect de cette chambre donnait
froid et serrait le cœur, elle ressemblait au plus triste
logement d'une prison. Heureusement Goriot ne vit
pas l'expression qui se peignit sur la physionomie
d'Eugène quand celui-ci posa sa chandelle sur la table
de nuit. Le bonhomme se tourna de son côté en
restant couvert jusqu'au menton.

— Eh bien ! qui aimez-vous mieux de madame de
Restaud ou de madame de Nucingen ?

— Je préfère madame Delphine, répondit l'étudiant, parce qu'elle vous aime mieux.

A cette parole chaudement dite, le bonhomme sortit
son bras du lit et serra la main d'Eugène.

— Merci, merci, répondit le vieillard ému. Que
vous a-t-elle donc dit de moi ?

L'étudiant répéta les paroles de la baronne en les
embellissant, et le vieillard l'écouta comme s'il eût
entendu la parole de Dieu.

— Chère enfant ! oui, oui, elle m'aime bien. Mais
ne la croyez pas dans ce qu'elle vous a dit d'Anastasie.
Les deux sœurs se jalousent, voyez-vous ? c'est encore
une preuve de leur tendresse. Madame de Restaud
m'aime bien aussi. Je le sais. Un père est avec ses
enfants comme Dieu est avec nous, il va jusqu'au fond
des cœurs, et juge les intentions. Elles sont toutes
deux aussi aimantes. Oh ! si j'avais eu de bons
gendres, j'aurais été trop heureux. Il n'est sans doute
pas de bonheur complet ici-bas. Si j'avais vécu chez

elles ; mais rien que d'entendre leurs voix, de les savoir là, de les voir aller, sortir, comme quand je les avais chez moi, ça m'eût fait cabrioler le cœur. Étaient-elles bien mises ?

— Oui, dit Eugène. Mais, monsieur Goriot, comment, en ayant des filles aussi richement établies que sont les vôtres, pouvez-vous demeurer dans un taudis pareil ?

— Ma foi, dit-il d'un air en apparence insouciant, à quoi cela me servirait-il d'être mieux ? Je ne puis guère vous expliquer ces choses-là ; je ne sais pas dire deux paroles de suite comme il faut. Tout est là, ajouta-t-il en se frappant le cœur. Ma vie, à moi, est dans mes deux filles. Si elles s'amusent, si elles sont heureuses, bravement[1] mises, si elles marchent sur des tapis, qu'importe de quel drap je sois vêtu, et comment est l'endroit où je me couche ? Je n'ai point froid si elles ont chaud, je ne m'ennuie jamais si elles rient. Je n'ai de chagrins que les leurs. Quand vous serez père, quand vous vous direz, en oyant gazouiller vos enfants : « C'est sorti de moi ! », que vous sentirez ces petites créatures tenir à chaque goutte de votre sang, dont elles ont été la fine fleur, car c'est ça ! vous vous croirez attaché à leur peau, vous croirez être agité vous-même par leur marche. Leur voix me répond partout. Un regard d'elles, quand il est triste, me fige le sang. Un jour vous saurez que l'on est bien plus heureux de leur bonheur que du sien propre. Je ne peux pas vous expliquer ça : c'est des mouvements intérieurs qui répandent l'aise partout. Enfin, je vis trois fois. Voulez-vous que je vous dise une drôle de chose ? Eh bien ! quand j'ai été père, j'ai compris

Dieu. Il est tout entier partout, puisque la création est sortie de lui. Monsieur, je suis ainsi avec mes filles. Seulement j'aime mieux mes filles que Dieu n'aime le monde, parce que le monde n'est pas si beau que Dieu, et que mes filles sont plus belles que moi. Elles me tiennent si bien à l'âme, que j'avais idée que vous les verriez ce soir. Mon Dieu ! un homme qui rendrait ma petite Delphine aussi heureuse qu'une femme l'est quand elle est bien aimée ; mais je lui cirerais ses bottes, je lui ferais ses commissions. J'ai su par sa femme de chambre que ce petit monsieur de Marsay est un mauvais chien. Il m'a pris des envies de lui tordre le cou. Ne pas aimer un bijou de femme, une voix de rossignol, et faite comme un modèle ! Où a-t-elle eu les yeux d'épouser cette grosse souche d'Alsacien ? Il leur fallait à toutes deux de jolis jeunes gens bien aimables. Enfin, elles ont fait à leur fantaisie.

Le père Goriot était sublime. Jamais Eugène ne l'avait pu voir illuminé par les feux de sa passion paternelle. Une chose digne de remarque est la puissance d'infusion que possèdent les sentiments. Quelque grossière que soit une créature, dès qu'elle exprime une affection forte et vraie, elle exhale un fluide particulier qui modifie la physionomie, anime le geste, colore la voix. Souvent l'être le plus stupide arrive, sous l'effort de la passion, à la plus haute éloquence dans l'idée, si ce n'est dans le langage, et semble se mouvoir dans une sphère lumineuse. Il y avait en ce moment dans la voix, dans le geste de ce bonhomme, la puissance communicative qui signale le grand acteur. Mais nos beaux sentiments ne sont-ils pas les poésies de la volonté ?

— Eh bien ! vous ne serez peut-être pas fâché d'apprendre, lui dit Eugène, qu'elle va rompre sans doute avec ce de Marsay. Ce beau-fils [1] l'a quittée pour s'attacher à la princesse Galathionne. Quant à moi, ce soir, je suis tombé amoureux de madame Delphine.

— Bah ! dit le père Goriot.

— Oui. Je ne lui ai pas déplu. Nous avons parlé amour pendant une heure, et je dois aller la voir après-midi samedi.

— Oh ! que je vous aimerais, mon cher monsieur, si vous lui plaisiez. Vous êtes bon, vous ne la tourmenteriez point. Si vous la trahissiez, je vous couperais le cou, d'abord. Une femme n'a pas deux amours, voyez-vous ? Mon Dieu ! mais je dis des bêtises, monsieur Eugène. Il fait froid ici pour vous. Mon Dieu ! vous l'avez donc entendue, que vous a-t-elle dit pour moi ?

— Rien, se dit en lui-même Eugène. — Elle m'a dit, répondit-il à haute voix, qu'elle vous envoyait un bon baiser de fille.

— Adieu, mon voisin, dormez bien, faites de beaux rêves ; les miens sont tout faits avec ce mot-là. Que Dieu vous protège dans tous vos désirs ! Vous avez été pour moi ce soir comme un bon ange ; vous me rapportez l'air de ma fille.

— Le pauvre homme, se dit Eugène en se couchant, il y a de quoi toucher des cœurs de marbre. Sa fille n'a pas plus pensé à lui qu'au Grand-Turc.

Depuis cette conversation, le père Goriot vit dans son voisin un confident inespéré, un ami. Il s'était établi entre eux les seuls rapports par lesquels ce

vieillard pouvait s'attacher à un autre homme. Les
passions ne font jamais de faux calculs. Le père Goriot
se voyait un peu plus près de sa fille Delphine, il s'en
voyait mieux reçu, si Eugène devenait cher à la
baronne. D'ailleurs il lui avait confié l'une de ses
douleurs. Madame de Nucingen, à laquelle mille fois
par jour il souhaitait le bonheur, n'avait pas connu les
douceurs de l'amour. Certes, Eugène était, pour se
servir de son expression, un des jeunes gens les plus
gentils qu'il eût jamais vus, et il semblait pressentir
qu'il lui donnerait tous les plaisirs dont elle avait été
privée. Le bonhomme se prit donc pour son voisin
d'une amitié qui alla croissant, et sans laquelle il eût
été sans doute impossible de connaître le dénoûment
de cette histoire.

Le lendemain matin, au déjeuner, l'affectation avec
laquelle le père Goriot regardait Eugène, près duquel
il se plaça, les quelques paroles qu'il lui dit, et le
changement de sa physionomie, ordinairement semblable à un masque de plâtre, surprirent les pensionnaires. Vautrin, qui revoyait l'étudiant pour la première fois depuis leur conférence, semblait vouloir lire
dans son âme. En se souvenant du projet de cet
homme, Eugène, qui, avant de s'endormir, avait,
pendant la nuit, mesuré le vaste champ qui s'ouvrait à
ses regards, pensa nécessairement à la dot de mademoiselle Taillefer, et ne put s'empêcher de regarder
Victorine comme le plus vertueux jeune homme
regarde une riche héritière. Par hasard, leurs yeux se
rencontrèrent. La pauvre fille ne manqua pas de trouver Eugène charmant dans sa nouvelle tenue. Le coup
d'œil qu'ils échangèrent fut assez significatif pour

que Rastignac ne doutât pas d'être pour elle l'objet de ces confus désirs qui atteignent toutes les jeunes filles et qu'elles rattachent au premier être séduisant. Une voix lui criait : « Huit cent mille francs ! » Mais tout à coup il se rejeta dans ses souvenirs de la veille, et pensa que sa passion de commande pour madame de Nucingen était l'antidote de ses mauvaises pensées involontaires.

— L'on donnait hier aux Italiens *Le Barbier de Séville* de Rossini. Je n'avais jamais entendu de si délicieuse musique, dit-il. Mon Dieu ! est-on heureux d'avoir une loge aux Italiens.

Le père Goriot saisit cette parole au vol comme un chien saisit un mouvement de son maître.

— Vous êtes comme des coqs-en-pâte, dit madame Vauquer, vous autres hommes, vous faites tout ce qui vous plaît.

— Comment êtes-vous revenu ? demanda Vautrin.

— A pied, répondit Eugène.

— Moi, reprit le tentateur, je n'aimerais pas de demi-plaisirs ; je voudrais aller là dans ma voiture, dans ma loge, et revenir bien commodément. Tout ou rien ! voilà ma devise.

— Et qui est bonne, reprit madame Vauquer.

— Vous irez peut-être voir madame de Nucingen, dit Eugène à voix basse à Goriot. Elle vous recevra certes à bras ouverts ; elle voudra savoir de vous mille petits détails sur moi. J'ai appris qu'elle ferait tout au monde pour être reçue chez ma cousine, madame la vicomtesse de Beauséant. N'oubliez pas de lui dire que je l'aime trop pour ne pas penser à lui procurer cette satisfaction.

Rastignac s'en alla promptement à l'École de Droit, il voulait rester le moins de temps possible dans cette odieuse maison. Il flâna pendant presque toute la journée, en proie à cette fièvre de tête qu'ont connue les jeunes gens affectés de trop vives espérances. Les raisonnements de Vautrin le faisaient réfléchir à la vie sociale, au moment où il rencontra son ami Bianchon dans le jardin du Luxembourg.

— Où as-tu pris cet air grave ? lui dit l'étudiant en médecine en lui prenant le bras pour se promener devant le palais.

— Je suis tourmenté par de mauvaises idées.

— En quel genre ? Ça se guérit, les idées.

— Comment ?

— En y succombant.

— Tu ris sans savoir ce dont il s'agit. As-tu lu Rousseau ?

— Oui.

— Te souviens-tu de ce passage où il demande à son lecteur ce qu'il ferait au cas où il pourrait s'enrichir en tuant à la Chine par sa seule volonté un vieux mandarin, sans bouger de Paris [1].

— Oui.

— Eh bien ?

— Bah ! J'en suis à mon trente-troisième mandarin.

— Ne plaisante pas. Allons, s'il t'était prouvé que la chose est possible et qu'il te suffit d'un signe de tête, le ferais-tu ?

— Est-il bien vieux, le mandarin ? Mais, bah ! jeune ou vieux, paralytique ou bien portant, ma foi... Diantre ! Eh bien, non.

— Tu es un brave garçon, Bianchon. Mais si tu aimais une femme à te mettre pour elle l'âme à l'envers, et qu'il lui fallût de l'argent, beaucoup d'argent pour sa toilette, pour sa voiture, pour toutes ses fantaisies enfin ?

— Mais tu m'ôtes la raison, et tu veux que je raisonne.

— Eh bien ! Bianchon, je suis fou, guéris-moi. J'ai deux sœurs qui sont des anges de beauté, de candeur, et je veux qu'elles soient heureuses. Où prendre deux cent mille francs pour leur dot d'ici à cinq ans ? Il est, vois-tu, des circonstances dans la vie où il faut jouer gros jeu et ne pas user son bonheur à gagner des sous.

— Mais tu poses la question qui se trouve à l'entrée de la vie pour tout le monde, et tu veux couper le nœud gordien avec l'épée. Pour agir ainsi, mon cher, il faut être Alexandre, sinon l'on va au bagne. Moi, je suis heureux de la petite existence que je me créerai en province, où je succéderai tout bêtement à mon père. Les affections de l'homme se satisfont dans le plus petit cercle aussi pleinement que dans une immense circonférence. Napoléon ne dînait pas deux fois, et ne pouvait pas avoir plus de maîtresses qu'en prend un étudiant en médecine quand il est interne aux Capucins. Notre bonheur, mon cher, tiendra toujours entre la plante de nos pieds et notre occiput ; et, qu'il coûte un million par an ou cent louis, la perception intrinsèque en est la même au-dedans de nous. Je conclus à la vie du Chinois.

— Merci, tu m'as fait du bien, Bianchon ! nous serons toujours amis.

— Dis donc, reprit l'étudiant en médecine, en

sortant du cours de Cuvier [1] au Jardin des Plantes, je
viens d'apercevoir la Michonneau et le Poiret causant
sur un banc avec un monsieur que j'ai vu dans les
troubles de l'année dernière aux environs de la
Chambre des Députés, et qui m'a fait l'effet d'être un
homme de la police déguisé en honnête bourgeois
vivant de ses rentes. Étudions ce couple-là : je te dirai
pourquoi. Adieu, je vais répondre à mon appel de
quatre heures.

Quand Eugène revint à la pension, il trouva le père
Goriot qui l'attendait.

— Tenez, dit le bonhomme, voilà une lettre d'elle.
Hein, la jolie écriture !

Eugène décacheta la lettre et lut.

> « Monsieur, mon père m'a dit que vous
> aimiez la musique italienne. Je serais heu-
> reuse si vous vouliez me faire le plaisir
> d'accepter une place dans ma loge. Nous
> aurons samedi la Fodor et Pellegrini [2], je suis
> sûre alors que vous ne me refuserez pas.
> Monsieur de Nucingen se joint à moi pour
> vous prier de venir dîner avec nous sans
> cérémonie. Si vous acceptez, vous le rendrez
> bien content de n'avoir pas à s'acquitter de
> sa corvée conjugale en m'accompagnant. Ne
> me répondez pas, venez, et agréez mes
> compliments.

> « D. DE N. »

— Montrez-la-moi, dit le bonhomme à Eugène
quand il eut lu la lettre. Vous irez, n'est-ce pas ?

ajouta-t-il après avoir flairé le papier. Cela sent-il bon ! Ses doigts ont touché ça, pourtant !

— Une femme ne se jette pas ainsi à la tête d'un homme, se disait l'étudiant. Elle veut se servir de moi pour ramener de Marsay. Il n'y a que le dépit qui fasse faire de ces choses-là.

— Eh bien ! dit le père Goriot, à quoi pensez-vous donc ?

Eugène ne connaissait pas le délire de vanité dont certaines femmes étaient saisies en ce moment, et ne savait pas que, pour s'ouvrir une porte dans le faubourg Saint-Germain, la femme d'un banquier était capable de tous les sacrifices. A cette époque, la mode commençait à mettre au-dessus de toutes les femmes celles qui étaient admises dans la société du faubourg Saint-Germain, dites les dames du Petit-Château [1], parmi lesquelles madame de Beauséant, son amie la duchesse de Langeais et la duchesse de Maufrigneuse tenaient le premier rang. Rastignac seul ignorait la fureur dont étaient saisies les femmes de la Chaussée-d'Antin pour entrer dans le cercle supérieur où brillaient les constellations de leur sexe. Mais sa défiance le servit bien, elle lui donna de la froideur, et le triste pouvoir de poser des conditions au lieu d'en recevoir.

— Oui, j'irai, répondit-il.

Ainsi la curiosité le menait chez madame de Nucingen, tandis que, si cette femme l'eût dédaigné, peut-être y aurait-il été conduit par la passion. Néanmoins il n'attendit pas le lendemain et l'heure de partir sans une sorte d'impatience. Pour un jeune

homme, il existe dans sa première intrigue autant de
charmes peut-être qu'il s'en rencontre dans un premier amour. La certitude de réussir engendre mille
félicités que les hommes n'avouent pas, et qui font
tout le charme de certaines femmes. Le désir ne naît
pas moins de la difficulté que de la facilité des
triomphes. Toutes les passions des hommes sont bien
certainement excitées ou entretenues par l'une ou
l'autre de ces deux causes, qui divisent l'empire
amoureux. Peut-être cette division est-elle une conséquence de la grande question des tempéraments, qui
domine, quoi qu'on en dise, la société. Si les mélanco-
liques ont besoin du tonique des coquetteries, peut-
être les gens nerveux ou sanguins décampent-ils si la
résistance dure trop. En d'autres termes, l'élégie est
aussi essentiellement lymphatique que le dithyrambe
est bilieux. En faisant sa toilette, Eugène savoura tous
ces petits bonheurs dont n'osent parler les jeunes
gens, de peur de se faire moquer d'eux, mais qui
chatouillent l'amour-propre. Il arrangeait ses cheveux
en pensant que le regard d'une jolie femme se
coulerait sous leurs boucles noires. Il se permit des
singeries enfantines autant qu'en aurait fait une jeune
fille en s'habillant pour le bal.

Il regarda complaisamment sa taille mince, en
déplissant son habit. — Il est certain, se dit-il, qu'on
en peut trouver de plus mal tournés ! Puis il descendit
au moment où tous les habitués de la pension étaient à
table, et reçut gaiement le hourra de sottises que sa
tenue élégante excita. Un trait des mœurs particu-
lières aux pensions bourgeoises est l'ébahissement

qu'y cause une toilette soignée. Personne n'y met un habit neuf sans que chacun dise son mot.

— Kt, kt, kt, kt, fit Bianchon en faisant claquer sa langue contre son palais, comme pour exciter un cheval.

— Tournure de duc et pair ! dit madame Vauquer.

— Monsieur va en conquête ? fit observer mademoiselle Michonneau.

— Kocquériko ! cria le peintre.

— Mes compliments à madame votre épouse, dit l'employé au Muséum.

— Monsieur a une épouse ? demanda Poiret.

— Une épouse à compartiments, qui va sur l'eau, garantie bon teint, dans les prix de vingt-cinq à quarante, dessins à carreaux du dernier goût, susceptible de se laver, d'un joli porter, moitié fil, moitié coton, moitié laine, guérissant le mal de dents, et autres maladies approuvées par l'Académie royale de Médecine ! excellente d'ailleurs pour les enfants ! meilleure encore contre les maux de tête, les plénitudes et autres maladies de l'œsophage, des yeux et des oreilles, cria Vautrin avec la volubilité comique et l'accentuation d'un opérateur. Mais combien cette merveille, me direz-vous, messieurs ? deux sous ? Non. Rien du tout. C'est un reste des fournitures faites au Grand Mongol, et que tous les souverains de l'Europe, y compris le grrrrrrand-duc de Bade, ont voulu voir ! Entrez droit devant vous ! et passez au petit bureau. Allez, la musique ! Brooum, là là, trinn ! là, là, boum, boum ! Monsieur de la clarinette, tu joues faux, reprit-il d'une voix enrouée, je te donnerai sur les doigts.

— Mon Dieu ! que cet homme-là est agréable, dit madame Vauquer à madame Couture, je ne m'ennuierais jamais avec lui.

Au milieu des rires et des plaisanteries dont ce discours comiquement débité fut le signal, Eugène put saisir le regard furtif de mademoiselle Taillefer qui se pencha sur madame Couture, à l'oreille de laquelle elle dit quelques mots.

— Voilà le cabriolet, dit Sylvie.

— Où dîne-t-il donc ? demanda Bianchon.

— Chez madame la baronne de Nucingen.

— La fille de monsieur Goriot, répondit l'étudiant.

A ce nom, les regards se portèrent sur l'ancien vermicellier, qui contemplait Eugène avec une sorte d'envie.

Rastignac arriva rue Saint-Lazare, dans une de ces maisons légères, à colonnes minces, à portiques mesquins, qui constituent le *joli* à Paris, une véritable maison de banquier, pleine de recherches coûteuses, de stucs, de paliers d'escalier en mosaïque de marbre. Il trouva madame de Nucingen dans un petit salon à peintures italiennes, dont le décor ressemblait à celui des cafés. La baronne était triste. Les efforts qu'elle fit pour cacher son chagrin intéressèrent d'autant plus vivement Eugène qu'il n'y avait rien de joué. Il croyait rendre une femme joyeuse par sa présence, et la trouvait au désespoir. Ce désappointement piqua son amour-propre.

— J'ai bien peu de droits à votre confiance, madame, dit-il après l'avoir lutinée sur sa préoccupation ; mais si je vous gênais, je compte sur votre bonne foi, vous me le diriez franchement.

— Restez, dit-elle, je serais seule si vous vous en allez. Nucingen dîne en ville, et je ne voudrais pas être seule, j'ai besoin de distraction.

— Mais qu'avez-vous ?

— Vous seriez la dernière personne à qui je le dirais, s'écria-t-elle.

— Je veux le savoir, je dois alors être pour quelque chose dans ce secret.

— Peut-être ! Mais non, reprit-elle, c'est des querelles de ménage qui doivent être ensevelies au fond du cœur. Ne vous le disais-je pas avant-hier ? je ne suis point heureuse. Les chaînes d'or sont les plus pesantes.

Quand une femme dit à un jeune homme qu'elle est malheureuse, si ce jeune homme est spirituel, bien mis, s'il a quinze cents francs d'oisiveté dans sa poche, il doit penser ce que se disait Eugène, et devient fat.

— Que pouvez-vous désirer ? répondit-il. Vous êtes belle, jeune, aimée, riche.

— Ne parlons pas de moi, dit-elle en faisant un sinistre mouvement de tête. Nous dînerons ensemble, tête à tête, nous irons entendre la plus délicieuse musique. Suis-je à votre goût ? reprit-elle en se levant et montrant sa robe en cachemire blanc à dessins perses de la plus riche élégance.

— Je voudrais que vous fussiez toute à moi, dit Eugène. Vous êtes charmante.

— Vous auriez une triste propriété, dit-elle en souriant avec amertume. Rien ici ne vous annonce le malheur, et cependant, malgré ces apparences, je suis au désespoir. Mes chagrins m'ôtent le sommeil, je deviendrai laide.

— Oh ! cela est impossible, dit l'étudiant. Mais je suis curieux de connaître ces peines qu'un amour dévoué n'effacerait pas ?

— Ah ! si je vous les confiais, vous me fuiriez, dit-elle. Vous ne m'aimez encore que par une galanterie qui est de costume [1] chez les hommes ; mais si vous m'aimiez bien, vous tomberiez dans un désespoir affreux. Vous voyez que je dois me taire. De grâce, reprit-elle, parlons d'autre chose. Venez voir mes appartements.

— Non, restons ici, répondit Eugène en s'asseyant sur une causeuse devant le feu près de madame de Nucingen, dont il prit la main avec assurance.

Elle la laissa prendre et l'appuya même sur celle du jeune homme par un de ces mouvements de force concentrée qui trahissent de fortes émotions.

— Écoutez, lui dit Rastignac ; si vous avez des chagrins, vous devez me les confier. Je peux vous prouver que je vous aime pour vous. Ou vous parlerez et me direz vos peines afin que je puisse les dissiper, fallût-il tuer six hommes, ou je sortirai pour ne plus revenir.

— Eh bien ! s'écria-t-elle saisie par une pensée de désespoir qui la fit se frapper le front, je vais vous mettre à l'instant même à l'épreuve. Oui, se dit-elle, il n'est plus que ce moyen. Elle sonna.

— La voiture de monsieur est-elle attelée ? dit-elle à son valet de chambre.

— Oui, madame.

— Je la prends. Vous lui donnerez la mienne et mes chevaux. Vous ne servirez le dîner qu'à sept heures.

— Allons, venez, dit-elle à Eugène, qui crut rêver en se trouvant dans le coupé de monsieur de Nucingen, à côté de cette femme.

— Au Palais-Royal, dit-elle au cocher, près du Théâtre-Français.

En route, elle parut agitée, et refusa de répondre aux mille interrogations d'Eugène, qui ne savait que penser de cette résistance muette, compacte, obtuse.

— En un moment elle m'échappe, se disait-il.

Quand la voiture s'arrêta, la baronne regarda l'étudiant d'un air qui imposa silence à ses folles paroles ; car il s'était emporté.

— Vous m'aimez bien ? dit-elle.

— Oui, répondit-il en cachant l'inquiétude qui le saisissait.

— Vous ne penserez rien de mal sur moi, quoi que je puisse vous demander ?

— Non.

— Êtes-vous disposé à m'obéir ?

— Aveuglément.

— Êtes-vous allé quelquefois au jeu ? dit-elle d'une voix tremblante.

— Jamais.

— Ah ! je respire. Vous aurez du bonheur. Voici ma bourse, dit-elle. Prenez donc ! il y a cent francs, c'est tout ce que possède cette femme si heureuse. Montez dans une maison de jeu, je ne sais où elles sont, mais je sais qu'il y en a au Palais-Royal. Risquez les cent francs à un jeu qu'on nomme la roulette, et perdez tout, ou rapportez-moi six mille francs. Je vous dirai mes chagrins à votre retour.

— Je veux bien que le diable m'emporte si je

comprends quelque chose à ce que je vais faire, mais je vais vous obéir, dit-il avec une joie causée par cette pensée : « Elle se compromet avec moi, elle n'aura rien à me refuser. »

Eugène prend la jolie bourse, court au numéro NEUF[1], après s'être fait indiquer par un marchand d'habits la plus prochaine maison de jeu. Il y monte, se laisse prendre son chapeau ; mais il entre et demande où est la roulette. A l'étonnement des habitués, le garçon de salle le mène devant une longue table. Eugène, suivi de tous les spectateurs, demande sans vergogne où il faut mettre l'enjeu.

— Si vous placez un louis sur un seul de ces trente-six numéros, et qu'il sorte, vous aurez trente-six louis, lui dit un vieillard respectable à cheveux blancs.

Eugène jette les cent francs sur le chiffre de son âge, vingt et un. Un cri d'étonnement part sans qu'il ait eu le temps de se reconnaître. Il avait gagné sans le savoir.

— Retirez donc votre argent, lui dit le vieux monsieur, l'on ne gagne pas deux fois dans ce système-là.

Eugène prend un râteau que lui tend le vieux monsieur, il tire à lui les trois mille six cents francs et, toujours sans rien savoir du jeu, les place sur la rouge. La galerie le regarde avec envie, en voyant qu'il continue à jouer. La roue tourne, il gagne encore, et le banquier lui jette encore trois mille six cents francs.

— Vous avez sept mille deux cents francs à vous, lui dit à l'oreille le vieux monsieur. Si vous m'en croyez, vous vous en irez, la rouge a passé huit fois. Si vous êtes charitable, vous reconnaîtrez ce bon avis en soulageant la misère d'un ancien préfet de Napoléon qui se trouve dans le dernier besoin.

Rastignac étourdi se laisse prendre dix louis par l'homme à cheveux blancs, et descend avec les sept mille francs, ne comprenant encore rien au jeu, mais stupéfié de son bonheur.

— Ah çà ! où me mènerez-vous maintenant, dit-il en montrant les sept mille francs à madame de Nucingen quand la portière fut refermée.

Delphine le serra par une étreinte folle et l'embrassa vivement, mais sans passion. « Vous m'avez sauvée ! » Des larmes de joie coulèrent en abondance sur ses joues. Je vais tout vous dire, mon ami. Vous serez mon ami, n'est-ce pas ? Vous me voyez riche, opulente, rien ne me manque [1] ou je parais ne manquer de rien ! Eh bien ! sachez que monsieur de Nucingen ne me laisse pas disposer d'un sou : il paye toute la maison, mes voitures, mes loges ; il m'alloue pour ma toilette une somme insuffisante, il me réduit à une misère secrète par calcul. Je suis trop fière pour l'implorer. Ne serais-je pas la dernière des créatures si j'achetais son argent au prix où il veut me le vendre ! Comment, moi riche de sept cent mille francs, me suis-je laissé dépouiller ? par fierté, par indignation. Nous sommes si jeunes, si naïves, quand nous commençons la vie conjugale ! La parole par laquelle il fallait demander de l'argent à mon mari me déchirait la bouche ; je n'osais jamais, je mangeais l'argent de mes économies et celui que me donnait mon pauvre père ; puis je me suis endettée. Le mariage est pour moi la plus horrible des déceptions, je ne puis vous en parler : qu'il vous suffise de savoir

que je me jetterais par la fenêtre s'il fallait vivre avec
Nucingen autrement qu'en ayant chacun notre appartement séparé. Quand il a fallu lui déclarer mes dettes
de jeune femme, des bijoux, des fantaisies (mon
pauvre père nous avait accoutumées à ne nous rien
refuser), j'ai souffert le martyre ; mais enfin j'ai
trouvé le courage de les dire. N'avais-je pas une
fortune à moi ? Nucingen s'est emporté, il m'a dit que
je le ruinerais, des horreurs ! J'aurais voulu être à cent
pieds sous terre. Comme il avait pris ma dot, il a
payé ; mais en stipulant désormais pour mes dépenses
personnelles une pension à laquelle je me suis rési-
gnée, afin d'avoir la paix. Depuis, j'ai voulu répondre
à l'amour-propre de quelqu'un que vous connaissez,
dit-elle. Si j'ai été trompée par lui, je serais mal venue
à ne pas rendre justice à la noblesse de son caractère.
Mais enfin il m'a quittée indignement ! *On* ne devrait
jamais abandonner une femme à laquelle on a jeté,
dans un jour de détresse, un tas d'or ! *On* doit l'aimer
toujours ! Vous, belle âme de vingt et un ans, vous
jeune et pur, vous me demanderez comment une
femme peut accepter de l'or d'un homme ? Mon Dieu !
n'est-il pas naturel de tout partager avec l'être auquel
nous devons notre bonheur ? Quand on s'est tout
donné, qui pourrait s'inquiéter d'une parcelle de ce
tout ? L'argent ne devient quelque chose qu'au
moment où le sentiment n'est plus. N'est-on pas lié
pour la vie ? Qui de nous prévoit une séparation en se
croyant bien aimée ? Vous nous jurez un amour
éternel, comment avoir alors des intérêts distincts ?
Vous ne savez pas ce que j'ai souffert aujourd'hui,
lorsque Nucingen m'a positivement refusé de me

donner six mille francs, lui qui les donne tous les mois
à sa maîtresse, une fille de l'Opéra ! Je voulais me
tuer. Les idées les plus folles me passaient par la tête.
Il y a eu des moments où j'enviais le sort d'une
servante, de ma femme de chambre. Aller trouver
mon père, folie ! Anastasie et moi nous l'avons
égorgé : mon pauvre père se serait vendu s'il pouvait
valoir six mille francs. J'aurais été le désespérer en
vain. Vous m'avez sauvée de la honte et de la mort,
j'étais ivre de douleur. Ah ! monsieur, je vous devais
cette explication : j'ai été bien déraisonnablement
folle avec vous. Quand vous m'avez quittée, et que je
vous ai eu perdu de vue, je voulais m'enfuir à pied...
où ? je ne sais. Voilà la vie de la moitié des femmes de
Paris : un luxe extérieur, des soucis cruels dans l'âme.
Je connais de pauvres créatures encore plus malheureuses que je ne le suis. Il y a pourtant des femmes
obligées de faire faire de faux mémoires par leurs
fournisseurs. D'autres sont forcées de voler leurs
maris : les uns croient que des cachemires de cent
louis se donnent pour cinq cents francs, les autres
qu'un cachemire de cinq cents francs vaut cent louis.
Il se rencontre de pauvres femmes qui font jeûner
leurs enfants et grappillent pour avoir une robe. Moi,
je suis pure de ces odieuses tromperies. Voici ma
dernière angoisse. Si quelques femmes se vendent à
leurs maris pour les gouverner, moi au moins je suis
libre ! Je pourrais me faire couvrir d'or par Nucingen,
et je préfère pleurer la tête appuyée sur le cœur d'un
homme que je puisse estimer. Ah ! ce soir monsieur de
Marsay n'aura pas le droit de me regarder comme une
femme qu'il a payée. Elle se mit le visage dans ses

mains, pour ne pas montrer ses pleurs à Eugène, qui lui dégagea la figure pour la contempler, elle était sublime ainsi. — Mêler l'argent aux sentiments, n'est-ce pas horrible? Vous ne pourrez pas m'aimer, dit-elle.

Ce mélange de bons sentiments, qui rendent les femmes si grandes, et des fautes que la constitution actuelle de la société les force à commettre, bouleversait Eugène, qui disait des paroles douces et consolantes en admirant cette belle femme, si naïvement imprudente dans son cri de douleur.

— Vous ne vous armerez pas de ceci contre moi, dit-elle, promettez-le-moi.

— Ah! madame! j'en suis incapable, dit-il.

Elle lui prit la main et la mit sur son cœur par un mouvement plein de reconnaissance et de gentillesse.

— Grâce à vous me voilà redevenue libre et joyeuse. Je vivais pressée par une main de fer. Je veux maintenant vivre simplement, ne rien dépenser. Vous me trouverez bien comme je serai, mon ami, n'est-ce pas? Gardez ceci, dit-elle en ne prenant que six billets de banque. En conscience je vous dois mille écus, car je me suis considérée comme étant de moitié avec vous. Eugène se défendit comme une vierge. Mais la baronne lui ayant dit : — Je vous regarde comme mon ennemi si vous n'êtes pas mon complice, il prit l'argent. — Ce sera une mise de fonds en cas de malheur, dit-il.

— Voilà le mot que je redoutais, s'écria-t-elle en pâlissant. Si vous voulez que je sois quelque chose pour vous, jurez-moi, dit-elle, de ne jamais retourner

au jeu. Mon Dieu ! moi, vous corrompre ! j'en mour-
rais de douleur.

Ils étaient arrivés. Le contraste de cette misère et de
cette opulence étourdissait l'étudiant, dans les oreilles
duquel les sinistres paroles de Vautrin vinrent
retentir.

— Mettez-vous là, dit la baronne en entrant dans
sa chambre et montrant une causeuse auprès du feu,
je vais écrire une lettre bien difficile ! Conseillez-moi.

— N'écrivez pas, lui dit Eugène, enveloppez les
billets, mettez l'adresse, et envoyez-les par votre
femme de chambre.

— Mais vous êtes un amour d'homme. dit-elle.
Ah ! voilà, monsieur, ce que c'est que d'avoir été bien
élevé ! Ceci est du Beauséant tout pur, dit-elle en
souriant.

— Elle est charmante, se dit Eugène qui s'éprenait
de plus en plus. Il regarda cette chambre où respirait
la voluptueuse élégance d'une riche courtisane.

— Cela vous plaît-il ? dit-elle en sonnant sa femme
de chambre.

— Thérèse, portez cela vous-même à monsieur de
Marsay, et remettez-le à lui-même. Si vous ne le
trouvez pas, vous me rapporterez la lettre.

Thérèse ne partit pas sans avoir jeté un malicieux
coup d'œil sur Eugène. Le dîner était servi. Rastignac
donna le bras à madame de Nucingen, qui le mena
dans une salle à manger délicieuse, où il retrouva le
luxe de table qu'il avait admiré chez sa cousine.

— Les jours d'Italiens, dit-elle, vous viendrez dîner
avec moi, et vous m'accompagnerez.

— Je m'accoutumerais à cette douce vie si elle

devait durer ; mais je suis un pauvre étudiant qui a sa
fortune à faire.

— Elle se fera, dit-elle en riant. Vous voyez, tout
s'arrange : je ne m'attendais pas à être si heureuse.

Il est dans la nature des femmes de prouver
l'impossible par le possible et de détruire des faits par
des pressentiments. Quand madame de Nucingen et
Rastignac entrèrent dans leur loge aux Bouffons, elle
eut un air de contentement qui la rendait si belle, que
chacun se permit de ces petites calomnies contre
lesquelles les femmes sont sans défense, et qui font
souvent croire à des désordres inventés à plaisir.
Quand on connaît Paris, on ne croit rien de ce qui s'y
dit, et l'on ne dit rien de ce qui s'y fait. Eugène prit la
main de la baronne, et tous deux se parlèrent par des
pressions plus ou moins vives, en se communiquant
les sensations que leur donnait la musique. Pour eux,
cette soirée fut enivrante. Ils sortirent ensemble, et
madame de Nucingen voulut reconduire Eugène jusqu'au Pont-Neuf, en lui disputant, pendant toute la
route, un des baisers qu'elle lui avait si chaleureuse-
ment prodigués au Palais-Royal. Eugène lui reprocha
cette inconséquence.

— Tantôt, répondit-elle, c'était de la reconnaissance pour un dévouement inespéré ; maintenant ce
serait une promesse.

— Et vous ne voulez m'en faire aucune, ingrate. Il
se fâcha. En faisant un de ces gestes d'impatience qui
ravissent un amant, elle lui donna sa main à baiser,
qu'il prit avec une mauvaise grâce dont elle fut
enchantée.

— A lundi, au bal, dit-elle.

En s'en allant à pied, par un beau clair de lune, Eugène tomba dans de sérieuses réflexions. Il était à la fois heureux et mécontent : heureux d'une aventure dont le dénoûment probable lui donnait une des plus jolies et des plus élégantes femmes de Paris, objet de ses désirs ; mécontent de voir ses projets de fortune renversés, et ce fut alors qu'il éprouva la réalité des pensées indécises auxquelles il s'était livré l'avant-veille. L'insuccès nous accuse toujours la puissance de nos prétentions. Plus Eugène jouissait de la vie parisienne, moins il voulait demeurer obscur et pauvre. Il chiffonnait son billet de mille francs dans sa poche, en se faisant mille raisonnements captieux pour se l'approprier. Enfin il arriva rue Neuve-Sainte-Geneviève, et quand il fut en haut de l'escalier, il y vit de la lumière. Le père Goriot avait laissé sa porte ouverte et sa chandelle allumée, afin que l'étudiant n'oubliât pas de *lui raconter sa fille*, suivant son expression. Eugène ne lui cacha rien.

— Mais, s'écria le père Goriot dans un violent désespoir de jalousie, elles me croient ruiné : j'ai encore treize cents livres de rente ! Mon Dieu ! la pauvre petite, que ne venait-elle ici ! j'aurais vendu mes rentes, nous aurions pris sur le capital, et avec le reste je me serais fait du viager. Pourquoi n'êtes vous pas venu me confier son embarras, mon brave voisin ? Comment avez-vous eu le cœur d'aller risquer au jeu ses pauvres petits cent francs ? c'est à fendre l'âme. Voilà ce que c'est que des gendres ! Oh ! si je les tenais, je leur serrerais le cou. Mon Dieu ! pleurer, elle a pleuré ?

— La tête sur mon gilet, dit Eugène.

— Oh ! donnez-le-moi, dit le père Goriot. Comment ! il y a eu là des larmes de ma fille, de ma chère Delphine, qui ne pleurait jamais étant petite ! Oh ! je vous en achèterai un autre, ne le portez plus, laissez-le-moi. Elle doit, d'après son contrat, jouir de ses biens. Ah ! je vais aller trouver Derville, un avoué, dès demain. Je vais faire exiger le placement de sa fortune. Je connais les lois, je suis un vieux loup, je vais retrouver mes dents.

— Tenez, père, voici mille francs qu'elle a voulu me donner sur notre gain. Gardez-les-lui, dans le gilet.

Goriot regarda Eugène, lui tendit la main pour prendre la sienne, sur laquelle il laissa tomber une larme.

— Vous réussirez dans la vie, lui dit le vieillard. Dieu est juste, voyez-vous ? Je me connais en probité, moi, et puis vous assurer qu'il y a bien peu d'hommes qui vous ressemblent. Vous voulez donc être aussi mon cher enfant ? Allez, dormez. Vous pouvez dormir, vous n'êtes pas encore père. Elle a pleuré, j'apprends ça, moi, qui étais là tranquillement à manger comme un imbécile pendant qu'elle souffrait ; moi, moi qui vendrais le Père, le Fils et le Saint-Esprit pour leur éviter une larme à toutes deux !

— Par ma foi, se dit Eugène en se couchant, je crois que je serai honnête homme toute ma vie. Il y a du plaisir à suivre les inspirations de sa conscience.

Il n'y a peut-être que ceux qui croient en Dieu qui font le bien en secret, et Eugène croyait en Dieu. Le lendemain, à l'heure du bal, Rastignac alla chez madame de Beauséant, qui l'emmena pour le présen-

ter à la duchesse de Carigliano. Il reçut le plus
gracieux accueil de la maréchale, chez laquelle il
retrouva madame de Nucingen. Delphine s'était parée
avec l'intention de plaire à tous pour mieux plaire à
Eugène, de qui elle attendait impatiemment un coup
d'œil, en croyant cacher son impatience. Pour qui sait
deviner les émotions d'une femme, ce moment est
plein de délices. Qui ne s'est souvent plu à faire
attendre son opinion, à déguiser coquettement son
plaisir, à chercher des aveux dans l'inquiétude que
l'on cause, à jouir des craintes qu'on dissipera par un
sourire ? Pendant cette fête, l'étudiant mesura tout à
coup la portée de sa position, et comprit qu'il avait un
état dans le monde en étant cousin avoué de madame
de Beauséant. La conquête de madame la baronne de
Nucingen, qu'on lui donnait déjà, le mettait si bien en
relief, que tous les jeunes gens lui jetaient des regards
d'envie ; en en surprenant quelques-uns, il goûta les
premiers plaisirs de la fatuité. En passant d'un salon
dans un autre, en traversant les groupes, il entendit
vanter son bonheur. Les femmes lui prédisaient toutes
des succès. Delphine, craignant de le perdre, lui
promit de ne pas lui refuser le soir le baiser qu'elle
s'était tant défendu d'accorder l'avant-veille. A ce bal,
Rastignac reçut plusieurs engagements. Il fut présenté
par sa cousine à quelques femmes qui toutes avaient
des prétentions à l'élégance, et dont les maisons
passaient pour être agréables ; il se vit lancé dans le
plus grand et le plus beau monde de Paris. Cette
soirée eut donc pour lui les charmes d'un brillant
début, et il devait s'en souvenir jusque dans ses vieux
jours, comme une jeune fille se souvient du bal où elle

a eu des triomphes. Le lendemain, quand, en déjeunant, il raconta ses succès au père Goriot devant les
pensionnaires, Vautrin se prit à sourire d'une façon
diabolique.

— Et vous croyez, s'écria ce féroce logicien, qu'un
jeune homme à la mode peut demeurer rue Neuve-
Sainte-Geneviève, dans la Maison-Vauquer? pension
infiniment respectable sous tous les rapports, certainement, mais qui n'est rien moins que fashionable.
Elle est cossue, elle est belle de son abondance, elle est
fière d'être le manoir momentané d'un Rastignac;
mais, enfin, elle est rue Neuve-Sainte-Geneviève, et
ignore le luxe, parce qu'elle est purement *patriarcha-
lorama.* Mon jeune ami, reprit Vautrin, d'un air
paternellement railleur, si vous voulez faire figure à
Paris, il vous faut trois chevaux et un tilbury pour le
matin, un coupé pour le soir, en tout neuf mille francs
pour le véhicule. Vous seriez indigne de votre destinée
si vous ne dépensiez trois mille francs chez votre
tailleur, si cents francs chez le parfumeur, cent écus
chez le bottier, cent écus chez le chapelier. Quant à
votre blanchisseuse, elle vous coûtera mille francs.
Les jeunes gens à la mode ne peuvent se dispenser
d'être très forts sur l'article du linge : n'est-ce pas ce
qu'on examine le plus souvent en eux? L'amour et
l'église veulent de belles nappes sur leurs autels. Nous
sommes à quatorze mille. Je ne vous parle pas de ce
que vous perdrez au jeu, en paris, en présents ; il est
impossible de ne pas compter pour deux mille francs
l'argent de poche. J'ai mené cette vie-là, j'en connais
les débours. Ajoutez à ces nécessités premières trois
cents louis pour la pâtée, mille francs pour la niche.

Allez, mon enfant, nous en avons pour nos petits
vingt-cinq mille par an dans les flancs, ou nous
tombons dans la crotte, nous nous faisons moquer de
nous, et nous sommes destitué de notre avenir, de nos
succès, de nos maîtresses ! J'oublie le valet de chambre et le groom ! Est-ce Christophe qui portera vos
billets doux ? Les écrirez-vous sur le papier dont vous
vous servez ? Ce serait vous suicider. Croyez-en un
vieillard plein d'expérience ! reprit-il en faisant un
rinforzando dans sa voix de basse. Ou déportez-vous
dans une vertueuse mansarde, et mariez-vous-y avec
le travail, ou prenez une autre voie.

Et Vautrin cligna de l'œil en guignant mademoiselle Taillefer de manière à rappeler et résumer dans
ce regard les raisonnements séducteurs qu'il avait
semés au cœur de l'étudiant pour le corrompre.
Plusieurs jours se passèrent pendant lesquels Rastignac mena la vie la plus dissipée. Il dînait presque
tous les jours avec madame de Nucingen, qu'il
accompagnait dans le monde. Il rentrait à trois ou
quatre heures du matin, se levait à midi pour faire sa
toilette, allait se promener au Bois avec Delphine,
quand il faisait beau, prodiguant ainsi son temps sans
en savoir le prix, et aspirant tous les enseignements,
toutes les séductions du luxe avec l'ardeur dont est
saisi l'impatient calice d'un dattier femelle pour les
fécondantes poussières de son hyménée. Il jouait gros
jeu, perdait ou gagnait beaucoup, et finit par s'habituer à la vie exorbitante des jeunes gens de Paris. Sur
ses premiers gains, il avait renvoyé quinze cents
francs à sa mère et à ses sœurs, en accompagnant sa
restitution de jolis présents. Quoiqu'il eût annoncé

vouloir quitter la Maison-Vauquer, il y était encore
dans les derniers jours du mois de janvier, et ne savait
comment en sortir. Les jeunes gens sont soumis
presque tous à une loi en apparence inexplicable, mais
dont la raison vient de leur jeunesse même, et de
l'espèce de furie avec laquelle ils se ruent au plaisir.
Riches ou pauvres, ils n'ont jamais d'argent pour les
nécessités de la vie, tandis qu'ils en trouvent toujours
pour leurs caprices. Prodigues de tout ce qui s'obtient
à crédit, ils sont avares de tout ce qui se paye à
l'instant même, et semblent se venger de ce qu'ils
n'ont pas, en dissipant tout ce qu'ils peuvent avoir.
Ainsi, pour nettement poser la question, un étudiant
prend bien plus de soin de son chapeau que de son
habit. L'énormité du gain rend le tailleur essentiellement créditeur, tandis que la modicité de la somme
fait du chapelier un des êtres les plus intraitables
parmi ceux avec lesquels il est forcé de parlementer.
Si le jeune homme assis au balcon d'un théâtre offre à
la lorgnette des jolies femmes d'étourdissants gilets, il
est douteux qu'il ait des chaussettes ; le bonnetier est
encore un des charançons de sa bourse. Rastignac en
était là. Toujours vide pour madame Vauquer, toujours pleine pour les exigences de la vanité, sa bourse
avait des revers et des succès lunatiques en désaccord
avec les paiements les plus naturels. Afin de quitter la
pension puante, ignoble où s'humiliaient périodiquement ses prétentions, ne fallait-il pas payer un mois à
son hôtesse, et acheter des meubles pour son appartement de dandy ?, c'était toujours la chose impossible.
Si, pour se procurer l'argent nécessaire à son jeu,
Rastignac savait acheter chez son bijoutier des

montres et des chaînes d'or chèrement payées sur ses
gains, et qu'il portait au Mont-de-Piété, ce sombre et
discret ami de la jeunesse, il se trouvait sans invention
comme sans audace quand il s'agissait de payer sa
nourriture, son logement, ou d'acheter les outils
indispensables à l'exploitation de la vie élégante. Une
nécessité vulgaire, des dettes contractées pour des
besoins satisfaits, ne l'inspiraient plus. Comme la
plupart de ceux qui ont connu cette vie de hasard, il
attendait au dernier moment pour solder des créances
sacrées aux yeux des bourgeois, comme faisait Mira-
beau, qui ne payait son pain que quand il se
présentait sous la forme dragonnante [1] d'une lettre de
change. Vers cette époque, Rastignac avait perdu son
argent, et s'était endetté. L'étudiant commençait à
comprendre qu'il lui serait impossible de continuer
cette existence sans avoir des ressources fixes. Mais,
tout en gémissant sous les piquantes atteintes de sa
situation précaire, il se sentait incapable de renoncer
aux jouissances excessives de cette vie, et voulait la
continuer à tout prix. Les hasards sur lesquels il avait
compté pour sa fortune devenaient chimériques, et les
obstacles réels grandissaient. En s'initiant aux secrets
domestiques de monsieur et madame de Nucingen, il
s'était aperçu que, pour convertir l'amour en instrument de fortune, il fallait avoir bu toute honte, et
renoncer aux nobles idées qui sont l'absolution des
fautes de la jeunesse. Cette vie extérieurement splen-
dide, mais rongée par tous les *tænias* du remords, et
dont les fugitifs plaisirs étaient chèrement expiés par
de persistantes angoisses, il l'avait épousée, il s'y
roulait en se faisant, comme le Distrait de La Bruyère,

un lit dans la fange du fossé ; mais, comme le Distrait, il ne souillait encore que son vêtement.

— Nous avons donc tué le mandarin ? lui dit un jour Bianchon en sortant de table.

— Pas encore, répondit-il, mais il râle.

L'étudiant en médecine prit ce mot pour une plaisanterie, et ce n'en était pas une. Eugène, qui, pour la première fois depuis longtemps, avait dîné à la pension, s'était montré pensif pendant le repas. Au lieu de sortir au dessert, il resta dans la salle à manger assis auprès de mademoiselle Taillefer, à laquelle il jeta de temps en temps des regards expressifs. Quelques pensionnaires étaient encore attablés et mangeaient des noix, d'autres se promenaient en continuant des discussions commencées. Comme presque tous les soirs, chacun s'en allait à sa fantaisie, suivant le degré d'intérêt qu'il prenait à la conversation, ou selon le plus ou le moins de pesanteur que lui causait sa digestion. En hiver, il était rare que la salle à manger fût entièrement évacuée avant huit heures, moment où les quatre femmes demeuraient seules et se vengeaient du silence que leur sexe leur imposait au milieu de cette réunion masculine. Frappé de la préoccupation à laquelle Eugène était en proie, Vautrin resta dans la salle à manger, quoiqu'il eût paru d'abord empressé de sortir, et se tint constamment de manière à n'être pas vu d'Eugène, qui put le croire parti. Puis, au lieu d'accompagner ceux des pensionnaires qui s'en allèrent les derniers, il stationna sournoisement dans le salon. Il avait lu dans l'âme de l'étudiant et pressentait un symptôme décisif. Rastignac se trouvait en effet dans une situation perplexe

que beaucoup de jeunes gens ont dû connaître.
Aimante ou coquette, madame de Nucingen avait fait
passer Rastignac par toutes les angoisses d'une passion véritable, en déployant pour lui les ressources de
la diplomatie féminine en usage à Paris. Après s'être
compromise aux yeux du public pour fixer près d'elle
le cousin de madame de Beauséant, elle hésitait à lui
donner réellement les droits dont il paraissait jouir.
Depuis un mois elle irritait si bien les sens d'Eugène,
qu'elle avait fini par attaquer le cœur. Si, dans les
premiers moments de sa liaison, l'étudiant s'était cru
le maître, madame de Nucingen était devenue la plus
forte, à l'aide de ce manège qui mettait en mouvement
chez Eugène tous les sentiments, bons ou mauvais,
des deux ou trois hommes qui sont dans un jeune
homme de Paris. Était-ce en elle un calcul ? Non ; les
femmes sont toujours vraies, même au milieu de leurs
plus grandes faussetés, parce qu'elles cèdent à quelque sentiment naturel. Peut-être Delphine, après
avoir laissé prendre tout à coup tant d'empire sur elle
par ce jeune homme et lui avoir montré trop d'affection, obéissait-elle à un sentiment de dignité, qui la
faisait ou revenir sur ses concessions, ou se plaire à les
suspendre. Il est si naturel à une Parisienne, au
moment même où la passion l'entraîne, d'hésiter dans
sa chute, d'éprouver le cœur de celui auquel elle va
livrer son avenir ! Toutes les espérances de madame
de Nucingen avaient été trahies une première fois, et
sa fidélité pour un jeune égoïste venait d'être méconnue. Elle pouvait être défiante à bon droit. Peut-être
avait-elle aperçu dans les manières d'Eugène, que son
rapide succès avait rendu fat, une sorte de mésestime

causée par les bizarreries de leur situation. Elle
désirait sans doute paraître imposante à un homme de
cet âge, et se trouver grande devant lui après avoir été
si longtemps petite devant celui par qui elle était
abandonnée. Elle ne voulait pas qu'Eugène la crût
une facile conquête, précisément parce qu'il savait
qu'elle avait appartenu à de Marsay. Enfin, après
avoir subi le dégradant plaisir d'un véritable monstre,
un libertin jeune, elle éprouvait tant de douceur à se
promener dans les régions fleuries de l'amour, que
c'était sans doute un charme pour elle d'en admirer
tous les aspects, d'en écouter longtemps les frémisse-
ments, et de se laisser longtemps caresser par de
chastes brises. Le véritable amour payait pour le
mauvais. Ce contresens sera malheureusement fré-
quent tant que les hommes ne sauront pas combien de
fleurs fauchent dans l'âme d'une jeune femme les
premiers coups de la tromperie. Quelles que fussent
ses raisons, Delphine se jouait de Rastignac, et se
plaisait à se jouer de lui, sans doute parce qu'elle se
savait aimée et sûre de faire cesser les chagrins de son
amant, suivant son royal bon plaisir de femme. Par
respect de lui-même, Eugène ne voulait pas que son
premier combat se terminât par une défaite, et
persistait dans sa poursuite, comme un chasseur qui
veut absolument tuer une perdrix à sa première fête
de Saint-Hubert. Ses anxiétés, son amour-propre
offensé, ses désespoirs, faux ou véritables, l'atta-
chaient de plus en plus à cette femme. Tout Paris lui
donnait madame de Nucingen, auprès de laquelle il
n'était pas plus avancé que le premier jour où il l'avait
vue. Ingorant encore que la coquetterie d'une femme

offre quelquefois plus de bénéfices que son amour ne
donne de plaisir, il tombait dans de sottes rages. Si la
saison pendant laquelle une femme se dispute à
l'amour offrait à Rastignac le butin de ses primeurs,
elles lui devenaient aussi coûteuses qu'elles étaient
vertes, aigrelettes et délicieuses à savourer. Parfois, en
se voyant sans un sou, sans avenir, il pensait, malgré
la voix de sa conscience, aux chances de fortune dont
Vautrin lui avait démontré la possibilité dans un
mariage avec mademoiselle Taillefer. Or il se trouvait
alors dans un moment où sa misère parlait si haut,
qu'il céda presque involontairement aux artifices du
terrible sphinx par les regards duquel il était souvent
fasciné. Au moment où Poiret et mademoiselle
Michonneau remontèrent chez eux, Rastignac, se
croyant seul entre madame Vauquer et madame
Couture, qui se tricotait des manches de laine en
sommeillant auprès du poêle, regarda mademoiselle
Taillefer d'une manière assez tendre pour lui faire
baisser les yeux.

— Auriez-vous des chagrins, monsieur Eugène ?
lui dit Victorine après un moment de silence.

— Quel homme n'a pas ses chagrins ! répondit
Rastignac. Si nous étions sûrs, nous autres jeunes
gens, d'être bien aimés, avec un dévouement qui nous
récompensât des sacrifices que nous sommes toujours
disposés à faire, nous n'aurions peut-être jamais de
chagrins.

Mademoiselle Taillefer lui jeta, pour toute réponse,
un regard qui n'était pas équivoque.

— Vous, mademoiselle, vous vous croyez sûre de

votre cœur aujourd'hui ; mais répondriez-vous de ne jamais changer ?

Un sourire vint errer sur les lèvres de la pauvre fille comme un rayon jailli de son âme, et fit si bien reluire sa figure qu'Eugène fut effrayé d'avoir provoqué une aussi vive explosion de sentiment.

— Quoi ! si demain vous étiez riche et heureuse, si une immense fortune vous tombait des nues, vous aimeriez encore le jeune homme pauvre qui vous aurait plu durant vos jours de détresse ?

Elle fit un joli signe de tête.

— Un jeune homme bien malheureux ?

Nouveau signe.

— Quelles bêtises dites-vous donc là ? s'écria madame Vauquer.

— Laissez-nous, répondit Eugène, nous nous entendons.

— Il y aurait donc alors promesse de mariage entre monsieur le chevalier Eugène de Rastignac et made-moiselle Victorine Taillefer ? dit Vautrin de sa grosse voix en se montrant tout à coup à la porte de la salle à manger.

— Ah ! vous m'avez fait peur, dirent à la fois madame Couture et madame Vauquer.

— Je pourrais plus mal choisir, répondit en riant Eugène à qui la voix de Vautrin causa la plus cruelle émotion qu'il eût jamais ressentie.

— Pas de mauvaises plaisanteries, messieurs, dit madame Couture. Ma fille, remontons chez nous.

Madame Vauquer suivit ses deux pensionnaires, afin d'économiser sa chandelle et son feu en passant la soirée chez elles. Eugène se trouva seul et face à face avec Vautrin.

— Je savais bien que vous y arriveriez, lui dit cet homme en gardant un imperturbable sang-froid. Mais, écoutez ! j'ai de la délicatesse tout comme un autre, moi. Ne vous décidez pas dans ce moment, vous n'êtes pas dans votre assiette ordinaire. Vous avez des dettes. Je ne veux pas que ce soit la passion, le désespoir, mais la raison qui vous détermine à venir à moi. Peut-être vous faut-il quelque millier d'écus. Tenez, le voulez-vous ?

Ce démon prit dans sa poche un portefeuille, et en tira trois billets de banque qu'il fit papilloter aux yeux de l'étudiant. Eugène était dans la plus cruelle des situations. Il devait au marquis d'Ajuda et au comte de Trailles cent louis perdus sur parole. Il ne les avait pas, et n'osait aller passer la soirée chez madame de Restaud, où il était attendu. C'était une de ces soirées sans cérémonie où l'on mange des petits gâteaux, où l'on boit du thé, mais où l'on peut perdre six mille francs au whist.

— Monsieur, lui dit Eugène en cachant avec peine un tremblement convulsif, après ce que vous m'avez confié, vous devez comprendre qu'il m'est impossible de vous avoir des obligations.

— Eh bien ! vous m'auriez fait de la peine de parler autrement, reprit le tentateur. Vous êtes un beau jeune homme, délicat, fier comme un lion et doux comme une jeune fille. Vous seriez une belle proie pour le diable. J'aime cette qualité des jeunes gens. Encore deux ou trois réflexions de haute politique, et vous verrez le monde comme il est. En y jouant

quelques petites scènes de vertu, l'homme supérieur y
satisfait toutes ses fantaisies aux grands applaudissements des niais du parterre. Avant peu de jours vous
serez à nous. Ah ! si vous vouliez devenir mon élève, je
vous ferais arriver à tout. Vous ne formeriez pas un
désir qu'il ne fût à l'instant comblé, quoi que vous
puissiez souhaiter : honneur, fortune, femmes. On
vous réduirait toute la civilisation en ambroisie. Vous
seriez notre enfant gâté, notre Benjamin, nous nous
exterminerions tous pour vous avec plaisir. Tout ce
qui vous ferait obstacle serait aplati. Si vous conservez
des scrupules, vous me prenez donc pour un scélérat ?
Eh bien, un homme qui avait autant de probité que
vous croyez en avoir encore, Monsieur de Turenne,
faisait, sans se croire compromis, de petites affaires
avec des brigands. Vous ne voulez pas être mon
obligé, hein ? Qu'à cela ne tienne, reprit Vautrin en
laissant échapper un sourire. Prenez ces chiffons, et
mettez-moi là-dessus, dit-il en tirant un timbre, là, en
travers : *Accepté pour la somme de trois mille cinq
cents francs payable en un an.* Et datez ! L'intérêt est
assez fort pour vous ôter tout scrupule ; vous pouvez
m'appeler juif, et vous regarder comme quitte de
toute reconnaissance. Je vous permets de me mépriser
encore aujourd'hui, sûr que plus tard vous m'aimerez.
Vous trouverez en moi de ces immenses abîmes, de ces
vastes sentiments concentrés que les niais appellent
des vices ; mais vous ne me trouverez jamais ni lâche
ni ingrat. Enfin, je ne suis ni un pion ni un fou, mais
une tour, mon petit.

— Quel homme êtes-vous donc ? s'écria Eugène,
vous avez été créé pour me tourmenter.

— Mais non, je suis un bon homme qui veut se crotter pour que vous soyez à l'abri de la boue pour le reste de vos jours. Vous vous demandez pourquoi ce dévouement ? Eh bien ! je vous le dirai tout doucement quelque jour, dans le tuyau de l'oreille. Je vous ai d'abord surpris en vous montrant le carillon de l'ordre social et le jeu de la machine ; mais votre premier effroi se passera comme celui du conscrit sur le champ de bataille, et vous vous accoutumerez à l'idée de considérer les hommes comme des soldats décidés à périr pour le service de ceux qui se sacrent rois eux-mêmes. Les temps sont bien changés. Autrefois on disait à un brave [1] : « Voilà cent écus, tue-moi monsieur un tel », et l'on soupait tranquillement après avoir mis un homme à l'ombre pour un oui, pour un non. Aujourd'hui je vous propose de vous donner une belle fortune contre un signe de tête qui ne vous compromet en rien, et vous hésitez. Le siècle est mou.

Eugène signa la traite, et l'échangea contre les billets de banque.

— Eh bien ! voyons, parlons raison, reprit Vautrin. Je veux partir d'ici à quelques mois pour l'Amérique, aller planter mon tabac. Je vous enverrai les cigares de l'amitié. Si je deviens riche, je vous aiderai. Si je n'ai pas d'enfants (cas probable, je ne suis pas curieux de me replanter ici par bouture), eh bien ! je vous léguerai ma fortune. Est-ce être l'ami d'un homme ? Mais je vous aime, moi. J'ai la passion de me dévouer pour un autre. Je l'ai déjà fait. Voyez-vous, mon petit, je vis dans une sphère plus élevée que celles des autres hommes. Je considère les actions comme des moyens,

et ne vois que le but. Qu'est-ce qu'un homme pour
moi ? Ça ! fit-il en laissant claquer l'ongle de son
pouce sous une de ses dents. Un homme est tout ou
rien. Il est moins que rien quand il se nomme Poiret :
on peut l'écraser comme une punaise, il est plat et il
pue. Mais un homme est un dieu quand il vous
ressemble : ce n'est plus une machine couverte en
peau, mais un théâtre où s'émeuvent les plus beaux
sentiments, et je ne vis que par les sentiments. Un
sentiment, n'est-ce pas le monde dans une pensée ?
Voyez le père Goriot : ses deux filles sont pour lui tout
l'univers, elles sont le fil avec lequel il se dirige dans la
création. Eh bien ! pour moi qui ai bien creusé la vie,
il n'existe qu'un seul sentiment réel, une amitié
d'homme à homme. Pierre et Jaffier, voilà ma passion. Je sais *Venise sauvée* par cœur [1]. Avez-vous vu
beaucoup de gens assez poilus pour, quand un
camarade dit : « Allons enterrer un corps ! », y aller
sans souffler mot ni l'embêter de morale ? J'ai fait ça,
moi. Je ne parlerais pas ainsi à tout le monde. Mais
vous, vous êtes un homme supérieur, on peut tout
vous dire, vous savez tout comprendre. Vous ne
patouillerez [2] pas longtemps dans les marécages où
vivent les crapoussins [3] qui nous entourent ici. Eh
bien ! voilà qui est dit. Vous épouserez. Poussons
chacun nos pointes ! La mienne est en fer et ne mollit
jamais, hé, hé !

Vautrin sortit sans vouloir entendre la réponse
négative de l'étudiant, afin de le mettre à son aise. Il
semblait connaître le secret de ces petites résistances,
de ces combats dont les hommes se parent devant

eux-mêmes, et qui leur servent à se justifier leurs actions blâmables.

— Qu'il fasse comme il voudra, je n'épouserai certes pas mademoiselle Taillefer ! se dit Eugène.

Après avoir subi le malaise d'une fièvre intérieure que lui causa l'idée d'un pacte fait avec cet homme dont il avait horreur, mais qui grandissait à ses yeux par le cynisme même de ses idées et par l'audace avec laquelle il étreignait la société, Rastignac s'habilla, demanda une voiture, et vint chez madame de Restaud. Depuis quelques jours, cette femme avait redoublé de soins pour un jeune homme dont chaque pas était un progrès au cœur du grand monde, et dont l'influence paraissait devoir être un jour redoutable. Il paya messieurs de Trailles et d'Ajuda, joua au whist une partie de la nuit, et regagna ce qu'il avait perdu. Superstitieux comme la plupart des hommes dont le chemin est à faire et qui sont plus ou moins fatalistes, il voulut voir dans son bonheur une récompense du ciel pour sa persévérance à rester dans le bon chemin. Le lendemain matin, il s'empressa de demander à Vautrin s'il avait encore sa lettre de change. Sur une réponse affirmative, il lui rendit les trois mille francs en manifestant un plaisir assez naturel.

— Tout va bien, lui dit Vautrin.

— Mais je ne suis pas votre complice, dit Eugène.

— Je sais, je sais, répondit Vautrin en l'interrompant. Vous faites encore des enfantillages. Vous vous arrêtez aux bagatelles de la porte.

III

TROMPE-LA-MORT

Deux jours après, Poiret et mademoiselle Michonneau se trouvaient assis sur un banc, au soleil, dans une allée solitaire du Jardin des Plantes, et causaient avec le monsieur qui paraissait à bon droit suspect à l'étudiant en médecine.

— Mademoiselle, disait monsieur Gondureau, je ne vois pas d'où naissent vos scrupules. Son Excellence Monseigneur le Ministre de la Police Générale du Royaume...

— Ah ! Son Excellence Monseigneur le Ministre de la Police Générale du Royaume... répéta Poiret.

— Oui, Son Excellence s'occupe de cette affaire, dit Gondureau.

A qui ne paraîtra-t-il pas invraisemblable que Poiret, ancien employé, sans doute homme de vertus bourgeoises, quoique dénué d'idées, continuât d'écouter le prétendu rentier de la rue de Buffon, au moment où il prononçait le mot de police en laissant ainsi voir la physionomie d'un agent de la rue de Jérusalem [1] à travers son masque d'honnête homme ? Cependant rien n'était plus naturel. Chacun comprendra mieux

l'espèce particulière à laquelle appartenait Poiret,
dans la grande famille des niais, après une remarque
déjà faite par certains observateurs, mais qui jusqu'à
présent n'a pas été publiée. Il est une nation plumi-
gère[1] serrée, au budget entre le premier degré de
latitude qui comporte les traitements de douze cents
francs, espèce de Groenland administratif, et le troisième degré, où commencent les traitements un peu
plus chauds de trois à six mille, région tempérée, où
s'acclimate la gratification, où elle fleurit malgré les
difficultés de la culture. Un des traits caractéristiques
qui trahit le mieux l'infirme étroitesse de cette gent
subalterne, est une sorte de respect involontaire,
machinal, instinctif, pour ce grand lama de tout
ministère, connu de l'employé par une signature
illisible et sous le nom de SON EXCELLENCE MONSEI-
GNEUR LE MINISTRE, cinq mots qui équivalent à l'*Il
Bondo Cani* du *Calife de Bagdad*[2], et qui, aux yeux
de ce peuple aplati, représente un pouvoir sacré, sans
appel. Comme le pape pour les chrétiens, Monseigneur est administrativement infaillible aux yeux de
l'employé ; l'éclat qu'il jette se communique à ses
actes, à ses paroles, à celles dites en son nom ; il
couvre tout de sa broderie, et légalise les actions qu'il
ordonne ; son nom d'Excellence, qui atteste la pureté
de ses intentions et la sainteté de ses vouloirs, sert de
passeport aux idées les moins admissibles. Ce que ces
pauvres gens ne feraient pas dans leur intérêt, ils
s'empressent de l'accomplir dès que le mot Son
Excellence est prononcé. Les bureaux ont leur obéissance passive, comme l'armée a la sienne : système
qui étouffe la conscience, annihile un homme et finit,

avec le temps, par l'adapter comme une vis ou un
écrou à la machine gouvernementale. Aussi monsieur
Gondureau, qui paraissait se connaître en hommes,
distingua-t-il promptement en Poiret un de ces niais
bureaucratiques, et fit-il sortir le *Deus ex machina*, le
mot talismanique de Son Excellence, au moment où il
fallait, en démasquant ses batteries, éblouir le Poiret,
qui lui semblait le mâle de la Michonneau, comme la
Michonneau lui semblait la femelle du Poiret.

— Du moment où Son Excellence elle-même, Son
Excellence Monseigneur le ! Ah ! c'est très différent,
dit Poiret.

— Vous entendez monsieur, dans le jugement
duquel vous paraissiez avoir confiance, reprit le faux
rentier en s'adressant à mademoiselle Michonneau.
Eh bien ! Son Excellence a maintenant la certitude la
plus complète que le prétendu Vautrin, logé dans la
Maison-Vauquer, est un forçat évadé du bagne de
Toulon, où il est connu sous le nom de *Trompe-la-
Mort.*

— Ah ! Trompe-la-Mort dit Poiret, il est bien
heureux, s'il a mérité ce nom-là.

— Mais oui, reprit l'agent. Ce sobriquet est dû au
bonheur qu'il a eu de ne jamais perdre la vie dans les
entreprises extrêmement audacieuses qu'il a exécu-
tées. Cet homme est dangereux, voyez-vous ! Il a des
qualités qui le rendent extraordinaire. Sa condamnation est même une chose qui lui a fait dans sa partie
un honneur infini...

— C'est donc un homme d'honneur, demanda
Poiret.

— A sa manière. Il a consenti à prendre sur son

compte le crime d'un autre, un faux commis par un
très beau jeune homme qu'il aimait beaucoup, un
jeune Italien assez joueur, entré depuis au service
militaire, où il s'est d'ailleurs parfaitement comporté.

— Mais si Son Excellence le Ministre de la Police
est sûr que monsieur Vautrin soit Trompe-la-Mort,
pourquoi donc aurait-il besoin de moi ? dit mademoiselle Michonneau.

— Ah ! oui, dit Poiret, si en effet le Ministre,
comme vous nous avez fait l'honneur de nous le dire,
a une certitude quelconque...

— Certitude n'est pas le mot ; seulement on se
doute. Vous allez comprendre la question. Jacques
Collin, surnommé Trompe-la-Mort, a toute la
confiance des trois bagnes, qui l'ont choisi pour être
leur agent et leur banquier. Il gagne beaucoup à
s'occuper de ce genre d'affaires, qui nécessairement
veut un homme de marque.

— Ah ! ah ! comprenez-vous le calembour, mademoiselle ? dit Poiret. Monsieur l'appelle un homme de
marque, parce qu'il a été marqué.

— Le faux Vautrin, dit l'agent en continuant,
reçoit les capitaux de messieurs les forçats, les place,
les leur conserve, et les tient à la disposition de ceux
qui s'évadent, ou de leurs familles, quand ils en
disposent par testament, ou de leurs maîtresses,
quand ils tirent sur lui pour elles.

— De leurs maîtresses ! Vous voulez dire de leurs
femmes, fit observer Poiret.

— Non, monsieur. Le forçat n'a généralement que
des épouses illégitimes, que nous nommons des
concubines.

— Ils vivent donc tous en état de concubinage ?

— Conséquemment.

— Eh bien ! dit Poiret, voilà des horreurs que Monseigneur ne devrait pas tolérer. Puisque vous avez l'honneur de voir Son Excellence, c'est à vous, qui me paraissez avoir des idées philanthropiques, à l'éclairer sur la conduite immorale de ces gens, qui donnent un très mauvais exemple au reste de la société.

— Mais, monsieur, le gouvernement ne les met pas là pour offrir le modèle de toutes les vertus.

— C'est juste. Cependant, monsieur, permettez.

— Mais, laissez donc dire monsieur, mon cher mignon, dit mademoiselle Michonneau.

— Vous comprenez, mademoiselle, reprit Gondureau. Le gouvernement peut avoir un grand intérêt à mettre la main sur une caisse illicite, que l'on dit monter à un total assez majeur. Trompe-la-Mort encaisse des valeurs considérables en recelant non seulement les sommes possédées par quelques-uns de ses camarades, mais encore celles qui proviennent de la Société des Dix Mille...

— Dix mille voleurs ! s'écria Poiret effrayé.

— Non, la Société des Dix Mille est une association de hauts voleurs, de gens qui travaillent en grand, et ne se mêlent pas d'une affaire où il n'y a pas dix mille francs à gagner. Cette société se compose de tout ce qu'il y a de plus distingué parmi ceux de nos hommes qui vont droit en cour d'assises. Ils connaissent le Code, et ne risquent jamais de se faire appliquer la peine de mort quand ils sont pincés. Collin est leur homme de confiance, leur conseil. A l'aide de ses immenses ressources, cet homme a su se créer une police à lui, des relations fort étendues qu'il enveloppe d'un mystère impénétrable. Quoique depuis un an nous l'ayons entouré d'espions, nous n'avons pas encore pu voir dans son jeu. Sa caisse et ses talents servent donc constamment à solder le vice, à faire les fonds au crime, et entretiennent sur pied une armée de mauvais sujets qui sont dans un perpétuel état de guerre avec la société. Saisir Trompe-la-Mort et s'emparer de sa banque, ce sera couper le mal dans sa racine. Aussi cette expédition est-elle devenue une affaire d'État et de haute politique, susceptible d'honorer ceux qui coopéreront à sa réussite. Vous-même, monsieur, pourriez être de nouveau employé dans l'administration, devenir secrétaire d'un commissaire de police, fonctions qui ne vous empêcheraient point de toucher votre pension de retraite.

— Mais pourquoi, dit mademoiselle Michonneau, Trompe-la-Mort ne s'en va-t-il pas avec la caisse ?

— Oh ! fit l'agent, partout où il irait, il serait suivi d'un homme chargé de le tuer, s'il volait le bagne. Puis une caisse ne s'enlève pas aussi facilement qu'on enlève une demoiselle de bonne maison. D'ailleurs, Collin est un gaillard incapable de faire un trait semblable, il se croirait déshonoré.

— Monsieur, dit Poiret, vous avez raison, il serait tout à fait déshonoré.

— Tout cela ne nous dit pas pourquoi vous ne venez pas tout bonnement vous emparer de lui, demanda mademoiselle Michonneau.

— Eh bien ! mademoiselle, je réponds... Mais, lui dit-il à l'oreille, empêchez votre monsieur de m'interrompre, ou nous n'en aurons jamais fini. Il doit avoir

beaucoup de fortune pour se faire écouter, ce vieux-là.
Trompe-la-Mort, en venant ici, a chaussé la peau d'un
honnête homme, il s'est fait bon bourgeois de Paris, il
s'est logé dans une pension sans apparence ; il est fin,
allez ! on ne le prendra jamais sans vert. Donc
monsieur Vautrin est un homme considéré, qui fait
des affaires considérables.

— Naturellement, se dit Poiret à lui-même.

— Le Ministre, si l'on se trompait en arrêtant un
vrai Vautrin, ne veut pas se mettre à dos le commerce
de Paris, ni l'opinion publique. Monsieur le Préfet de
police branle dans le manche, il a des ennemis. S'il y
avait erreur, ceux qui veulent sa place profiteraient
des clabaudages et des criailleries libérales pour le
faire sauter. Il s'agit ici de procéder comme dans
l'affaire de Cogniard, le faux comte de Sainte-Hélène ;
si ç'avait été un vrai comte de Sainte-Hélène, nous
n'étions pas propres [1]. Aussi faut-il vérifier.

— Oui, mais vous avez besoin d'une jolie femme,
dit vivement mademoiselle Michonneau.

— Trompe-la-Mort ne se laisserait pas aborder par
une femme, dit l'agent. Apprenez un secret : il n'aime
pas les femmes.

— Mais je ne vois pas alors à quoi je suis bonne
pour une semblable vérification, une supposition que
je consentirais à la faire pour deux mille francs.

— Rien de plus facile, dit l'inconnu. Je vous
remettrai un flacon contenant une dose de liqueur
préparée pour donner un coup de sang qui n'a pas le
moindre danger et simule une apoplexie. Cette drogue
peut se mêler également au vin et au café. Sur-le-
champ vous transportez votre homme sur un lit, et

vous le déshabillez afin de savoir s'il ne meurt pas. Au moment où vous serez seule, vous lui donnerez une claque sur l'épaule, paf! et vous verrez reparaître les lettres[1].

— Mais c'est rien du tout, ça, dit Poiret.

— Eh bien! consentez-vous? dit Gondureau à la vieille fille.

— Mais, mon cher monsieur, dit mademoiselle Michonneau, au cas où il n'y aurait point de lettres, aurais-je les deux mille francs.

— Non.

— Quelle sera donc l'indemnité?

— Cinq cents francs.

— Faire une chose pareille pour si peu. Le mal est le même dans la conscience, et j'ai ma conscience à calmer, monsieur.

— Je vous affirme, dit Poiret, que mademoiselle a beaucoup de conscience, outre que c'est une très aimable personne et bien entendue.

— Eh bien! reprit mademoiselle Michonneau, donnez-moi trois mille francs si c'est Trompe-la-Mort, et rien si c'est un bourgeois.

— Ça va, dit Gondureau, mais à condition que l'affaire sera faite demain.

— Pas encore, mon cher monsieur, j'ai besoin de consulter mon confesseur.

— Finaude! dit l'agent en se levant. A demain alors. Et si vous étiez pressée de me parler, venez petite rue Sainte-Anne[2], au bout de la cour de la Sainte-Chapelle. Il n'y a qu'une porte sous la voûte. Demandez monsieur Gondureau.

Bianchon, qui revenait du cours de Cuvier, eut

l'oreille frappée du mot assez original de Trompe-la-Mort, et entendit le ça va du célèbre chef de la police de sûreté.

— Pourquoi n'en finissez-vous pas, ce serait trois cents francs de rente viagère, dit Poiret à mademoiselle Michonneau.

— Pourquoi ? dit-elle. Mais il faut y réfléchir. Si monsieur Vautrin était ce Trompe-la-Mort, peut-être y aurait-il plus d'avantage à s'arranger avec lui. Cependant, lui demander de l'argent, ce serait le prévenir, et il serait homme à décamper *gratis*. Ce serait un *puff*[1] abominable.

— Quand il serait prévenu, reprit Poiret, ce monsieur ne nous a-t-il pas dit qu'il était surveillé ? Mais vous, vous perdriez tout.

— D'ailleurs, pensa mademoiselle Michonneau, je ne l'aime point, cet homme ! Il ne sait me dire que des choses désagréables.

— Mais, reprit Poiret, vous feriez mieux. Ainsi que l'a dit ce monsieur, qui me paraît fort bien, outre qu'il est très proprement couvert, c'est un acte d'obéissance aux lois que de débarrasser la société d'un criminel, quelque vertueux qu'il puisse être. Qui a bu boira. S'il lui prenait fantaisie de nous assassiner tous ? Mais, que diable ! nous serions coupables de ces assassinats, sans compter que nous en serions les premières victimes.

La préoccupation de mademoiselle Michonneau ne lui permettait pas d'écouter les phrases tombant une à une de la bouche de Poiret, comme les gouttes d'eau qui suintent à travers le robinet d'une fontaine mal fermée. Quand une fois ce vieillard avait commencé la

série de ses phrases, et que mademoiselle Michonneau
ne l'arrêtait pas, il parlait toujours, à l'instar d'une
mécanique montée. Après avoir entamé un premier
sujet, il était conduit par ses parenthèses à en traiter
de tout opposés, sans avoir rien conclu. En arrivant à
la Maison-Vauquer, il s'était faufilé dans une suite de
passages et de citations transitoires qui l'avaient
amené à raconter sa déposition dans l'affaire du sieur
Ragoulleau et de la dame Morin [1], où il avait comparu
en qualité de témoin à décharge. En entrant, sa
compagne ne manqua pas d'apercevoir Eugène de
Rastignac engagé avec mademoiselle Taillefer dans
une intime causerie dont l'intérêt était si palpitant que
le couple ne fit aucune attention au passage des deux
vieux pensionnaires quand ils traversèrent la salle à
manger.

— Ça devait finir par là, dit mademoiselle Michonneau à Poiret. Ils se faisaient des yeux à s'arracher
l'âme depuis huit jours.

— Oui, répondit-il. Aussi fut-elle condamnée.

— Qui ?

— Madame Morin.

— Je vous parle de mademoiselle Victorine, dit la
Michonneau en entrant, sans y faire attention, dans la
chambre de Poiret, et vous me répondez par madame
Morin. Qu'est-ce que c'est que cette femme-là ?

— De quoi serait donc coupable mademoiselle
Victorine ? demanda Poiret.

— Elle est coupable d'aimer M. Eugène de Rastignac, et va de l'avant sans savoir où ça la mènera,
pauvre innocente !

Eugène avait été, pendant la matinée, réduit au

désespoir par madame de Nucingen. Dans son for intérieur, il s'était abandonné complètement à Vautrin, sans vouloir sonder ni les motifs de l'amitié que lui portait cet homme extraordinaire, ni l'avenir d'une semblable union. Il fallait un miracle pour le tirer de l'abîme où il avait déjà mis le pied depuis une heure, en échangeant avec mademoiselle Taillefer les plus douces promesses. Victorine croyait entendre la voix d'un ange, les cieux s'ouvraient pour elle, la Maison-Vauquer se parait des teintes fantastiques que les décorateurs donnent aux palais de théâtre : elle aimait, elle était aimée, elle le croyait du moins ! Et quelle femme ne l'aurait cru comme elle en voyant Rastignac, en l'écoutant durant cette heure dérobée à tous les argus de la maison ? En se débattant contre sa conscience, en sachant qu'il faisait mal et voulant faire mal, en se disant qu'il rachèterait ce péché véniel par le bonheur d'une femme, il s'était embelli de son désespoir, et resplendissait de tous les feux de l'enfer qu'il avait au cœur. Heureusement pour lui, le miracle eut lieu : Vautrin entra joyeusement, et lut dans l'âme des deux jeunes gens qu'il avait mariés par les combinaisons de son infernal génie, mais dont il troubla soudain la joie en chantant de sa grosse voix railleuse :

> *Ma Fanchette est charmante*
> *Dans sa simplicité* [1]...

Victorine se sauva en emportant autant de bonheur qu'elle avait eu jusqu'alors de malheur dans sa vie. Pauvre fille ! un serrement de mains, sa joue effleurée

par les cheveux de Rastignac, une parole dite si près
de son oreille qu'elle avait senti la chaleur des lèvres
de l'étudiant, la pression de sa taille par un bras
tremblant, un baiser pris sur son cou, furent les
accordailles de sa passion, que le voisinage de la
grosse Sylvie, menaçant d'entrer dans cette radieuse
salle à manger, rendit plus ardentes, plus vives, plus
engageantes que les plus beaux témoignages de
dévouement racontés dans les plus célèbres histoires
d'amour. Ces *menus suffrages*, suivant une jolie
expression de nos ancêtres, paraissaient être des
crimes à une pieuse jeune fille confessée tous les
quinze jours ! En cette heure, elle avait prodigué plus
de trésors d'âme que plus tard, riche et heureuse, elle
n'en aurait donné en se livrant tout entière.

— L'affaire est faite, dit Vautrin à Eugène. Nos
deux dandies se sont piochés [1]. Tout s'est passé
convenablement. Affaire d'opinion. Notre pigeon a
insulté mon faucon. A demain, dans la redoute de
Clignancourt [2]. A huit heures et demie, mademoiselle
Taillefer héritera de l'amour et de la fortune de son
père, pendant qu'elle sera là tranquillement à tremper
ses mouillettes de pain beurré dans son café. N'est-ce
pas drôle à se dire ? Ce petit Taillefer est très fort à
l'épée, il est confiant comme un brelan carré [3] ; mais il
sera saigné par un coup que j'ai inventé, une manière
de relever l'épée et de vous piquer le front. Je vous
montrerai cette botte-là, car elle est furieusement
utile.

Rastignac écoutait d'un air stupide, et ne pouvait
rien répondre. En ce moment le père Goriot, Bianchon
et quelques autres pensionnaires arrivèrent.

— Voilà comme je vous voulais, lui dit Vautrin.
Vous savez ce que vous faites. Bien, mon petit aiglon !
vous gouvernerez les hommes ; vous êtes fort, carré,
poilu ; vous avez mon estime.

Il voulut lui prendre la main. Rastignac retira
vivement la sienne, et tomba sur une chaise en
pâlissant ; il croyait voir une mare de sang devant lui.

— Ah ! nous avons encore quelques petits langes
tachés de vertu, dit Vautrin à voix basse. Papa
d'Oliban a trois millions, je sais sa fortune. La dot
vous rendra blanc comme une robe de mariée, et à vos
propres yeux.

Rastignac n'hésita plus. Il résolut d'aller prévenir
pendant la soirée messieurs Taillefer père et fils. En ce
moment, Vautrin l'ayant quitté, le père Goriot lui dit
à l'oreille : — Vous êtes triste, mon enfant ! je vais
vous égayer, moi. Venez ! Et le vieux vermicellier
allumait son rat-de-cave à une des lampes. Eugène le
suivit tout ému de curiosité.

— Entrons chez vous, dit le bonhomme, qui avait
demandé la clef de l'étudiant à Sylvie. Vous avez cru
ce matin qu'elle ne vous aimait pas, hein ! reprit-il.
Elle vous a renvoyé de force, et vous vous en êtes allé
fâché, désespéré. Nigaudinos ! Elle m'attendait.
Comprenez-vous ? Nous devions aller achever d'arranger un bijou d'appartement dans lequel vous irez
demeurer d'ici à trois jours. Ne me vendez pas. Elle
veut vous faire une surprise ; mais je ne tiens pas à
vous cacher plus longtemps le secret. Vous serez rue
d'Artois [1], à deux pas de la rue Saint-Lazare. Vous y
serez comme un prince. Nous vous avons eu des
meubles comme pour une épousée. Nous avons fait

bien des choses depuis un mois, en ne vous en disant rien. Mon avoué s'est mis en campagne, ma fille aura ses trente-six mille francs par an, l'intérêt de sa dot, et je vais faire exiger le placement de ses huit cent mille francs en bons biens au soleil.

Eugène était muet et se promenait, les bras croisés, de long en long, dans sa pauvre chambre en désordre. Le père Goriot saisit un moment où l'étudiant lui tournait le dos, et mit sur la cheminée une boîte en maroquin rouge, sur laquelle étaient imprimées en or les armes de Rastignac.

— Mon cher enfant, disait le pauvre bonhomme, je me suis mis dans tout cela jusqu'au cou. Mais, voyez-vous, il y avait à moi bien de l'égoïsme, je suis intéressé dans votre changement de quartier. Vous ne me refuserez pas, hein ! si je vous demande quelque chose ?

— Que voulez-vous ?

— Au-dessus de votre appartement, au cinquième, il y a une chambre qui en dépend, j'y demeurerai, pas vrai ? Je me fais vieux, je suis trop loin de mes filles. Je ne vous gênerai pas. Seulement je serai là. Vous me parlerez d'elle tous les soirs. Ça ne vous contrariera pas, dites ? Quand vous rentrerez, que je serai dans mon lit, je vous entendrai, je me dirai : Il vient de voir ma petite Delphine. Il l'a menée au bal, elle est heureuse par lui. Si j'étais malade, ça me mettrait du baume dans le cœur de vous écouter revenir, vous remuer, aller. Il y aura tant de ma fille en vous ! Je n'aurai qu'un pas à faire pour être aux Champs-Élysées, où elles passent tous les jours, je les verrai toujours, tandis que quelquefois j'arrive trop tard. Et

puis elle viendra chez vous peut-être ! Je l'entendrai,
je la verrai dans sa douillette du matin, trottant, allant
gentiment comme une petite chatte. Elle est redevenue, depuis un mois, ce qu'elle était, jeune fille, gaie,
pimpante. Son âme est en convalescence, elle vous
doit le bonheur. Oh ! je ferais pour vous l'impossible.
Elle me disait tout à l'heure en revenant : « Papa, je
suis bien heureuse ! » Quand elles me disent cérémo-
nieusement, *Mon père*, elles me glacent ; mais quand
elles m'appellent *papa*, il me semble encore les voir
petites, elles me rendent tous mes souvenirs. Je suis
mieux leur père. Je crois qu'elles ne sont encore à
personne ! Le bonhomme s'essuya les yeux, il pleurait. — Il y a longtemps que je n'avais entendu cette
phrase, longtemps qu'elle ne m'avait donné le bras.
Oh ! oui, voilà bien dix ans que je n'ai marché côte à
côte avec une de mes filles. Est-ce bon de se frotter à
sa robe, de se mettre à son pas, de partager sa
chaleur ! Enfin, j'ai mené Delphine, ce matin, partout.
J'entrais avec elle dans les boutiques. Et je l'ai
reconduite chez elle. Oh ! gardez-moi près de vous.
Quelquefois vous aurez besoin de quelqu'un pour
vous rendre service, je serai là. Oh ! si cette grosse
souche d'Alsacien mourait, si sa goutte avait l'esprit
de remonter dans l'estomac, ma pauvre fille serait-elle
heureuse ! Vous seriez mon gendre, vous seriez ostensiblement son mari. Bah ! elle est si malheureuse de ne
rien connaître aux plaisirs de ce monde, que je
l'absous de tout. Le bon Dieu doit être du côté des
pères qui aiment bien. Elle vous aime trop ! dit-il en
hochant la tête après une pause. En allant, elle causait
de vous avec moi : « N'est-ce pas, mon père, il est

bien ! il a bon cœur ! Parle-t-il de moi ? » Bah, elle
m'en a dit, depuis la rue d'Artois jusqu'au passage des
Panoramas, des volumes ! Elle m'a enfin versé son
cœur dans le mien. Pendant toute cette bonne matinée
je n'étais plus vieux, je ne pesais pas une once. Je lui ai
dit que vous m'aviez remis le billet de mille francs.
Oh ! la chérie, elle en a été émue aux larmes. Qu'avez-
vous donc là sur votre cheminée ? dit enfin le père
Goriot qui se mourait d'impatience en voyant Rastignac immobile.

Eugène tout abasourdi regardait son voisin d'un air
hébété. Ce duel, annoncé par Vautrin pour le lendemain, contrastait si violemment avec la réalisation de
ses plus chères espérances, qu'il éprouvait toutes les
sensations du cauchemar. Il se tourna vers la cheminée, y aperçut la petite boîte carrée, l'ouvrit, et trouva
dedans un papier qui couvrait une montre de Bréguet [1]. Sur ce papier étaient écrits ces mots : « Je veux
que vous pensiez à moi à toute heure, *parce que...*

« DELPHINE. »

Ce dernier mot faisait sans doute allusion à quelque
scène qui avait eu lieu entre eux. Eugène en fut
attendri. Ses armes étaient intérieurement émaillées
dans l'or de la boîte. Ce bijou si longtemps envié, la
chaîne, la clef, la façon, les dessins répondaient à tous
ses vœux. Le père Goriot était radieux. Il avait sans
doute promis à sa fille de lui rapporter les moindres
effets de la surprise que causerait son présent à
Eugène, car il était en tiers dans ces jeunes émotions

et ne paraissait pas le moins heureux. Il aimait déjà
Rastignac et pour sa fille et pour lui-même.

— Vous irez la voir ce soir, elle vous attend. La
grosse souche d'Alsacien soupe chez sa danseuse. Ah!
ah! il a été bien sot quand mon avoué lui a dit son
fait. Ne prétend-il pas aimer ma fille à l'adoration?
qu'il y touche et je le tue. L'idée de savoir ma
Delphine à... (il soupira) me ferait commettre un
crime; mais ce ne serait pas un homicide, c'est une
tête de veau sur un corps de porc. Vous me prendrez
avec vous, n'est-ce pas?

— Oui, mon bon père Goriot, vous savez bien que
je vous aime...

— Je le vois, vous n'avez pas honte de moi, vous!
Laissez-moi vous embrasser. Et il serra l'étudiant
dans ses bras. — Vous la rendrez bien heureuse,
promettez-le-moi! Vous irez ce soir, n'est-ce pas?

— Oh, oui! Je dois sortir pour des affaires qu'il est
impossible de remettre.

— Puis-je vous être bon à quelque chose?

— Ma foi, oui! Pendant que j'irai chez madame de
Nucingen, allez chez M. Taillefer le père, lui dire de
me donner une heure dans la soirée pour lui parler
d'une affaire de la dernière importance.

— Serait-ce donc vrai, jeune homme, dit le père
Goriot en changeant de visage; feriez-vous la cour à
sa fille, comme le disent ces imbéciles d'en bas?
Tonnerre de Dieu! vous ne savez pas ce que c'est
qu'une tape à la Goriot. Et si vous nous trompiez, ce
serait l'affaire d'un coup de poing. Oh! ce n'est pas
possible.

— Je vous jure que je n'aime qu'une femme au

monde, dit l'étudiant, je ne le sais que depuis un moment.

— Ah, quel bonheur ! fit le père Goriot.

— Mais, reprit l'étudiant, le fils de Taillefer se bat demain, et j'ai entendu dire qu'il serait tué.

— Qu'est-ce que cela vous fait ? dit Goriot.

— Mais il faut lui dire d'empêcher son fils de se rendre... s'écria Eugène.

En ce moment, il fut interrompu par la voix de Vautrin, qui se fit entendre sur le pas de sa porte, où il chantait :

> *Ô Richard, ô mon roi !*
> *L'univers t'abandonne* [1]*...*

Broum ! broum ! broum ! broum ! broum !

> *J'ai longtemps parcouru le monde,*
> *Et l'on m'a vu...*

Tra la, la, la, la...

— Messieurs, cria Christophe, la soupe vous attend, et tout le monde est à table.

— Tiens, dit Vautrin, viens prendre une bouteille de mon vin de Bordeaux.

— La trouvez-vous jolie, la montre ? dit le père Goriot. Elle a bon goût, hein !

Vautrin, le père Goriot et Rastignac descendirent ensemble et se trouvèrent, par suite de leur retard, placés à côté les uns des autres à table. Eugène marqua la plus grande froideur à Vautrin pendant le dîner, quoique jamais cet homme, si aimable aux yeux de madame Vauquer, n'eût déployé autant d'esprit. Il fut pétillant de saillies, et sut mettre en train tous les convives. Cette assurance, ce sang-froid consternaient Eugène.

— Sur quelle herbe avez-vous donc marché aujourd'hui ? lui dit madame Vauquer. Vous êtes gai comme un pinson.

— Je suis toujours gai quand j'ai fait de bonnes affaires.

— Des affaires ? dit Eugène.

— Eh bien, oui. J'ai livré une partie de marchandises qui me vaudra de bons droits de commission. Mademoiselle Michonneau, dit-il en s'apercevant que la vieille fille l'examinait, ai-je dans la figure un trait qui vous déplaise, que vous me faites l'*œil américain* ? Faut le dire ! je le changerai pour vous être agréable. Poiret, nous ne nous fâcherons pas pour ça, hein ? dit-il en guignant le vieil employé.

— Sac à papier ! vous devriez poser pour un Hercule-Farceur, dit le jeune peintre à Vautrin.

— Ma foi, ça va ! si mademoiselle Michonneau veut poser en Vénus du Père-Lachaise, répondit Vautrin.

— Et Poiret ? dit Bianchon.

— Oh ! Poiret posera en Poiret. Ce sera le dieu des jardins ! s'écria Vautrin. Il dérive de poire...

— Molle ! reprit Bianchon. Vous seriez alors entre la poire et le fromage.

— Tout ça, c'est des bêtises, dit madame Vauquer, vous feriez mieux de nous donner de votre vin de Bordeaux dont j'aperçois une bouteille qui montre son

nez ! Ça nous entretiendra en joie, outre que c'est bon
à l'*estomaque.*

— Messieurs, dit Vautrin, madame la présidente
nous rappelle à l'ordre. Madame Couture et Mademoiselle Victorine ne se formaliseront pas de vos
discours badins; mais respectez l'innocence du père
Goriot. Je vous propose une petite bouteillorama de
vin de Bordeaux, que le nom de Laffitte rend double-
ment illustre, soit dit sans allusion politique [1]. Allons,
Chinois ! dit-il en regardant Christophe qui ne bougea
pas. Ici, Christophe ! Comment tu n'entends pas ton
nom ? Chinois, amène les liquides !

— Voilà, monsieur, dit Christophe en lui présentant la bouteille.

Après avoir rempli le verre d'Eugène et celui du
père Goriot, il s'en versa lentement quelques gouttes
qu'il dégusta, pendant que ses deux voisins buvaient,
et tout à coup il fit une grimace.

— Diable ! diable ! il sent le bouchon. Prends cela
pour toi, Christophe, et va nous en chercher ; à droite,
tu sais ? Nous sommes seize, descends huit bouteilles.

— Puisque vous vous fendez, dit le peintre, je paye
un cent de marrons.

— Oh ! oh !

— Booououh !

— Prrrr !

Chacun poussa des exclamations qui partirent
comme les fusées d'une girandole.

— Allons, maman Vauquer, deux de champagne,
lui cria Vautrin.

— Quien, c'est cela ! Pourquoi pas demander la
maison ? Deux de champagne ! mais ça coûte douze

francs ! Je ne les gagne pas, non ! Mais si monsieur
Eugène veut les payer, j'offre du cassis.

— V'là son cassis qui purge comme de la manne,
dit l'étudiant en médecine à voix basse...

— Veux-tu te taire, Bianchon, s'écria Rastignac, je
ne peux pas entendre parler de manne sans que le
cœur... Oui, va pour le vin de Champagne, je le paye,
ajouta l'étudiant.

— Sylvie, dit madame Vauquer, donnez les biscuits et les petits gâteaux.

— Vos petits gâteaux sont trop grands, dit Vautrin, ils ont de la barbe. Mais quant aux biscuits,
aboulez.

En un moment le vin de Bordeaux circula, les
convives s'animèrent, la gaieté redoubla. Ce fut des
rires féroces, au milieu desquels éclatèrent quelques
imitations des diverses voix d'animaux. L'employé au
Muséum s'étant avisé de reproduire un cri de Paris
qui avait de l'analogie avec le miaulement du chat
amoureux, aussitôt huit voix beuglèrent simultané-
ment les phrases suivantes : — A repasser les couteaux ! — Mo-ron pour les p'tits oiseaux ! — Voilà le
plaisir, mesdames, voilà le plaisir ! — A raccommoder
la faïence ! — A la barque, à la barque ! — Battez vos
femmes, vos habits ! — Vieux habits, vieux galons,
vieux chapeaux à vendre ! — A la cerise, à la douce !
La palme fut à Bianchon pour l'accent nasillard avec
lequel il cria : — Marchand de parapluies ! En
quelques instants ce fut un tapage à casser la tête, une
conversation pleine de coq-à-l'âne, un véritable opéra
que Vautrin conduisait comme un chef d'orchestre, en
surveillant Eugène et le père Goriot, qui semblaient

ivres déjà. Le dos appuyé sur leur chaise, tous deux contemplaient ce désordre inaccoutumé d'un air grave, en buvant peu ; tous deux étaient préoccupés de ce qu'ils avaient à faire pendant la soirée, et néanmoins ils se sentaient incapables de se lever. Vautrin, qui suivait les changements de leur physionomie en leur lançant des regards de côté, saisit le moment où leurs yeux vacillèrent et parurent vouloir se fermer, pour se pencher à l'oreille de Rastignac et lui dire : « Mon petit gars, nous ne sommes pas assez rusé pour lutter avec notre papa Vautrin, et il vous aime trop pour vous laisser faire des sottises. Quand j'ai résolu quelque chose, le bon Dieu seul est assez fort pour me barrer le passage. Ah ! nous voulions aller prévenir le père Taillefer, commettre des fautes d'écolier ! Le four est chaud, la farine est pétrie, le pain est sur la pelle ; demain nous en ferons sauter les miettes par-dessus notre tête en y mordant ; et nous empêcherions d'enfourner ?... non, non, tout cuira ! Si nous avons quelques petits remords, la digestion les emportera. Pendant que nous dormirons notre peti somme, le colonel comte Franchessini vous ouvrira l succession de Michel Taillefer avec la pointe de so épée. En héritant de son frère, Victorine aura quinze petits mille francs de rente. J'ai déjà pris des renseignements, et sais que la succession de la mère monte à plus de trois cent mille... »

Eugène entendit ces paroles sans pouvoir y répondre : il sentait sa langue collée à son palais, et se trouvait en proie à une somnolence invincible ; il ne voyait déjà plus la table et les figures des convives qu'à travers un brouillard lumineux. Bientôt le bruit s'apaisa, les pensionnaires s'en allèrent un à un. Puis, quand il ne resta plus que madame Vauquer, madame Couture, mademoiselle Victorine, Vautrin et le père Goriot, Rastignac aperçut, comme s'il eût rêvé, madame Vauquer occupée à prendre les bouteilles pour en vider les restes de manière à en faire des bouteilles pleines.

— Ah ! sont-ils fous, sont-ils jeunes ! disait la veuve.

Ce fut la dernière phrase que put comprendre Eugène.

— Il n'y a que monsieur Vautrin pour faire de ces farces-là, dit Sylvie. Allons, voilà Christophe qui ronfle comme une toupie.

— Adieu, maman, dit Vautrin. Je vais au boulevard admirer M. Marty dans *Le Mont Sauvage*, une grande pièce tirée du *Solitaire*[1]. Si vous voulez, je vous y mène ainsi que ces dames.

— Je vous remercie, dit madame Couture.

— Comment, ma voisine ! s'écria madame Vauquer, vous refusez de voir une pièce prise dans *Le Solitaire*, un ouvrage fait par Atala de Chateaubriand, et que nous aimions tant à lire, qui est si joli que nous pleurions comme des madeleines d'Élodie sous les *tyeuilles* cet été dernier, enfin un ouvrage moral qui peut être susceptible d'instruire votre demoiselle ?

— Il nous est défendu d'aller à la comédie, répondit Victorine.

— Allons, les voilà partis, ceux-là, dit Vautrin en remuant d'une manière comique la tête du père Goriot et celle d'Eugène.

En plaçant la tête de l'étudiant sur la chaise, pour

qu'il pût dormir commodément, il le baisa chaleureu-
sement au front, en chantant :

> *Dormez, mes chères amours !*
> *Pour vous je veillerai toujours* [1].

— J'ai peur qu'il ne soit malade, dit Victorine.
— Restez à le soigner alors, reprit Vautrin. C'est,
lui souffla-t-il à l'oreille, votre devoir de femme
soumise. Il vous adore, ce jeune homme, et vous serez
sa petite femme, je vous le prédis. Enfin, dit-il à haute
voix, *ils furent considérés dans tout le pays, vécurent
heureux, et eurent beaucoup d'enfants.* Voilà
comment finissent tous les romans d'amour. Allons,
maman dit-il en se tournant vers madame Vauquer,
qu'il étreignit, mettez le chapeau, la belle robe à
fleurs, l'écharpe de la comtesse. Je vais vous aller
chercher un fiacre, soi-même. Et il partit en chantant :

> *Soleil, soleil, divin soleil,*
> *Toi qui fais mûrir les citrouilles* [2]...

— Mon Dieu ! dites donc, madame Couture, cet
homme-là me ferait vivre heureuse sur les toits.
Allons, dit-elle en se tournant vers le vermicellier,
voilà le père Goriot parti. Ce vieux cancre-là n'a
jamais eu l'idée de me mener *nune* part, lui. Mais il va
tomber par terre, mon Dieu ! C'est-y indécent à un
homme d'âge de perdre la raison ! Vous me direz
qu'on ne perd point ce qu'on n'a pas, Sylvie, montez-
le donc chez lui.

Sylvie prit le bonhomme par-dessous le bras, le fit marcher, et le jeta tout habillé comme un paquet au travers de son lit.

— Pauvre jeune homme, disait madame Couture en écartant les cheveux d'Eugène qui lui tombaient dans les yeux, il est comme une jeune fille, il ne sait pas ce que c'est qu'un excès.

— Ah ! je peux bien dire que depuis trente et un ans que je tiens ma pension, dit madame Vauquer, il m'est passé bien des jeunes gens par les mains, comme on dit, mais je n'en ai jamais vu d'aussi gentil, d'aussi distingué que monsieur Eugène. Est-il beau quand il dort ! Prenez-lui donc la tête sur votre épaule, madame Couture. Bah ! il tombe sur celle de mademoiselle Victorine : il y a un dieu pour les enfants. Encore un peu, il se fendait la tête sur la pomme de la chaise. A eux deux, ils feraient un bien joli couple.

— Ma voisine, taisez-vous donc, s'écria madame Couture, vous dites des choses...

— Bah ! fit madame Vauquer, il n'entend pas. Allons Sylvie, viens m'habiller. Je vais mettre mon grand corset.

— Ah bien ! votre grand corset, après avoir dîné, madame, dit Sylvie. Non, cherchez quelqu'un pour vous serrer, ce ne sera pas moi qui serai votre assassin. Vous commettriez là une imprudence à vous coûter la vie.

— Ça m'est égal, il faut faire honneur à monsieur Vautrin.

— Vous aimez donc bien vos héritiers ?

— Allons, Sylvie, pas de raisons, dit la veuve en s'en allant.

— A son âge, dit la cuisinière en montrant sa maîtresse à Victorine.

Madame Couture et sa pupille, sur l'épaule de laquelle dormait Eugène, restèrent seules dans la salle à manger. Les ronflements de Christophe retentissaient dans la maison silencieuse, et faisaient ressortir le paisible sommeil d'Eugène, qui dormait aussi gracieusement qu'un enfant. Heureuse de pouvoir se permettre un de ces actes de charité par lesquels s'épanchent tous les sentiments de la femme, et qui lui faisait sans crime sentir le cœur du jeune homme battant sur le sien, Victorine avait dans la physionomie quelque chose de maternellement protecteur qui la rendait fière. A travers les mille pensées qui s'élevaient dans son cœur, perçait un tumultueux mouvement de volupté qu'excitait l'échange d'une jeune et pure chaleur.

— Pauvre chère fille ! dit madame Couture en lui pressant la main.

La vieille dame admirait cette candide et souffrante figure, sur laquelle était descendue l'auréole du bonheur. Victorine ressemblait à l'une de ces naïves peintures du Moyen Âge dans lesquelles tous les accessoires sont négligés par l'artiste, qui a réservé la magie d'un pinceau calme et fier pour la figure jaune de ton, mais où le ciel semble se refléter avec ses teintes d'or.

— Il n'a pourtant pas bu plus de deux verres, maman, dit Victorine en passant ses doigts dans la chevelure d'Eugène.

— Mais si c'était un débauché, ma fille, il aurait

porté le vin comme tous ces autres. Son ivresse fait son éloge.

Le bruit d'une voiture retentit dans la rue.

— Maman, dit la jeune fille, voici monsieur Vautrin. Prenez donc monsieur Eugène. Je ne voudrais pas être vue ainsi par cet homme, il a des expressions qui salissent l'âme, et des regards qui gênent une femme comme si on lui enlevait sa robe.

— Non, dit madame Couture, tu te trompes ! Monsieur Vautrin est un brave homme, un peu dans le genre de défunt monsieur Couture, brusque, mais bon, un bourru bienfaisant.

En ce moment Vautrin entra tout doucement, et regarda le tableau formé par ces deux enfants que la lueur de la lampe semblait caresser.

— Eh bien ! dit-il en se croisant les bras, voilà de ces scènes qui auraient inspiré de belles pages à ce bon Bernardin de Saint-Pierre, l'auteur de *Paul et Virginie*. La jeunesse est bien belle, madame Couture. Pauvre enfant, dors, dit-il en contemplant Eugène, le bien vient quelquefois en dormant. Madame, reprit-il en s'adressant à la veuve, ce qui m'attache à ce jeune homme, ce qui m'émeut, c'est de savoir la beauté de son âme en harmonie avec celle de sa figure. Voyez, n'est-ce pas un chérubin posé sur l'épaule d'un ange ? il est digne d'être aimé, celui-là ! Si j'étais femme, je voudrais mourir (non, pas si bête !) vivre pour lui. En les admirant ainsi, madame, dit-il à voix basse et se penchant à l'oreille de la veuve, je ne puis m'empêcher de penser que Dieu les a créés pour être l'un à l'autre. La Providence a des voies bien cachées, elle sonde les reins et les cœurs, s'écria-t-il à haute voix.

En vous voyant unis, mes enfants, unis par une même pureté, par tous les sentiments humains, je me dis qu'il est impossible que vous soyez jamais séparés dans l'avenir. Dieu est juste. Mais, dit-il à la jeune fille, il me semble avoir vu chez vous des lignes de prospérité. Donnez-moi votre main, mademoiselle Victorine ? je me connais en chiromancie, j'ai dit souvent la bonne aventure. Allons, n'ayez pas peur. Oh ! qu'aperçois-je ? Foi d'honnête homme, vous serez avant peu l'une des plus riches héritières de Paris. Vous comblerez de bonheur celui qui vous aime. Votre père vous appelle auprès de lui. Vous vous mariez avec un homme titré, jeune, beau, qui vous adore.

En ce moment, les pas lourds de la coquette veuve qui descendait interrompirent les prophéties de Vautrin.

— Voilà maman Vauquerre belle comme un astre, ficelée comme une carotte. N'étouffons-nous pas un petit brin ? lui dit-il en mettant sa main sur le haut du busc ; les avant-cœurs sont bien pressés, maman. Si nous pleurons, il y aura explosion ; mais je ramasserai les débris avec un soin d'antiquaire.

— Il connaît le langage de la galanterie française, celui-là ! dit la veuve en se penchant à l'oreille de madame Couture.

— Adieu, enfants, reprit Vautrin en se tournant vers Eugène et Victorine. Je vous bénis, leur dit-il en leur imposant ses mains au-dessus de leurs têtes. Croyez-moi, mademoiselle, c'est quelque chose que les vœux d'un honnête homme, ils doivent porter bonheur, Dieu les écoute.

— Adieu, ma chère amie, dit madame Vauquer à sa pensionnaire. Croyez-vous, ajouta-t-elle à voix basse, que monsieur Vautrin ait des intentions relatives à ma personne ?

— Heu ! heu !

— Ah ! ma chère mère, dit Victorine en soupirant et en regardant ses mains, quand les deux femmes furent seules, si ce bon monsieur Vautrin disait vrai !

— Mais il ne faut qu'une chose pour cela, répondit la vieille dame, seulement que ton monstre de frère tombe de cheval.

— Ah ! maman.

— Mon Dieu, peut-être est-ce un péché que de souhaiter du mal à son ennemi, reprit la veuve. Eh bien ! j'en ferai pénitence. En vérité, je porterai de bon cœur des fleurs sur sa tombe. Mauvais cœur ! il n'a pas le courage de parler pour sa mère, dont il garde à ton détriment l'héritage par les micmacs. Ma cousine avait une belle fortune. Pour ton malheur, il n'a jamais été question de son apport dans le contrat.

— Mon bonheur me serait souvent pénible à porter s'il coûtait la vie à quelqu'un, dit Victorine. Et s'il fallait, pour être heureuse, que mon frère disparût, j'aimerais mieux toujours être ici.

— Mon Dieu, comme dit ce bon monsieur Vautrin, qui, tu le vois, est plein de religion, reprit madame Couture, j'ai eu du plaisir à savoir qu'il n'est pas incrédule comme les autres, qui parlent de Dieu avec moins de respect que n'en a le diable. Eh bien ! qui peut savoir par quelles voies il plaît à la Providence de nous conduire ?

Aidées par Sylvie, les deux femmes finirent par

transporter Eugène dans sa chambre, le couchèrent
sur son lit, et la cuisinière lui défit ses habits pour le
mettre à l'aise. Avant de partir, quand sa protectrice
eut le dos tourné, Victorine mit un baiser sur le front
d'Eugène avec tout le bonheur que devait lui causer ce
criminel larcin. Elle regarda sa chambre, ramassa
pour ainsi dire dans une seule pensée les mille félicités
de cette journée, en fit un tableau qu'elle contempla
longtemps, et s'endormit la plus heureuse créature de
Paris. Le festoiement à la faveur duquel Vautrin avait
fait boire à Eugène et au père Goriot du vin narcotisé
décida la perte de cet homme. Bianchon, à moitié gris,
oublia de questionner mademoiselle Michonneau sur
Trompe-la-Mort. S'il avait prononcé ce nom, il aurait
certes éveillé la prudence de Vautrin, ou, pour lui
rendre son vrai nom, de Jacques Collin, l'une des
célébrités du bagne. Puis le sobriquet de Vénus du
Père-Lachaise décida mademoiselle Michonneau à
livrer le forçat au moment où, confiante en la
générosité de Collin, elle calculait s'il ne valait pas
mieux le prévenir et le faire évader pendant la nuit.
Elle venait de sortir, accompagnée de Poiret, pour
aller trouver le fameux chef de la police de sûreté [1],
petite rue Sainte-Anne, croyant encore avoir affaire à
un employé supérieur nommé Gondureau. Le directeur de la police judiciaire la reçut avec grâce. Puis,
après une conversation où tout fut précisé, mademoiselle Michonneau demanda la potion à l'aide de
laquelle elle devait opérer la vérification de la marque. Au geste de contentement que fit le grand
homme de la petite rue Sainte-Anne, en cherchant
une fiole dans le tiroir de son bureau, mademoiselle

Michonneau devina qu'il y avait dans cette capture quelque chose de plus important que l'arrestation d'un simple forçat. A force de se creuser la cervelle, elle soupçonna que la police espérait, d'après quelques révélations faites par les traîtres du bagne, arriver à temps pour mettre la main sur des valeurs considérables. Quand elle eut exprimé ses conjectures à ce renard, il se mit à sourire, et voulut détourner les soupçons de la vieille fille.

— Vous vous trompez, répondit-il. Collin est la *sorbonne* la plus dangereuse qui jamais se soit trouvée du côté des voleurs. Voilà tout. Les coquins le savent bien ; il est leur drapeau, leur soutien, leur Bonaparte enfin ; ils l'aiment tous. Ce drôle ne nous laissera jamais sa *tronche* en place de Grève.

Mademoiselle Michonneau ne comprenant pas, Gondureau lui expliqua les deux mots d'argot dont il s'était servi. *Sorbonne* et *tronche* sont deux énergiques expressions du langage des voleurs, qui, les premiers, ont senti la nécessité de considérer la tête humaine sous deux aspects. La *sorbonne* est la tête de l'homme vivant, son conseil, sa pensée. La *tronche* est un mot de mépris destiné à exprimer combien la tête devient peu de chose quand elle est coupée.

— Collin nous joue, reprit-il. Quand nous rencontrons de ces hommes en façon de barres d'acier trempées à l'anglaise, nous avons la ressource de les tuer si, pendant leur arrestation, ils s'avisent de faire la moindre résistance. Nous comptons sur quelques voies de fait pour tuer Collin demain matin. On évite ainsi le procès, les frais de garde, la nourriture, et ça débarrasse la société. Les procédures, les assignations aux témoins, leurs indemnités, l'exécution, tout ce qui doit légalement nous défaire de ces garnements-là coûte au-delà des mille écus que vous aurez. Il y a économie de temps. En donnant un bon coup de baïonnette dans la panse de Trompe-la-Mort, nous empêcherons une centaine de crimes, et nous éviterons la corruption de cinquante mauvais sujets qui se tiendront bien sagement aux environs de la correctionnelle. Voilà de la police bien faite. Selon les vrais philanthropes, se conduire ainsi, c'est prévenir les crimes.

— Mais c'est servir son pays, dit Poiret.

— Eh bien ! répliqua le chef, vous dites des choses sensées ce soir, vous. Oui, certes, nous servons le pays. Aussi le monde est-il bien injuste à notre égard. Nous rendons à la société de bien grands services ignorés. Enfin, il est d'un homme supérieur de se mettre au-dessus des préjugés, et d'un chrétien d'adopter les malheurs que le bien entraîne après soi quand il n'es' pas fait selon les idées reçues. Paris est Paris, voyez-vous ? Ce mot explique ma vie. J'ai l'honneur de vous saluer, mademoiselle. Je serai avec mes gens au Jardin du Roi [1] demain. Envoyez Christophe rue de Buffon, chez monsieur Gondureau, dans la maison où j'étais. Monsieur, je suis votre serviteur. S'il vous était jamais volé quelque chose, usez de moi pour vous le faire retrouver, je suis à votre service.

— Eh bien ! dit Poiret à mademoiselle Michonneau, il se rencontre des imbéciles que ce mot de police met sens dessus dessous. Ce monsieur est très aimable, et ce qu'il vous demande est simple comme bonjour.

Le lendemain devait prendre place parmi les jours les plus extraordinaires de l'histoire de la Maison-Vauquer. Jusqu'alors l'événement le plus saillant de cette vie paisible avait été l'apparition météorique de la fausse comtesse de l'Ambermesnil. Mais tout allait pâlir devant les péripéties de cette grande journée, de laquelle il serait éternellement question dans les conversations de madame Vauquer. D'abord Goriot et Eugène de Rastignac dormirent jusqu'à onze heures. Madame Vauquer, rentrée à minuit de la Gaîté [1], resta jusqu'à dix heures et demie au lit. Le long sommeil de Christophe, qui avait achevé le vin offert par Vautrin, causa des retards dans le service de la maison. Poiret et mademoiselle Michonneau ne se plaignirent pas de ce que le déjeuner se reculait. Quant à Victorine et à madame Couture, elles dormirent la grasse matinée. Vautrin sortit avant huit heures, et revint au moment même où le déjeuner fut servi. Personne ne réclama donc, lorsque, vers onze heures un quart, Sylvie et Christophe allèrent frapper à toutes les portes, en disant que le déjeuner attendait. Pendant que Sylvie et le domestique s'absentèrent, mademoiselle Michonneau, descendant la première, versa la liqueur dans le gobelet d'argent appartenant à Vautrin, et dans lequel la crème pour son café chauffait au bain-marie, parmi tous les autres. La vieille fille avait compté sur cette particularité de la pension pour faire son coup. Ce ne fut pas sans quelques difficultés que les sept pensionnaires se trouvèrent réunis. Au moment où Eugène, qui se détirait les bras, descendait le dernier de tous, un commissionnaire lui remit une lettre de madame de Nucingen. Cette lettre était ainsi conçue :

« Je n'ai ni fausse vanité ni colère avec vous, mon ami. Je vous ai attendu jusqu'à deux heures après minuit. Attendre un être que l'on aime ! Qui a connu ce supplice ne l'impose à personne. Je vois bien que vous aimez pour la première fois. Qu'est-il donc arrivé ? L'inquiétude m'a prise. Si je n'avais craint de livrer les secrets de mon cœur, je serais allée savoir ce qui vous advenait d'heureux ou de malheureux. Mais sortir à cette heure, soit à pied, soit en voiture, n'était-ce pas se perdre ? J'ai senti le malheur d'être femme. Rassurez-moi, expliquez-moi pourquoi vous n'êtes pas venu, après ce que vous a dit mon père. Je me fâcherai, mais je vous pardonnerai. Êtes-vous malade ? pourquoi se loger si loin ? Un mot de grâce. A bientôt, n'est-ce pas ? Un mot me suffira si vous êtes occupé. Dites : J'accours, ou je souffre. Mais si vous étiez mal portant, mon père serait venu me le dire ! Qu'est-il donc arrivé ?... »

— Oui, qu'est-il arrivé ? s'écria Eugène qui se précipita dans la salle à manger, en froissant la lettre sans l'achever. Quelle heure est-il ?

— Onze heures et demie, dit Vautrin en sucrant son café.

Le forçat évadé jeta sur Eugène le regard froidement fascinateur que certains hommes éminemment magnétiques ont le don de lancer, et qui, dit-on,

calme les fous furieux dans les maisons d'aliénés.
Eugène trembla de tous ses membres. Le bruit d'un
fiacre se fit entendre dans la rue, et un domestique à
la livrée de monsieur Taillefer, et que reconnut sur-le-
champ madame Couture, entra précipitamment d'un
air effaré.

— Mademoiselle, s'écria-t-il, monsieur votre père
vous demande. Un grand malheur est arrivé. Monsieur Frédéric s'est battu en duel, il a reçu un coup
d'épée dans le front, les médecins désespèrent de le
sauver ; vous aurez à peine le temps de lui dire adieu,
il n'a plus sa connaissance.

— Pauvre jeune homme ! s'écria Vautrin.
Comment se querelle-t-on quand on a trente bonnes
mille livres de rente ? Décidément la jeunesse ne sait
pas se conduire.

— Monsieur ! lui cria Eugène.

— Eh bien ! quoi, grand enfant ? dit Vautrin en
achevant de boire son café tranquillement, opération
que mademoiselle Michonneau suivait de l'œil avec
trop d'attention pour s'émouvoir de l'événement
extraordinaire qui stupéfiait tout le monde. N'y a-t-il
pas des duels tous les matins à Paris ?

— Je vais avec vous, Victorine, disait madame
Couture.

Et ces deux femmes s'envolèrent sans châle ni
chapeau. Avant de s'en aller, Victorine, les yeux en
pleurs, jeta sur Eugène un regard qui lui disait : Je ne
croyais pas que notre bonheur dût me causer des
larmes !

— Bah ! vous êtes donc prophète, monsieur Vautrin ? dit madame Vauquer.

— Je suis tout, dit Jacques Collin.

— C'est-y singulier ! reprit madame Vauquer en enfilant une suite de phrases insignifiantes sur cet événement. La mort nous prend sans nous consulter. Les jeunes gens s'en vont souvent avant les vieux. Nous sommes heureuses, nous autres femmes, de n'être pas sujettes au duel ; mais nous avons d'autres maladies que n'ont pas les hommes. Nous faisons les enfants, et le mal de mère dure longtemps ! Quel quine[1] pour Victorine ! Son père est forcé de l'adopter.

— Voilà ! dit Vautrin en regardant Eugène, hier elle était sans un sou, ce matin elle est riche de plusieurs millions.

— Dites donc, monsieur Eugène, s'écria madame Vauquer, vous avez mis la main au bon endroit.

A cette interpellation, le père Goriot regarda l'étudiant et lui vit à la main la lettre chiffonnée.

— Vous ne l'avez pas achevée ! qu'est-ce que cela veut dire ? seriez-vous comme les autres ? lui demanda-t-il.

— Madame, je n'épouserai jamais mademoiselle Victorine, dit Eugène en s'adressant à madame Vauquer avec un sentiment d'horreur et de dégoût qui surprit les assistants.

Le père Goriot saisit la main de l'étudiant et la lui serra. Il aurait voulu la baiser.

— Oh ! oh ! fit Vautrin. Les Italiens ont un bon mot : *col tempo*[2] !

— J'attends la réponse, dit à Rastignac le commissionnaire de madame de Nucingen.

— Dites que j'irai.

L'homme s'en alla. Eugène était dans un violent état d'irritation qui ne lui permettait pas d'être prudent. — Que faire ! disait-il à haute voix, en se parlant à lui-même. Point de preuves !

Vautrin se mit à sourire. En ce moment la potion absorbée par l'estomac commençait à opérer. Néanmoins le forçat était si robuste qu'il se leva, regarda Rastignac, lui dit d'une voix creuse : — Jeune homme, le bien nous vient en dormant.

Et il tomba roide mort.

— Il y a donc une justice divine, dit Eugène.

— Eh bien ! qu'est-ce qui lui prend donc, à ce pauvre cher monsieur Vautrin ?

— Une apoplexie, cria mademoiselle Michonneau.

— Sylvie, allons, ma fille, va chercher le médecin, dit la veuve. Ah ! monsieur Rastignac, courez donc vite chez monsieur Bianchon ; Sylvie peut ne pas rencontrer notre médecin, monsieur Grimprel.

Rastignac, heureux d'avoir un prétexte de quitter cette épouvantable caverne, s'enfuit en courant.

— Christophe, allons, trotte chez l'apothicaire demander quelque chose contre l'apoplexie.

Christophe sortit.

— Mais, père Goriot, aidez-nous donc à le transporter là-haut, chez lui.

Vautrin fut saisi, manœuvré à travers l'escalier et mis sur son lit.

— Je ne vous suis bon à rien, je vais voir ma fille, dit monsieur Goriot.

— Vieil égoïste ! s'écria madame Vauquer, va, je te souhaite de mourir comme un chien.

— Allez donc voir si vous avez de l'éther, dit à

madame Vauquer mademoiselle Michonneau qui, aidée par Poiret, avait défait les habits de Vautrin.

Madame Vauquer descendit chez elle et laissa mademoiselle Michonneau maîtresse du champ de bataille.

— Allons, ôtez-lui donc sa chemise et retournez-le vite ! Soyez donc bon à quelque chose en m'évitant de voir des nudités, dit-elle à Poiret. Vous restez là comme Baba [1].

Vautrin retourné, mademoiselle Michonneau appliqua sur l'épaule du malade une forte claque et les deux fatales lettres reparurent en blanc au milieu de la place rouge.

— Tiens, vous avez bien lestement gagné votre gratification de trois mille francs, s'écria Poiret en tenant Vautrin debout, pendant que mademoiselle Michonneau lui remettait sa chemise. — Ouf ! il est lourd, reprit-il en le couchant.

— Taisez-vous. S'il y avait une caisse ? dit vivement la vieille fille dont les yeux semblaient percer les murs, tant elle examinait avec avidité les moindres meubles de la chambre. — Si l'on pouvait ouvrir ce secrétaire, sous un prétexte quelconque ? reprit-elle.

— Ce serait peut-être mal, répondit Poiret.

— Non. L'argent volé, ayant été celui de tout le monde, n'est plus à personne. Mais le temps nous manque, répondit-elle. J'entends la Vauquer.

— Voilà de l'éther, dit madame Vauquer. Par exemple, c'est aujourd'hui la journée aux aventures. Dieu ! cet homme-là ne peut pas être malade, il est blanc comme un poulet.

— Comme un poulet ? répéta Poiret.

— Son cœur bat régulièrement, dit la veuve en lui posant la main sur le cœur.

— Régulièrement ? dit Poiret étonné.

— Il est très bien.

— Vous trouvez ? demanda Poiret.

— Dame ! il a l'air de dormir. Sylvie est allée chercher un médecin. Dites donc, mademoiselle Michonneau, il renifle à l'éther. Bah ! c'est un *se-passe* (un spasme). Son pouls est bon. Il est fort comme un Turc. Voyez donc, mademoiselle, quelle palatine [1] il a sur l'estomac ; il vivra cent ans, cet homme-là ! Sa perruque tient bien tout de même. Tiens, elle est collée, il a de faux cheveux, rapport à ce qu'il est rouge. On dit qu'ils sont tout bons ou tout mauvais, les rouges ! Il serait donc bon, lui ?

— Bon à pendre, dit Poiret.

— Vous voulez dire au cou d'une jolie femme, s'écria vivement mademoiselle Michonneau. Allez-vous-en donc, monsieur Poiret. Ça nous regarde, nous autres, de vous soigner quand vous êtes malades. D'ailleurs, pour ce à quoi vous êtes bon, vous pouvez bien vous promener, ajouta-t-elle. Madame Vauquer et moi, nous garderons bien ce cher Monsieur Vautrin.

Poiret s'en alla doucement et sans murmurer, comme un chien à qui son maître donne un coup de pied. Rastignac était sorti pour marcher, pour prendre l'air, il étouffait. Ce crime commis à heure fixe, il avait voulu l'empêcher la veille. Qu'était-il arrivé ? Que devait-il faire ? Il tremblait d'en être le complice. Le sang-froid de Vautrin l'épouvantait encore.

— Si cependant Vautrin mourait sans parler, se disait Rastignac.

Il allait à travers les allées du Luxembourg, comme s'il eût été traqué par une meute de chiens, et il lui semblait en entendre les aboiements.

— Eh bien ! lui cria Bianchon, as-tu lu *Le Pilote* ?

Le Pilote était une feuille radicale dirigée par monsieur Tissot [1], et qui donnait pour la province, quelques heures après les journaux du matin, une édition où se trouvaient les nouvelles du jour, qui alors avaient, dans les départements, vingt-quatre heures d'avance sur les autres feuilles.

— Il s'y trouve une fameuse histoire, dit l'interne de l'hôpital Cochin. Le fils Taillefer s'est battu en duel avec le comte Franchessini, de la vieille garde, qui lui a mis deux pouces de fer dans le front. Voilà la petite Victorine un des plus riches partis de Paris. Hein ! si l'on avait su cela ? Quel trente-et-quarante [2] que la mort ! Est-il vrai que Victorine te regardait d'un bon œil, toi ?

— Tais-toi, Bianchon, je ne l'épouserai jamais. J'aime une délicieuse femme, je suis aimé, je...

— Tu dis cela comme si tu te battais les flancs pour ne pas être infidèle. Montre-moi donc une femme qui vaille le sacrifice de la fortune du sieur Taillefer.

— Tous les démons sont donc après moi ? s'écria Rastignac.

— Après qui donc en as-tu ? es-tu fou ? Donne-moi donc la main, dit Bianchon, que je te tâte le pouls. Tu as la fièvre.

— Va donc chez la mère Vauquer, lui dit Eugène, ce scélérat de Vautrin vient de tomber comme mort.

— Ah ! dit Bianchon, qui laissa Rastignac seul, tu me confirmes des soupçons que je veux aller vérifier.

La longue promenade de l'étudiant en droit fut
solennelle. Il fit en quelque sorte le tour de sa
conscience. S'il flotta, s'il examina, s'il hésita, du
moins sa probité sortit de cette âpre et terrible
discussion éprouvée comme une barre de fer qui
résiste à tous les essais. Il se souvint des confidences
que le père Goriot lui avait faites la veille, il se rappela
l'appartement choisi pour lui près de Delphine, rue
d'Artois ; il reprit sa lettre, la relut, la baisa. — Un tel
amour est mon ancre de salut, se dit-il. Ce pauvre
vieillard a bien souffert par le cœur. Il ne dit rien de
ses chagrins, mais qui ne les devinerait pas ! Eh bien !
j'aurai soin de lui comme d'un père, je lui donnerai
mille jouissances. Si elle m'aime, elle viendra souvent
chez moi passer la journée près de lui. Cette grande
comtesse de Restaud est une infâme, elle ferait un
portier de son père. Chère Delphine ! elle est meilleure
pour le bonhomme, elle est digne d'être aimée. Ah ! ce
soir je serai donc heureux ! Il tira la montre. l'admira.
— Tout m'a réussi ! Quand on s'aime bien pour
toujours, l'on peut s'aider, je puis recevoir cela.
D'ailleurs je parviendrai, certes, et pourrai tout rendre
au centuple. Il n'y a dans cette liaison ni crime. ni rien
qui puisse faire froncer le sourcil à la vertu la plus
sévère. Combien d'honnêtes gens contractent des
unions semblables ! Nous ne trompons personne ; et
ce qui nous avilit, c'est le mensonge. Mentir. n'est-ce
pas abdiquer ? Elle s'est depuis longtemps séparée de
son mari. D'ailleurs, je lui dirai, moi, à cet Alsacien,
de me céder une femme qu'il lui est impossible de
rendre heureuse.

Le combat de Rastignac dura longtemps. Quoique

la victoire dût rester aux vertus de la jeunesse, il fut néanmoins ramené par une invincible curiosité sur les quatre heures et demie, à la nuit tombante, vers la Maison-Vauquer, qu'il se jurait à lui-même de quitter pour toujours. Il voulait savoir si Vautrin était mort. Après avoir eu l'idée de lui administrer un vomitif, Bianchon avait fait porter à son hôpital les matières rendues par Vautrin, afin de les analyser chimiquement. En voyant l'insistance que mit mademoiselle Michonneau à vouloir les faire jeter, ses doutes se fortifièrent. Vautrin fut d'ailleurs trop promptement rétabli pour que Bianchon ne soupçonnât pas quelque complot contre le joyeux boute-en-train de la pension. A l'heure où rentra Rastignac, Vautrin se trouvait donc debout près du poêle dans la salle à manger. Attirés plus tôt que de coutume par la nouvelle du duel de Taillefer le fils, les pensionnaires, curieux de connaître les détails de l'affaire et l'influence qu'elle avait eue sur la destinée de Victorine, étaient réunis, moins le père Goriot, et devisaient de cette aventure. Quand Eugène entra, ses yeux rencontrèrent ceux de l'imperturbable Vautrin, dont le regard pénétra si avant dans son cœur et y remua si fortement quelques cordes mauvaises, qu'il en frissonna.

— Eh bien ! cher enfant, lui dit le forçat évadé, la Camuse [1] aura longtemps tort avec moi. J'ai, selon ces dames, soutenu victorieusement un coup de sang qui aurait dû tuer un bœuf.

— Ah ! vous pouvez bien dire un taureau, s'écria la veuve Vauquer.

— Seriez-vous donc fâché de me voir en vie ? dit

Vautrin à l'oreille de Rastignac, dont il crut deviner les pensées. Ce serait d'un homme diantrement fort !

— Ah ! ma foi, dit Bianchon, mademoiselle Michonneau parlait avant-hier d'un monsieur surnommé *Trompe-la-Mort*; ce nom-là vous irait bien.

Ce mot produisit sur Vautrin l'effet de la foudre : il pâlit et chancela, son regard magnétique tomba comme un rayon de soleil sur mademoiselle Michonneau, à laquelle ce jet de volonté cassa les jarrets. La vieille fille se laissa couler sur une chaise. Poiret s'avança vivement entre elle et Vautrin, comprenant qu'elle était en danger, tant la figure du forçat devint férocement significative en déposant le masque bénin sous lequel se cachait sa vraie nature. Sans rien comprendre encore à ce drame, tous les pensionnaires restèrent ébahis. En ce moment, l'on entendit le pas de plusieurs hommes, et le bruit de quelques fusils que des soldats firent sonner sur le pavé de la rue. Au moment où Collin cherchait machinalement une issue en regardant les fenêtres et les murs, quatre hommes se montrèrent à la porte du salon. Le premier était le chef de la police de sûreté, les trois autres étaient des officiers de paix.

— Au nom de la loi et du roi, dit un des officiers dont le discours fut couvert par un murmure d'étonnement.

Bientôt le silence régna dans la salle à manger, les pensionnaires se séparèrent pour livrer passage à trois de ces hommes qui tous avaient la main dans leur poche de côté et y tenaient un pistolet armé. Deux gendarmes qui suivaient les agents occupèrent la porte du salon, et deux autres se montrèrent à celle qui sortait par l'escalier. Le pas et les fusils de plusieurs soldats retentirent sur le pavé caillouteux qui longeait la façade. Tout espoir de fuite fut donc interdit à Trompe-la-Mort, sur qui tous les regards s'arrêtèrent irrésistiblement. Le chef alla droit à lui, commença par lui donner sur la tête une tape si violemment appliquée qu'il fit sauter la perruque et rendit à la tête de Collin toute son horreur. Accompagnées de cheveux rouge brique et courts qui leur donnaient un épouvantable caractère de force mêlée de ruse, cette tête et cette face, en harmonie avec le buste, furent intelligemment illuminées comme si les feux de l'enfer les eussent éclairées. Chacun comprit tout Vautrin, son passé, son présent, son avenir, ses doctrines implacables, la religion de son bon plaisir, la royauté que lui donnaient le cynisme de ses pensées, de ses actes, et la force d'une organisation faite à tout. Le sang lui monta au visage, et ses yeux brillèrent comme ceux d'un chat sauvage. Il bondit sur lui-même par un mouvement empreint d'une si féroce énergie, il rugit si bien qu'il arracha des cris de terreur à tous les pensionnaires. A ce geste de lion, et s'appuyant de la clameur générale, les agents tirèrent leurs pistolets. Collin comprit son danger en voyant briller le chien de chaque arme, et donna tout à coup la preuve de la plus haute puissance humaine. Horrible et majestueux spectacle ! sa physionomie présenta un phénomène qui ne peut être comparé qu'à celui de la chaudière pleine de cette vapeur fumeuse qui soulèverait des montagnes, et que dissout en un clin d'œil une goutte d'eau froide. La goutte d'eau qui

froidit sa rage fut une réflexion rapide comme un
éclair. Il se mit à sourire et regarda sa perruque.

— Tu n'es pas dans tes jours de politesse, dit-il au
chef de la police de sûreté. Et il tendit ses mains aux
gendarmes en les appelant par un signe de tête.
Messieurs les gendarmes, mettez-moi les menottes ou
les poucettes. Je prends à témoin les personnes
présentes que je ne résiste pas. Un murmure admira-
tif, arraché par la promptitude avec laquelle la lave et
le feu sortirent et rentrèrent dans ce volcan humain,
retentit dans la salle. — Ça te la coupe, monsieur
l'enfonceur [1], reprit le forçat en regardant le célèbre
directeur de la police judiciaire.

— Allons, qu'on se déshabille, lui dit l'homme de
la petite rue Sainte-Anne d'un air plein de mépris.

— Pourquoi ? dit Collin, il y a des dames. Je ne nie
rien, et je me rends.

Il fit une pause, et regarda l'assemblée comme un
orateur qui va dire des choses surprenantes.

— Écrivez, papa Lachapelle, dit-il en s'adressant à
un petit vieillard en cheveux blancs qui s'était assis au
bout de la table après avoir tiré d'un portefeuille le
procès-verbal de l'arrestation. Je reconnais être Jacques Collin, dit Trompe-la-Mort, condamné à vingt
ans de fers ; et je viens de prouver que je n'ai pas volé
mon surnom. Si j'avais seulement levé la main, dit-il
aux pensionnaires, ces trois mouchards-là répan-
daient tout mon *raisiné* sur le *trimar* [2] domestique de
maman Vauquer. Ces drôles se mêlent de combiner
des guet-apens !

Madame Vauquer se trouva mal en entendant ces
mots.

— Mon Dieu ! c'est à en faire une maladie ; moi qui étais hier à la Gaîté avec lui, dit-elle à Sylvie.

— De la philosophie, maman, reprit Collin. Est-ce un malheur d'être allée dans ma loge hier, à la Gaîté ? s'écria-t-il. Êtes-vous meilleure que nous ? Nous avons moins d'infamie sur l'épaule que vous n'en avez dans le cœur, membres flasques d'une société gangrenée : le meilleur d'entre vous ne me résistait pas. Ses yeux s'arrêtèrent sur Rastignac, auquel il adressa un sourire gracieux qui contrastait singulièrement avec la rude expression de sa figure. — Notre marché va toujours, mon ange, en cas d'acceptation, toutefois ! Vous savez ? Il chanta :

> *Ma Fanchette est charmante*
> *Dans sa simplicité.*

— Ne soyez pas embarrassé, reprit-il, je sais faire mes recouvrements. L'on me craint trop pour me flouer, moi !

Le bagne avec ses mœurs et son langage, avec ses brusques transitions du plaisant à l'horrible, son épouvantable grandeur, sa familiarité, sa bassesse, fut tout à coup représenté dans cette interpellation et par cet homme, qui ne fut plus un homme, mais le type de toute une nation dégénérée, d'un peuple sauvage et logique, brutal et souple. En un moment Collin devint un poème infernal où se peignirent tous les sentiments humains, moins un seul, celui du repentir. Son regard était celui de l'archange déchu qui veut toujours la guerre. Rastignac baissa les yeux en acceptant ce cousinage criminel comme une expiation de ses mauvaises pensées.

— Qui m'a trahi ? dit Collin en promenant son terrible regard sur l'assemblée. Et l'arrêtant sur mademoiselle Michonneau : C'est toi, lui dit-il, vieille cagnotte[1], tu m'as donné un faux coup de sang, curieuse ! En disant deux mots, je pourrais te faire scier le cou dans huit jours. Je te pardonne, je suis chrétien. D'ailleurs ce n'est pas toi qui m'as vendu. Mais qui ? Ah ! ah ! vous fouillez là-haut, s'écria-t-il en entendant les officiers de la police judiciaire qui ouvraient ses armoires et s'emparaient de ses effets. Dénichés les oiseaux, envolés d'hier. Et vous ne saurez rien. Mes livres de commerce sont là, dit-il en se frappant le front. Je sais qui m'a vendu maintenant. Ce ne peut être que ce gredin de Fil-de-Soie. Pas vrai, père l'empoigneur ? dit-il au chef de police. Ça s'accorde trop bien avec le séjour de nos billets de banque là-haut. Plus rien, mes petits mouchards. Quant à Fil-de-Soie, il sera *terré*[2] sous quinze jours, lors même que vous le feriez garder par toute votre gendarmerie. — Que lui avez-vous donné, à cette Michonnette ? dit-il aux gens de la police, quelque millier d'écus ? Je valais mieux que ça, Ninon cariée, Pompadour en loques, Vénus du Père-Lachaise. Si tu m'avais prévenu, tu aurais eu six mille francs. Ah ! tu ne t'en doutais pas, vieille vendeuse de chair, sans quoi j'aurais eu la préférence. Oui, je les aurais donnés pour éviter un voyage qui me contrarie et qui me fait perdre de l'argent, disait-il pendant qu'on lui mettait les menottes. Ces gens-là vont se faire un plaisir de me traîner un temps infini pour m'*otolon-*

drer[1]. S'ils m'envoyaient tout de suite au bagne, je serais bientôt rendu à mes occupations, malgré nos petits badauds du quai des Orfèvres. Là-bas, ils vont tous se mettre l'âme à l'envers pour faire évader leur général, ce bon Trompe-la-Mort ! Y a-t-il un de vous qui soit, comme moi, riche de plus de dix mille frères prêts à tout faire pour vous ? demanda-t-il avec fierté. Il y a du bon là, dit-il en se frappant le cœur ; je n'ai jamais trahi personne ! Tiens, cagnotte, vois-les, dit-il en s'adressant à la vieille fille. Ils me regardent avec terreur, mais toi tu leur soulèves le cœur de dégoût. Ramasse ton lot. Il fit une pause en contemplant les pensionnaires. — Êtes-vous bêtes, vous autres ! n'avez-vous jamais vu de forçat ? Un forçat de la trempe de Collin, ici présent, est un homme moins lâche que les autres, et qui proteste contre les profondes déceptions du contrat social, comme dit Jean-Jacques, dont je me glorifie d'être l'élève. Enfin, je suis seul contre le gouvernement avec son tas de tribunaux, de gendarmes, de budgets, et je les roule.

— Diantre ! dit le peintre, il est fameusement beau à dessiner.

— Dis-moi, menin[2] de monseigneur le bourreau, gouverneur de la Veuve (nom plein de terrible poésie que les forçats donnent à la guillotine), ajouta-t-il en se tournant vers le chef de la police de sûreté, sois bon enfant, dis-moi si c'est Fil-de-Soie qui m'a vendu ! Je ne voudrais pas qu'il payât pour un autre, ce ne serait pas juste.

En ce moment les agents qui avaient tout ouvert et tout inventorié chez lui rentrèrent et parlèrent à voix basse au chef de l'expédition. Le procès-verbal était fini.

— Messieurs, dit Collin en s'adressant aux pensionnaires, ils vont m'emmener. Vous avez été tous très aimables pour moi pendant mon séjour ici, j'en aurai de la reconnaissance. Recevez mes adieux. Vous me permettrez de vous envoyer des figues de Provence. Il fit quelques pas, et se retourna pour regarder Rastignac. Adieu, Eugène, dit-il d'une voix douce et triste qui contrastait singulièrement avec le ton brusque de ses discours. Si tu étais gêné, je t'ai laissé un ami dévoué. Malgré ses menottes, il put se mettre en garde, fit un appel de maître d'armes, cria : Une, deux ! et se fendit. En cas de malheur, adresse-toi là. Homme et argent, tu peux disposer de tout.

Ce singulier personnage mit assez de bouffonnerie dans ces dernières paroles pour qu'elles ne pussent être comprises que de Rastignac et de lui. Quand la maison fut évacuée par les gendarmes, par les soldats et par les agents de la police, Sylvie, qui frottait de vinaigre les tempes de sa maîtresse, regarda les pensionnaires étonnés.

— Eh bien ! dit-elle, c'était un bon homme tout de même.

Cette phrase rompit le charme que produisaient sur chacun l'affluence et la diversité des sentiments excités par cet scène. En ce moment, les pensionnaires, après s'être examinés entre eux, virent tous à la fois mademoiselle Michonneau grêle, sèche et froide autant qu'une momie, tapie près du poêle, les yeux baissés, comme si elle eût craint que l'ombre de son abat-jour ne fût pas assez forte pour cacher l'expression de ses regards. Cette figure, qui leur était antipathique depuis si longtemps, fut tout à coup expliquée. Un murmure, qui, par sa parfaite unité de son, trahissait un dégoût unanime, retentit sourdement. Mademoiselle Michonneau l'entendit et resta. Bianchon, le premier, se pencha vers son voisin.

— Je décampe si cette fille doit continuer à dîner avec nous, dit-il à demi-voix.

En un clin d'œil chacun, moins Poiret, approuva la proposition de l'étudiant en médecine, qui, fort de l'adhésion générale, s'avança vers le vieux pensionnaire.

— Vous qui êtes lié particulièrement avec mademoiselle Michonneau, lui dit-il, parlez-lui, faites-lui comprendre qu'elle doit s'en aller à l'instant même.

— A l'instant même? répéta Poiret étonné.

Puis il vint auprès de la vieille, et lui dit quelques mots à l'oreille.

— Mais mon terme est payé, je suis ici pour mon argent comme tout le monde, dit-elle en lançant un regard de vipère sur les pensionnaires.

— Qu'à cela ne tienne, nous nous cotiserons pour vous le rendre, dit Rastignac.

— Monsieur soutient Collin, répondit-elle en jetant sur l'étudiant un regard venimeux et interrogateur, il n'est pas difficile de savoir pourquoi.

A ce mot, Eugène bondit comme pour se ruer sur la vieille fille et l'étrangler. Ce regard, dont il comprit les perfidies, venait de jeter une horrible lumière dans son âme.

— Laissez-la donc, s'écrièrent les pensionnaires.

Rastignac se croisa les bras et resta muet.

— Finissons-en avec mademoiselle Judas, dit le peintre en s'adressant à madame Vauquer. Madame, si vous ne mettez pas à la porte la Michonneau, nous quittons tous votre baraque, et nous dirons partout qu'il ne s'y trouve que des espions et des forçats. Dans le cas contraire, nous nous tairons tous sur cet événement, qui, au bout du compte, pourrait arriver dans les meilleures sociétés, jusqu'à ce qu'on marque les galériens au front, et qu'on leur défende de se déguiser en bourgeois de Paris, et de se faire aussi bêtement farceurs qu'ils le sont tous.

À ce discours, madame Vauquer retrouva miraculeusement la santé, se redressa, se croisa les bras, ouvrit ses yeux clairs et sans apparence de larmes.

— Mais, mon cher monsieur, vous voulez donc la ruine de ma maison ? Voilà monsieur Vautrin... Oh ! mon Dieu, se dit-elle en s'interrompant elle-même, je ne puis pas m'empêcher de l'appeler par son nom d'honnête homme ! Voilà, reprit-elle, un appartement vide, et vous voulez que j'en aie deux de plus à louer dans une saison où tout le monde est casé.

— Messieurs, prenons nos chapeaux, et allons dîner place Sorbonne, chez Flicoteaux [1], dit Bianchon.

Madame Vauquer calcula d'un seul coup d'œil le parti le plus avantageux, et roula jusqu'à mademoiselle Michonneau.

— Allons, ma chère petite belle, vous ne voulez pas la mort de mon établissement, hein ? Vous voyez à quelle extrémité me réduisent ces messieurs ; remontez dans votre chambre pour se soir.

— Du tout, du tout, crièrent les pensionnaires, nous voulons qu'elle sorte à l'instant.

— Mais elle n'a pas dîné, cette pauvre demoiselle, dit Poiret d'un ton piteux.

— Elle ira dîner où elle voudra, crièrent plusieurs voix.

— A la porte, la moucharde !

— A la porte, les mouchards !

— Messieurs, s'écria Poiret, qui s'éleva tout à coup à la hauteur du courage que l'amour prête aux béliers, respectez une personne du sexe.

— Les mouchards ne sont d'aucun sexe, dit le peintre.

— Fameux sexorama !

— A la portorama !

— Messieurs, ceci est indécent. Quand on renvoie les gens, on doit y mettre des formes. Nous avons payé, nous restons, dit Poiret en se couvrant de sa casquette et se plaçant sur une chaise à côté de mademoiselle Michonneau, que prêchait madame Vauquer.

— Méchant, lui dit le peintre d'un air comique, petit méchant, va !

— Allons, si vous ne vous en allez pas, nous nous en allons, nous autres, dit Bianchon.

Et les pensionnaires firent en masse un mouvement vers le salon.

— Mademoiselle, que voulez-vous donc ? s'écria madame Vauquer, je suis ruinée. Vous ne pouvez pas rester, ils vont en venir à des actes de violence.

Mademoiselle Michonneau se leva.

— Elle s'en ira ! — Elle ne s'en ira pas ! — Elle s'en ira ! — Elle ne s'en ira pas ! Ces mots dits alternativement, et l'hostilité des propos qui commen-

çaient à se tenir sur elle, contraignirent mademoiselle
Michonneau à partir, après quelques stipulations
faites à voix basse avec l'hôtesse.

— Je vais chez madame Buneaud, dit-elle d'un air
menaçant.

— Allez où vous voudrez, mademoiselle, dit
madame Vauquer, qui vit une cruelle injure dans le
choix qu'elle faisait d'une maison avec laquelle elle
rivalisait, et qui lui était conséquemment odieuse.
Allez chez la Buneaud, vous aurez du vin à faire
danser les chèvres, et des plats achetés chez les
regrattiers [1].

Les pensionnaires se mirent sur deux files dans le
plus grand silence. Poiret regarda si tendrement
mademoiselle Michonneau, il se montra si naïvement
indécis, sans savoir s'il devait la suivre ou rester, que
les pensionnaires, heureux du départ de mademoiselle
Michonneau, se mirent à rire en se regardant.

— Xi, xi, xi, Poiret, lui cria le peintre. Allons,
houpe là, haoup !

L'employé au Muséum se mit à chanter comiquement ce début d'une romance connue :

> *Partant pour la Syrie,*
> *Le jeune et beau Dunois* [2]...

— Allez donc, vous en mourez d'envie, *trahit sua
quemque voluptas* [3], dit Bianchon.

— Chacun suit sa particulière, traduction libre de
Virgile, dit le répétiteur.

Mademoiselle Michonneau ayant fait le geste de
prendre le bras de Poiret en le regardant, il ne put

résister à cet appel, et vint donner son appui à la vieille. Des applaudissements éclatèrent, et il y eut une explosion de rires. — Bravo, Poiret ! — Ce vieux Poiret ! — Apollon-Poiret. — Mars-Poiret. — Courageux Poiret !

En ce moment, un commissionnaire entra, remit une lettre à madame Vauquer, qui se laissa couler sur sa chaise, après l'avoir lue.

— Mais il n'y a plus qu'à brûler ma maison, le tonnerre y tombe. Le fils Taillefer est mort à trois heures. Je suis bien punie d'avoir souhaité du bien à ces dames au détriment de ce pauvre jeune homme. Madame Couture et Victorine me redemandent leurs effets, et vont demeurer chez son père. Monsieur Taillefer permet à sa fille de garder la veuve Couture comme demoiselle de compagnie. Quatre appartements vacants, cinq pensionnaires de moins ! Elle s'assit et parut près de pleurer. Le malheur est entré chez moi, s'écria-t-elle.

Le roulement d'une voiture qui s'arrêtait retentit tout à coup dans la rue.

— Encore quelque chape-chute [1], dit Sylvie.

Goriot montra soudain une physionomie brillante et colorée de bonheur, qui pouvait faire croire à sa régénération.

— Goriot en fiacre, dirent les pensionnaires, la fin du monde arrive.

Le bonhomme alla droit à Eugène, qui restait pensif dans un coin, et le prit par le bras : — Venez, lui dit-il d'un air joyeux.

— Vous ne savez donc pas ce qui se passe ? lui dit

Eugène. Vautrin était un forçat que l'on vient d'arrêter, et le fils Taillefer est mort.

— Eh bien ! qu'est-ce que ça nous fait ? répondit le
père Goriot. Je dîne avec ma fille, chez vous, enten-
dez-vous ? Elle vous attend, venez !

Il tira si violemment Rastignac par le bras, qu'il le
fit marcher de force, et parut l'enlever comme si c'eût
été sa maîtresse.

— Dînons, cria le peintre.

En un moment chacun prit sa chaise et s'attabla.

— Par exemple, dit la grosse Sylvie, tout est
malheur aujourd'hui. mon haricot de mouton s'est
attaché. Bah ! vous le mangerez brûlé, tant pire !

Madame Vauquer n'eut pas le courage de dire un
mot en ne voyant que dix personnes au lieu de dix-
huit autour de sa table ; mais chacun tenta de la
consoler et de l'égayer. Si d'abord les externes s'entre-
tinrent de Vautrin et des événements de la journée, ils
obéirent bientôt à l'allure serpentine de leur conversation, et se mirent à parler des duels, du bagne, de la
justice, des lois à refaire, des prisons. Puis ils se
trouvèrent à mille lieues de Jacques Collin, de Victorine et de son frère. Quoiqu'ils ne fussent que dix, ils
crièrent comme vingt, et semblaient être plus nombreux qu'à l'ordinaire ; ce fut toute la différence qu'il
y eut entre ce dîner et celui de la veille. L'insouciance
habituelle de ce monde égoïste qui, le lendemain,
devait avoir dans les événements quotidiens de Paris
une autre proie à dévorer, reprit le dessus, et madame
Vauquer elle-même se laissa calmer par l'espérance,
qui emprunta la voix de la grosse Sylvie.

Cette journée devait être jusqu'au soir une fantasmagorie pour Eugène, qui, malgré la force de son caractère et la bonté de sa tête, ne savait comment classer ses idées, quand il se trouva dans le fiacre à côté du père Goriot dont les discours trahissaient une joie inaccoutumée, et retentissaient à son oreille, après tant d'émotions, comme les paroles que nous entendons en rêve.

— C'est fini de ce matin. Nous dînons tous les trois ensemble, ensemble ! comprenez-vous ? Voici quatre ans que je n'ai dîné avec ma Delphine, ma petite Delphine. Je vais l'avoir à moi pendant toute une soirée. Nous sommes chez vous depuis ce matin. J'ai travaillé comme un manœuvre, habit bas. J'aidais à porter les meubles. Ah ! ah ! vous ne savez pas comme elle est gentille à table, elle s'occupera de moi : « Tenez, papa, mangez donc de cela, c'est bon. » Et alors je ne peux pas manger. Oh ! y a-t-il longtemps que je n'ai été tranquille avec elle comme nous allons l'être !

— Mais, lui dit Eugène, aujourd'hui le monde est donc renversé ?

— Renversé ? dit le père Goriot. Mais à aucune époque le monde n'a si bien été. Je ne vois que des figures gaies dans les rues, des gens qui se donnent des poignées de main, et qui s'embrassent ; des gens heureux comme s'ils allaient tous dîner chez leurs filles, y *gobichonner* un bon petit dîner qu'elle a commandé devant moi au chef du café des Anglais [1]. Mais bah ! près d'elle le chicotin serait doux comme miel.

— Je crois revenir à la vie, dit Eugène.

— Mais marchez donc, cocher, cria le père Goriot

en ouvrant la glace de devant. Allez donc plus vite, je
vous donnerai cent sous pour boire si vous me menez
en dix minutes là où vous savez. En entendant cette
promesse, le cocher traversa Paris avec la rapidité de
l'éclair.

— Il ne va pas, ce cocher, disait le père Goriot.

— Mais où me conduisez-vous donc ? lui demanda
Rastignac.

— Chez vous, dit le père Goriot.

La voiture s'arrêta rue d'Artois. Le bonhomme
descendit le premier et jeta dix francs au cocher, avec
la prodigalité d'un homme veuf qui, dans le
paroxysme de son plaisir, ne prend garde à rien.

— Allons, montons, dit-il à Rastignac en lui faisant
traverser une cour et le conduisant à la porte d'un
appartement situé au troisième étage, sur le derrière
d'une maison neuve et de belle apparence. Le père
Goriot n'eut pas besoin de sonner. Thérèse, la femme
de chambre de madame de Nucingen, leur ouvrit la
porte. Eugène se vit dans un délicieux appartement de
garçon, composé d'une antichambre, d'un petit salon,
d'une chambre à coucher et d'un cabinet ayant vue
sur un jardin. Dans le petit salon, dont l'ameublement
et le décor pouvaient soutenir la comparaison avec ce
qu'il y avait de plus joli, de plus gracieux, il aperçut, à
la lumière des bougies, Delphine, qui se leva d'une
causeuse, au coin du feu, mit son écran sur la
cheminée, et lui dit avec une intonation de voix
chargée de tendresse : — Il a donc fallu vous aller
chercher, monsieur qui ne comprenez rien.

Thérèse sortit. L'étudiant prit Delphine dans ses
bras, la serra vivement et pleura de joie. Ce dernier

contraste entre ce qu'il voyait et ce qu'il venait de voir, dans un jour où tant d'irritations avaient fatigué son cœur et sa tête, détermina chez Rastignac un accès de sensibilité nerveuse.

— Je savais bien, moi, qu'il t'aimait, dit tout bas le père Goriot à sa fille pendant qu'Eugène abattu gisait sur la causeuse sans pouvoir prononcer une parole ni se rendre compte encore de la manière dont ce dernier coup de baguette avait été frappé.

— Mais venez donc voir, lui dit madame de Nucingen en le prenant par la main et l'emmenant dans une chambre dont les tapis, les meubles et les moindres détails lui rappelèrent, en de plus petites proportions, celle de Delphine.

— Il y manque un lit, dit Rastignac.

— Oui, monsieur, dit-elle en rougissant et lui serrant la main.

Eugène la regarda, et comprit, jeune encore, tout ce qu'il y avait de pudeur vraie dans un cœur de femme aimante.

— Vous êtes une de ces créatures que l'on doit adorer toujours, lui dit-il à l'oreille. Oui, j'ose vous le dire, puisque nous nous comprenons si bien : plus vif et sincère est l'amour, plus il doit être voilé, mysté-rieux. Ne donnons notre secret à personne.

— Oh ! je ne serai pas quelqu'un, moi, dit le père Goriot en grognant.

— Vous savez bien que vous êtes *nous*, vous...

— Ah ! voilà ce que je voulais. Vous ne ferez pas attention à moi, n'est-ce pas ? J'irai, je viendrai comme un bon esprit qui est partout, et qu'on sait être là sans le voir. Eh bien ! Delphinette, Ninette, Dedel !

n'ai-je pas eu raison de te dire : « Il y a un joli appartement rue d'Artois, meublons-le pour lui ! » Tu ne voulais pas. Ah ! c'est moi qui suis l'auteur de ta joie, comme je suis l'auteur de tes jours. Les pères doivent toujours donner pour être heureux. Donner toujours, c'est ce qui fait qu'on est père.

— Comment ? dit Eugène.

— Oui, elle ne voulait pas, elle avait peur qu'on ne dît des bêtises, comme si le monde valait le bonheur ! Mais toutes les femmes rêvent de faire ce qu'elle fait...

Le père Goriot parlait tout seul, madame de Nucingen avait emmené Rastignac dans le cabinet où le bruit d'un baiser retentit, quelque légèrement qu'il fût pris. Cette pièce était en rapport avec l'élégance de l'appartement, dans lequel d'ailleurs rien ne manquait.

— A-t-on bien deviné vos vœux ? dit-elle en revenant dans le salon pour se mettre à table.

— Oui, dit-il, trop bien. Hélas ! ce luxe si complet, ces beaux rêves réalisés, toutes les poésies d'une vie jeune, élégante, je les sens trop pour ne pas les mériter ; mais je ne puis les accepter de vous, et je suis trop pauvre encore pour...

— Ah ! ah ! vous me résistez déjà, dit-elle d'un petit air d'autorité railleuse en faisant une de ces jolies moues que font les femmes quand elles veulent se moquer de quelque scrupule pour le mieux dissiper.

Eugène s'était trop solennellement interrogé pendant cette journée, et l'arrestation de Vautrin, en lui montrant la profondeur de l'abîme dans lequel il avait failli rouler, venait de trop bien corroborer ses sentiments nobles et sa délicatesse pour qu'il cédât à cette caressante réfutation de ses idées généreuses. Une profonde tristesse s'empara de lui.

— Comment ! dit madame de Nucingen, vous refuseriez ? Savez-vous ce que signifie un refus semblable ? Vous doutez de l'avenir, vous n'osez pas vous lier à moi. Vous avez donc peur de trahir mon affection ? Si vous m'aimez, si je... vous aime, pourquoi reculez-vous devant d'aussi minces obligations ? Si vous connaissiez le plaisir que j'ai eu à m'occuper de tout ce ménage de garçon, vous n'hésiteriez pas, et vous me demanderiez pardon. J'avais de l'argent à vous, et je l'ai bien employé, voilà tout. Vous croyez être grand, et vous êtes petit. Vous demandez bien plus... (Ah ! dit-elle en saisissant un regard de passion chez Eugène) et vous faites des façons pour des niaiseries. Si vous ne m'aimez point, oh ! oui, n'acceptez pas. Mon sort est dans un mot. Parlez ! Mais, mon père, dites-lui donc quelques bonnes raisons, ajouta-t-elle en se tournant vers son père après une pause. Croit-il que je ne sois pas moins chatouilleuse que lui sur notre honneur ?

Le père Goriot avait le sourire fixe d'un thériaki [1] en voyant, en écoutant cette jolie querelle.

— Enfant ! vous êtes à l'entrée de la vie, reprit-elle en saisissant la main d'Eugène, vous trouvez une barrière insurmontable pour beaucoup de gens, une main de femme vous l'ouvre, et vous reculez ! Mais vous réussirez, vous ferez une brillante fortune, le succès est écrit sur votre beau front. Ne pourrez-vous pas alors me rendre ce que je vous prête aujourd'hui ? Autrefois les dames ne donnaient-elles pas à leurs chevaliers des armures, des épées, des casques, des cottes de mailles, des chevaux, afin qu'ils pussent aller combattre en leur nom dans les tournois ? Eh bien ! Eugène, les choses que je vous offre sont les armes de l'époque, des outils nécessaires à qui veut être quelque chose. Il est joli, le grenier où vous êtes, s'il ressemble à la chambre de papa. Voyons, nous ne dînerons donc pas ? Voulez-vous m'attrister ? Répondez donc ! dit-elle en lui secouant la main. Mon Dieu, papa, décide-le donc, ou je sors et ne le revois jamais.

— Je vais vous décider, dit le père Goriot en sortant de son extase. Mon cher monsieur Eugène, vous allez emprunter de l'argent à des juifs, n'est-ce pas ?

— Il le faut bien, dit-il.

— Bon, je vous tiens, reprit le bonhomme en tirant un mauvais portefeuille en cuir tout usé. Je me suis fait juif, j'ai payé toutes les factures, les voici. Vous ne devez pas un centime pour tout ce qui se trouve ici. Ça ne fait pas une grosse somme, tout au plus cinq mille francs. Je vous les prête, moi ! Vous ne me refuserez pas, je ne suis pas une femme. Vous m'en ferez une reconnaissance sur un chiffon de papier, et vous me les rendrez plus tard.

Quelques pleurs roulèrent à la fois dans les yeux d'Eugène et de Delphine, qui se regardèrent avec surprise. Rastignac tendit la main au bonhomme et la lui serra.

— Eh bien, quoi ! n'êtes-vous pas mes enfants ? dit Goriot.

— Mais, mon pauvre père, dit madame de Nucingen, comment avez-vous donc fait ?

— Ah ! nous y voilà, répondit-il. Quand je t'ai eu

décidée à le mettre près de toi, que je t'ai vue achetant des choses comme pour une mariée, je me suis dit : « Elle va se trouver dans l'embarras ! » L'avoué prétend que le procès à intenter à ton mari, pour lui faire rendre ta fortune, durera plus de six mois. Bon. J'ai vendu mes treize cent cinquante livres de rente perpétuelle ; je me suis fait, avec quinze mille francs, douze cents francs de rentes viagères bien hypothéquées, et j'ai payé vos marchands avec le reste du capital, mes enfants. Moi, j'ai là-haut une chambre de cinquante écus par an, je peux vivre comme un prince avec quarante sous par jour, et j'aurai encore du reste. Je n'use rien, il ne me faut presque pas d'habits. Voilà quinze jours que je ris dans ma barbe en me disant : « Vont-ils être heureux ! » Eh bien, n'êtes-vous pas heureux ?

— Oh ! papa, papa ! dit madame de Nucingen en sautant sur son père qui la reçut sur ses genoux. Elle le couvrit de baisers, lui caressa les joues avec ses cheveux blonds, et versa des pleurs sur ce vieux visage épanoui, brillant. — Cher père, vous êtes un père ! Non, il n'existe pas deux pères comme vous sous le ciel. Eugène vous aimait bien déjà, que sera-ce maintenant !

— Mais, mes enfants, dit le père Goriot qui depuis dix ans n'avait pas senti le cœur de sa fille battre sur le sien, mais, Delphinette, tu veux donc me faire mourir de joie ! Mon pauvre cœur se brise. Allez, monsieur Eugène, nous sommes déjà quittes ! Et le vieillard serrait sa fille par une étreinte si sauvage, si délirante, qu'elle dit : — Ah ! tu me fais mal. — Je t'ai fait mal ! dit-il en pâlissant. Il la regarda d'un air

surhumain de douleur. Pour bien peindre la physionomie de ce Christ de la Paternité, il faudrait aller
chercher des comparaisons dans les images que les
princes de la palette ont inventées pour peindre la
passion soufferte au bénéfice des mondes par le
Sauveur des hommes. Le père Goriot baisa bien
doucement la ceinture que ses doigts avaient trop
pressée. — Non, non, je ne t'ai pas fait mal ; non,
reprit-il en la questionnant par un sourire ; c'est toi
qui m'as fait mal avec ton cri. Ça coûte plus cher, dit-
il à l'oreille de sa fille en la lui baisant avec
précaution, mais il faut l'attraper, sans quoi il se
fâcherait.

Eugène était pétrifié par l'inépuisable dévouement
de cet homme, et le contemplait en exprimant cette
naïve admiration qui, au jeune âge, est de la foi.

— Je serai digne de tout cela, s'écria-t-il.

— Ô mon Eugène, c'est beau ce que vous venez de
dire là. Et madame de Nucingen baisa l'étudiant au
front.

— Il a refusé pour toi mademoiselle Taillefer et ses
millions, dit le père Goriot. Oui, elle vous aimait, la
petite ; et, son frère mort, la voilà riche comme
Crésus.

— Oh ! pourquoi le dire ? s'écria Rastignac.

— Eugène, lui dit Delphine à l'oreille, maintenant
j'ai un regret pour ce soir. Ah ! je vous aimerai bien,
moi ! et toujours.

— Voilà la plus belle journée que j'aie eue depuis
vos mariages, s'écria le père Goriot. Le bon Dieu peut
me faire souffrir tant qu'il lui plaira, pourvu que ce ne
soit pas par vous, je me dirai : En février de cette

année, j'ai été pendant un moment plus heureux que
les hommes ne peuvent l'être pendant toute leur vie.
Regarde-moi, Fifine! dit-il à sa fille. Elle est bien
belle, n'est-ce pas? Dites-moi donc, avez-vous rencontré beaucoup de femmes qui aient ses jolies
couleurs et sa petite fossette? Non, pas vrai? Eh bien,
c'est moi qui ai fait cet amour de femme. Désormais,
en se trouvant heureuse par vous, elle deviendra mille
fois mieux. Je puis aller en enfer, mon voisin, dit-il,
s'il vous faut ma part de paradis, je vous la donne.
Mangeons, mangeons, reprit-il en ne sachant plus ce
qu'il disait, tout est à nous.

— Ce pauvre père !

— Si tu savais, mon enfant, dit-il en se levant et
allant à elle, lui prenant la tête et la baisant au milieu
de ses nattes de cheveux, combien tu peux me rendre
heureux à bon marché ! viens me voir quelquefois, je
serai là-haut, tu n'auras qu'un pas à faire. Promets-
le-moi, dis !

— Oui, cher père.

— Dis encore.

— Oui, mon bon père.

— Tais-toi, je te le ferais dire cent fois si je
m'écoutais. Dînons.

La soirée tout entière fut employée en enfantillages,
et le père Goriot ne se montra pas le moins fou des
trois. Il se couchait aux pieds de sa fille pour les
baiser ; il la regardait longtemps dans les yeux ; il
frottait sa tête contre sa robe ; enfin il faisait des folies
comme en aurait fait l'amant le plus jeune et le plus
tendre.

— Voyez-vous ? dit Delphine à Eugène, quand

mon père est avec nous, il faut être tout à lui. Ce sera
pourtant bien gênant quelquefois.

Eugène, qui s'était senti déjà plusieurs fois des
mouvements de jalousie, ne pouvait pas blâmer ce
mot, qui renfermait le principe de toutes les ingrati-
tudes.

— Et quand l'appartement sera-t-il fini ? dit
Eugène en regardant autour de la chambre. Il faudra
donc nous quitter ce soir ?

— Oui, mais demain vous viendrez dîner avec moi,
dit-elle d'un air fin. Demain est un jour d'Italiens.

— J'irai au parterre, moi, dit le père Goriot.

Il était minuit. La voiture de madame de Nucingen
attendait. Le père Goriot et l'étudiant retournèrent à
la Maison-Vauquer en s'entretenant de Delphine avec
un croissant enthousiasme qui produisit un curieux
combat d'expressions entre ces deux violentes passions. Eugène ne pouvait pas se dissimuler que
l'amour du père, qu'aucun intérêt personnel n'enta-
chait, écrasait le sien par sa persistance et par son
étendue. L'idole était toujours pure et belle pour le
père, et son adoration s'accroissait de tout le passé
comme de l'avenir. Ils trouvèrent madame Vauquer
seule au coin de son poêle, entre Sylvie et Christophe.
La vieille hôtesse était là comme Marius sur les ruines
de Carthage. Elle attendait les deux seuls pensionnaires qui lui restassent, en se désolant avec Sylvie.
Quoique lord Byron ait prêté d'assez belles lamenta-
tions au Tasse, elles sont bien loin de la profonde
vérité de celles qui échappaient à madame Vauquer.

— Il n'y aura donc que trois tasses de café à faire
demain matin, Sylvie. Hein ! ma maison déserte,

n'est-ce pas à fendre le cœur ? Qu'est-ce que la vie sans mes pensionnaires ? Rien du tout. Voilà ma maison démeublée de ses hommes. La vie est dans les meubles. Qu'ai-je fait au ciel pour m'être attiré tous ces désastres ? Nos provisions de haricots, et de pommes de terre sont faites pour vingt personnes. La police chez moi ! Nous allons donc ne manger que des pommes de terre ! Je renverrai donc Christophe !

Le Savoyard, qui dormait, se réveilla soudain et dit :

— Madame ?

— Pauvre garçon ! c'est comme un dogue, dit Sylvie.

— Une saison morte, chacun s'est casé. D'où me tombera-t-il des pensionnaires ? J'en perdrai la tête. Et cette sibylle de Michonneau qui m'enlève Poiret ! Qu'est-ce qu'elle lui faisait donc pour s'être attaché cet homme-là qui la suit comme un toutou ?

— Ah ! dame ! fit Sylvie en hochant la tête, ces vieilles filles, ça connaît les rubriques [1].

— Ce pauvre monsieur Vautrin dont ils ont fait un forçat, reprit la veuve, eh bien ! Sylvie, c'est plus fort que moi, je ne le crois pas encore. Un homme gai comme ça, qui prenait du gloria pour quinze francs par mois, et qui payait rubis sur l'ongle !

— Et qui était généreux ! dit Christophe.

— Il y a erreur, dit Sylvie.

— Mais non, il a avoué lui-même, reprit madame Vauquer. Et dire que toutes ces choses-là sont arrivées chez moi, dans un quartier où il ne passe pas un chat ! Foi d'honnête femme, je rêve. Car, vois-tu, nous avons vu Louis XVI avoir son accident, nous avons vu tomber l'Empereur, nous l'avons vu revenir et retomber, tout cela c'était dans l'ordre des choses possibles ; tandis qu'il n'y a point de chances contre des pensions bourgeoises : on peut se passer de roi, mais il faut toujours qu'on mange ; et quand une honnête femme, née de Conflans, donne à dîner avec toutes bonnes choses, mais à moins que la fin du monde n'arrive... Mais, c'est ça, c'est la fin du monde.

— Et penser que mademoiselle Michonneau, qui vous fait tout ce tort, va recevoir, à ce qu'on dit, mille écus de rente, s'écria Sylvie.

— Ne m'en parle pas, ce n'est qu'une scélérate ! dit madame Vauquer. Et elle va chez la Buneaud, par-dessus le marché ! Mais elle est capable de tout, elle a dû faire des horreurs, elle a tué, volé dans son temps. Elle devait aller au bagne à la place de ce pauvre cher homme...

En ce moment Eugène et le père Goriot sonnèrent.

— Ah ! voilà mes deux fidèles, dit la veuve en soupirant.

Les deux fidèles, qui n'avaient qu'un fort léger souvenir des désastres de la pension bourgeoise, annoncèrent sans cérémonie à leur hôtesse qu'ils allaient demeurer à la Chaussée-d'Antin.

— Ah ! Sylvie ! dit la veuve, voilà mon dernier atout. Vous m'avez donné le coup de la mort, messieurs ! ça m'a frappée dans l'estomac. J'ai une barre là. Voilà une journée qui me met dix ans de plus sur la tête. Je deviendrai folle, ma parole d'honneur ! Que faire des haricots ? Ah ! bien, si je suis seule ici, tu t'en iras demain, Christophe. Adieu, messieurs, bonne nuit.

— Qu'a-t-elle donc ? demanda Eugène à Sylvie.

— Dame ! voilà tout le monde parti par suite des affaires. Ça lui a troublé la tête. Allons, je l'entends qui pleure. Ça lui fera du bien de *chigner*[1]. Voilà la première fois qu'elle se vide les yeux depuis que je suis à son service.

Le lendemain, madame Vauquer s'était, suivant son expression, *raisonnée*. Si elle parut affligée comme une femme qui avait perdu tous ses pensionnaires, et dont la vie était bouleversée, elle avait toute sa tête, et montra ce qu'était la vraie douleur, une douleur profonde, la douleur causée par l'intérêt froissé, par les habitudes rompues. Certes, le regard qu'un amant jette sur les lieux habités par sa maîtresse, en les quittant, n'est pas plus triste que ne le fut celui de madame Vauquer sur sa table vide. Eugène la consola en lui disant que Bianchon, dont l'internat finissait dans quelques jours, viendrait sans doute le remplacer ; que l'employé du Muséum avait souvent manifesté le désir d'avoir l'appartement de madame Couture, et que dans peu de jours elle aurait remonté son personnel.

— Dieu vous entende, mon cher monsieur ! mais le malheur est ici. Avant dix jours, la mort y viendra, vous verrez, lui dit-elle en jetant un regard lugubre sur la salle à manger. Qui prendra-t-elle ?

— Il fait bon déménager, dit tout bas Eugène au père Goriot.

— Madame, dit Sylvie en accourant effarée, voici trois jours que je n'ai vu Mistigris.

— Ah ! bien, si mon chat est mort, s'il nous a quittés, je...

La pauvre veuve n'acheva pas, elle joignit les mains
et se renversa sur le dos de son fauteuil, accablée par
ce terrible pronostic.

Vers midi, heure à laquelle les facteurs arrivaient
dans le quartier du Panthéon, Eugène reçut une lettre
élégamment enveloppée, cachetée aux armes de Beauséant. Elle contenait une invitation adressée à monsieur et à madame de Nucingen pour le grand bal
annoncé depuis un mois, et qui devait avoir lieu chez
la vicomtesse. A cette invitation était joint un petit
mot pour Eugène :

> « J'ai pensé, monsieur, que vous vous
> chargeriez avec plaisir d'être l'interprète de
> mes sentiments auprès de madame de Nucin-
> gen ; je vous envoie l'invitation que vous
> m'avez demandée, et serai charmée de faire
> la connaissance de la sœur de madame de
> Restaud. Amenez-moi donc cette jolie per-
> sonne, et faites en sorte qu'elle ne prenne pas
> toute votre affection, vous m'en devez beau-
> coup en retour de celle que je vous porte.

> « Vicomtesse DE BEAUSÉANT. »

— Mais, se dit Eugène en relisant ce billet,
madame de Beauséant me dit assez clairement qu'elle
ne veut pas du baron de Nucingen. Il alla promptement chez Delphine, heureux d'avoir à lui procurer
une joie dont il recevrait sans doute le prix. Madame
de Nucingen était au bain. Rastignac attendit dans le
boudoir, en butte aux impatiences naturelles à un

jeune homme ardent et pressé de prendre possession
d'une maîtresse, l'objet de deux ans de désirs. C'est
des émotions qui ne se rencontrent pas deux fois dans
la vie des jeunes gens. La première femme réellement
femme à laquelle s'attache un homme, c'est-à-dire
celle qui se présente à lui dans la splendeur des
accompagnements que veut la société parisienne,
celle-là n'a jamais de rivale. L'amour à Paris ne
ressemble en rien aux autres amours. Ni les hommes
ni les femmes n'y sont dupes des montres pavoisées de
lieux communs que chacun étale par décence sur ses
affections soi-disant désintéressées. En ce pays, une
femme ne doit pas satisfaire seulement le cœur et les
sens, elle sait parfaitement qu'elle a de plus grandes
obligations à remplir envers les mille vanités dont se
compose la vie. Là surtout l'amour est essentiellement
vantard, effronté, gaspilleur, charlatan et fastueux. Si
toutes les femmes de la cour de Louis XIV ont envié à
mademoiselle de La Vallière l'entraînement de passion qui fit oublier à ce grand prince que ses
manchettes coûtaient chacune mille écus quand il les
déchira pour faciliter au duc de Vermandois son
entrée sur la scène du monde [1], que peut-on demander
au reste de l'humanité ? Soyez jeunes, riches et titrés,
soyez mieux encore si vous pouvez ; plus vous appor-
terez de grains d'encens à brûler devant l'idole, plus
elle vous sera favorable, si toutefois vous avez une
idole. L'amour est une religion, et son culte doit
coûter plus cher que celui de toutes les autres
religions ; il passe promptement, et passe en gamin
qui tient à marquer son passage par des dévastations.
Le luxe du sentiment est la poésie des greniers ; sans

cette richesse, qu'y deviendrait l'amour ? S'il est des
exceptions à ces lois draconiennes du code parisien,
elles se rencontrent dans la solitude, chez les âmes qui
ne se sont point laissé entraîner par les doctrines
sociales, qui vivent près de quelque source aux eaux
claires, fugitives, mais incessantes ; qui, fidèles à leurs
ombrages verts, heureuses d'écouter le langage de
l'infini, écrit pour elles en toute chose et qu'elles
retrouvent en elles-mêmes, attendent patiemment
leurs ailes en plaignant ceux de la terre. Mais Rastignac, semblable à la plupart des jeunes gens, qui, par
avance, ont goûté les grandeurs, voulait se présenter
tout armé dans la lice du monde ; il en avait épousé la
fièvre, et se sentait peut-être la force de le dominer,
mais sans connaître ni les moyens ni le but de cette
ambition. A défaut d'un amour pur et sacré, qui
remplit la vie, cette soif du pouvoir peut devenir une
belle chose ; il suffit de dépouiller tout intérêt personnel et de se proposer la grandeur d'un pays pour objet.
Mais l'étudiant n'était pas encore arrivé au point d'où
l'homme peut contempler le cours de la vie et la juger.
Jusqu'alors il n'avait même pas complètement secoué
le charme des fraîches et suaves idées qui enveloppent
comme d'un feuillage la jeunesse des enfants élevés en
province. Il avait continuellement hésité à franchir le
Rubicon parisien. Malgré ses ardentes curiosités, il
avait toujours conservé quelques arrière-pensées de la
vie heureuse que mène le vrai gentilhomme [1] de son
château. Néanmoins ses derniers scrupules avaient
disparu la veille, quand il s'était vu dans son appartement. En jouissant des avantages matériels de la
fortune, comme il jouissait depuis longtemps des

avantages moraux que donne la naissance, il avait
dépouillé sa peau d'homme de province, et s'était
doucement établi dans une position d'où il découvrait
un bel avenir. Aussi, en attendant Delphine, molle-
ment assis dans ce joli boudoir qui devenait un peu le
sien, se voyait-il si loin du Rastignac venu l'année
dernière à Paris, qu'en le lorgnant par un effet
d'optique morale, il se demandait s'il se ressemblait
en ce moment à lui-même.

— Madame est dans sa chambre, vint lui dire
Thérèse qui le fit tressaillir.

Il trouva Delphine étendue sur sa causeuse, au coin
du feu, fraîche, reposée. A la voir ainsi étalée sur des
flots de mousseline, il était impossible de ne pas la
comparer à ces belles plantes de l'Inde dont le fruit
vient dans la fleur.

— Eh bien ! vous voilà, dit-elle avec émotion.

— Devinez ce que je vous apporte, dit Eugène en
s'asseyant près d'elle et lui prenant le bras pour lui
baiser la main.

Madame de Nucingen fit un mouvement de joie en
lisant l'invitation. Elle tourna sur Eugène ses yeux
mouillés, et lui jeta ses bras au cou pour l'attirer à elle
dans un délire de satisfaction vaniteuse.

— Et c'est vous (toi, lui dit-elle à l'oreille ; mais
Thérèse est dans mon cabinet de toilette, soyons
prudents !), vous à qui je dois ce bonheur ? Oui, j'ose
appeler cela un bonheur. Obtenu par vous, n'est-ce
pas plus qu'un triomphe d'amour-propre ? Personne
ne m'a voulu présenter dans ce monde. Vous me
trouverez peut-être en ce moment petite, frivole,
légère comme une Parisienne ; mais pensez, mon ami,

que je suis prête à tout vous sacrifier, et que, si je souhaite plus ardemment que jamais d'aller dans le faubourg Saint-Germain, c'est que vous y êtes.

— Ne pensez-vous pas, dit Eugène, que madame de Beauséant a l'air de nous dire qu'elle ne compte pas voir le baron de Nucingen à son bal ?

— Mais oui, dit la baronne en rendant la lettre à Eugène. Ces femmes-là ont le génie de l'impertinence. Mais n'importe, j'irai. Ma sœur doit s'y trouver, je sais qu'elle prépare une toilette délicieuse. Eugène, reprit-elle à voix basse, elle y va pour dissiper d'affreux soupçons. Vous ne savez pas les bruits qui courent sur elle ? Nucingen est venu me dire ce matin qu'on en parlait hier au Cercle sans se gêner. A quoi tient, mon Dieu ! l'honneur des femmes et des familles ! Je me suis sentie attaquée, blessée dans ma pauvre sœur. Selon certaines personnes, monsieur de Trailles aurait souscrit des lettres de change montant à cent mille francs, presque toutes échues, et pour lesquelles il allait être poursuivi. Dans cette extrémité, ma sœur aurait vendu ses diamants à un juif, ces beaux diamants que vous avez pu lui voir, et qui viennent de madame de Restaud la mère. Enfin, depuis deux jours, il n'est question que de cela. Je conçois alors qu'Anastasie se fasse faire une robe lamée, et veuille attirer sur elle tous les regards chez madame de Beauséant, en y paraissant dans tout son éclat et avec ses diamants. Mais je ne veux pas être au-dessous d'elle. Elle a toujours cherché à m'écraser, elle n'a jamais été bonne pour moi, qui lui rendais tant de services, qui avais toujours de l'argent pour elle quand elle n'en avait pas. Mais laissons le monde, aujourd'hui je veux être tout heureuse.

Rastignac était encore à une heure du matin chez madame de Nucingen, qui, en lui prodiguant l'adieu des amants, cet adieu plein de joies à venir, lui dit avec une expression de mélancolie : — Je suis si peureuse, si superstitieuse, donnez à mes pressentiments le nom qu'il vous plaira, que je tremble de payer mon bonheur par quelque affreuse catastrophe.

— Enfant, dit Eugène.

— Ah ! c'est moi qui suis l'enfant ce soir, dit-elle en riant.

Eugène revint à la Maison-Vauquer avec la certitude de la quitter le lendemain, il s'abandonna donc pendant la route à ces jolis rêves que font tous les jeunes gens quand ils ont encore sur les lèvres le goût du bonheur.

— Eh bien ? lui dit le père Goriot quand Rastignac passa devant sa porte.

— Eh bien ! répondit Eugène, je vous dirai tout demain.

— Tout, n'est-ce pas ? cria le bonhomme. Couchez-vous. Nous allons commencer demain notre vie heureuse.

IV

LA MORT DU PÈRE

Le lendemain, Goriot et Rastignac n'attendaient plus que le bon vouloir d'un commissionnaire pour partir de la pension bourgeoise, quand vers midi le bruit d'un équipage qui s'arrêtait précisément à la porte de la maison-Vauquer retentit sur la rue Neuve-Sainte-Geneviève. Madame de Nucingen descendit de sa voiture, demanda si son père était encore à la pension. Sur la réponse affirmative de Sylvie, elle monta lentement l'escalier. Eugène se trouvait chez lui sans que son voisin le sût. Il avait, en déjeunant, prié le père Goriot d'emporter ses effets, en lui disant qu'ils se retrouveraient à quatre heures rue d'Artois. Mais, pendant que le bonhomme avait été chercher des porteurs, Eugène, ayant promptement répondu à l'appel de l'école, était revenu sans que personne l'eût aperçu, pour compter avec madame Vauquer, ne voulant pas laisser cette charge à Goriot, qui, dans son fanatisme, aurait sans doute payé pour lui. L'hôtesse était sortie, Eugène remonta chez lui pour voir s'il n'y oubliait rien et s'applaudit d'avoir eu cette pensée en voyant dans le tiroir de sa table l'acceptation en

blanc, souscrite à Vautrin, qu'il avait insouciamment jetée là le jour où il l'avait acquittée. N'ayant pas de feu, il allait la déchirer en petits morceaux quand, en reconnaissant la voix de Delphine, il ne voulut faire aucun bruit, et s'arrêta pour l'entendre, en pensant qu'elle ne devait avoir aucun secret pour lui. Puis dès les premiers mots, il trouva la conversation entre le père et la fille trop intéressante pour ne pas l'écouter.

— Ah! mon père, dit-elle, plaise au ciel que vous ayez eu l'idée de demander compte de ma fortune assez à temps pour que je ne sois pas ruinée! Puis-je parler?

— Oui, la maison est vide, dit le père Goriot d'une voix altérée.

— Qu'avez-vous donc, mon père? reprit madame de Nucingen.

— Tu viens, répondit le vieillard, de me donner un coup de hache sur la tête. Dieu te pardonne, mon enfant! Tu ne sais pas combien je t'aime; si tu l'avais su, tu ne m'aurais pas dit brusquement de semblables choses, surtout si rien n'est désespéré. Qu'est-il donc arrivé de si pressant pour que tu sois venue me chercher ici quand dans quelques instants nous allions être rue d'Artois?

— Eh! mon père, est-on maître de son premier mouvement dans une catastrophe? Je suis folle! Votre avoué nous a fait découvrir un peu plus tôt le malheur qui sans doute éclatera plus tard. Votre vieille expérience commerciale va nous devenir nécessaire et je suis accourue vous chercher comme on s'accroche à une branche quand on se noie. Lorsque monsieur Derville a vu Nucingen lui opposer mille

chicanes, il l'a menacé d'un procès en lui disant que
l'autorisation du président du tribunal serait promptement obtenue. Nucingen est venu ce matin chez moi
pour me demander si je voulais sa ruine et la mienne.
Je lui ai répondu que je ne me connaissais à rien de
tout cela, que j'avais une fortune, que je devais être en
possession de ma fortune, et que tout ce qui avait
rapport à ce démêlé regardait mon avoué, que j'étais
de la dernière ignorance et dans l'impossibilité de rien
entendre à ce sujet. N'était-ce pas ce que vous m'aviez
recommandé de dire ?

— Bien, répondit le père Goriot.

— Eh bien ! reprit Delphine, il m'a mise au fait de
ses affaires. Il a jeté tous ses capitaux et les miens dans
des entreprises à peine commencées, et pour lesquelles
il a fallu mettre de grandes sommes en dehors. Si je le
forçais à me représenter ma dot, il serait obligé de
déposer son bilan ; tandis que, si je veux attendre un
an, il s'engage sur l'honneur à me rendre une fortune
double ou triple de la mienne en plaçant mes capitaux
dans des opérations territoriales à la fin desquelles je
serai maîtresse de tous les biens. Mon cher père, il
était sincère, il m'a effrayée. Il m'a demandé pardon
de sa conduite, il m'a rendu ma liberté, m'a permis de
me conduire à ma guise, à la condition de le laisser
entièrement maître de gérer les affaires sous mon
nom. Il m'a promis, pour me prouver sa bonne foi,
d'appeler monsieur Derville toutes les fois que je le
voudrais pour juger si les actes en vertu desquels il
m'instituerait propriétaire seraient convenablement
rédigés. Enfin, il s'est remis entre mes mains pieds et
poings liés. Il demande encore pendant deux ans la

conduite de la maison, et m'a suppliée de ne rien dépenser pour moi de plus qu'il ne m'accorde. Il m'a prouvé que tout ce qu'il pouvait faire était de conserver les apparences, qu'il avait renvoyé sa danseuse, et qu'il allait être contraint à la plus stricte mais à la plus sourde économie, afin d'atteindre au terme de ses spéculations sans altérer son crédit. Je l'ai malmené, j'ai tout mis en doute afin de le pousser à bout et d'en apprendre davantage : il m'a montré ses livres, enfin il a pleuré. Je n'ai jamais vu d'homme en pareil état. Il avait perdu la tête, il parlait de se tuer, il délirait. Il m'a fait pitié.

— Et tu crois à ces sornettes, s'écria le père Goriot. C'est un comédien ! J'ai rencontré des Allemands en affaires : ces gens-là sont presque tous de bonne foi, pleins de candeur ; mais, quand, sous leur air de franchise et de bonhomie, ils se mettent à être malins et charlatans, ils le sont alors plus que les autres. Ton mari t'abuse. Il se sent serré de près, il fait le mort, il veut rester plus maître sous ton nom qu'il ne l'est sous le sien. Il va profiter de cette circonstance pour se mettre à l'abri des chances de son commerce. Il est aussi fin que perfide ; c'est un mauvais gars. Non, non, je ne m'en irai pas au Père-Lachaise en laissant mes filles denuées de tout. Je me connais encore un peu aux affaires. Il a, dit-il, engagé ses fonds dans les entreprises, eh bien ! ses intérêts sont représentés par des valeurs, par des reconnaissances, par des traités ! qu'il les montre, et liquide avec toi. Nous choisirons les meilleures spéculations, nous en courrons les chances, et nous aurons les titres recognitifs en notre nom de *Delphine Goriot, épouse séparée quant aux*

biens du baron de Nucingen. Mais nous prend-il pour
des imbéciles, celui-là ? Croit-il que je puisse supporter pendant deux jours l'idée de te laisser sans fortune,
sans pain ? Je ne la supporterais pas un jour, pas une
nuit, pas deux heures ! Si cette idée était vraie, je n'y
survivrais pas. Eh quoi ! j'aurai travaillé pendant
quarante ans de ma vie, j'aurai porté des sacs sur
mon dos, j'aurai sué des averses, je me serai privé
pendant toute ma vie pour vous, mes anges, qui me
rendiez tout travail, tout fardeau léger ; et aujourd'hui
ma fortune, ma vie s'en iraient en fumée ! Ceci me
ferait mourir enragé. Par tout ce qu'il y a de plus sacré
sur terre et au ciel, nous allons tirer ça au clair,
vérifier les livres, la caisse, les entreprises ! Je ne dors
pas, je ne me couche pas, je ne mange pas, qu'il ne me
soit prouvé que ta fortune est là tout entière. Dieu
merci, tu es séparée de biens ; tu auras maître Derville
pour avoué, un honnête homme heureusement. Jour
de Dieu ! tu garderas ton bon petit million, tes
cinquante mille livres de rente, jusqu'à la fin de tes
jours, ou je fais un tapage dans Paris, ah ! ah ! Mais je
m'adresserais aux chambres si les tribunaux nous
victimaient. Te savoir tranquille et heureuse du côté
de l'argent, mais cette pensée allégeait tous mes maux
et calmait mes chagrins. L'argent, c'est la vie. Monnaie fait tout. Que nous chante-t-il donc, cette grosse
souche d'Alsacien ? Delphine, ne fais pas une conces-
sion d'un quart de liard à cette grosse bête, qui t'a
mise à la chaîne et t'a rendue malheureuse. S'il a
besoin de toi, nous le tricoterons [1] ferme, et nous le
ferons marcher droit. Mon Dieu, j'ai la tête en feu, j'ai
dans le crâne quelque chose qui me brûle. Ma

Delphine sur la paille ! Oh ! ma Fifine, toi ! Sapristi,
où sont mes gants ? Allons ! partons, je veux aller tout
voir, les livres, les affaires, la caisse, la correspondance à l'instant. Je ne serai calme que quand il me
sera prouvé que ta fortune ne court plus de risques, et
que je la verrai de mes yeux.

— Mon cher père ! allez-y prudemment. Si vous
mettiez la moindre velléité de vengeance en cette
affaire, et si vous montriez des intentions trop hos-
tiles, je serais perdue. Il vous connaît, il a trouvé tout
naturel que, sous votre inspiration, je m'inquiétasse
de ma fortune ; mais, je vous le jure, il la tient en ses
mains, et a voulu la tenir. Il est homme à s'enfuir avec
tous les capitaux, et à nous laisser là, le scélérat ! Il
sait bien que je ne déshonorerai pas moi-même le nom
que je porte en le poursuivant. Il est à la fois fort et
faible. J'ai bien tout examiné. Si nous le poussons à
bout, je suis ruinée.

— Mais c'est donc un fripon ?

— Eh bien ! oui, mon père, dit-elle en se jetant sur
une chaise en pleurant. Je ne voulais pas vous l'avouer
pour vous épargner le chagrin de m'avoir mariée à un
homme de cette espèce-là ! Mœurs secrètes et
conscience, l'âme et le corps, tout en lui s'accorde !
c'est effroyable : je le hais et le méprise. Oui, je ne
puis plus estimer ce vil Nucingen après tout ce qu'il
m'a dit. Un homme capable de se jeter dans les
combinaisons commerciales dont il m'a parlé n'a pas
la moindre délicatesse, et mes craintes viennent de ce
que j'ai lu parfaitement dans son âme. Il m'a nettement proposé, lui, mon mari, la liberté, vous savez ce
que cela signifie ? si je voulais être, en cas de malheur,

un instrument entre ses mains, enfin si je voulais lui
servir de prête-nom.

— Mais les lois sont là ! Mais il y a une place de
Grève pour les gendres de cette espèce-là, s'écria le
père Goriot ; mais je le guillotinerais moi-même s'il
n'y avait pas de bourreau.

— Non, mon père, il n'y a pas de lois contre lui.
Écoutez en deux mots son langage, dégagé des
circonlocutions dont il l'enveloppait : « Ou tout est
perdu, vous n'avez pas un liard, vous êtes ruinée ; car
je ne saurais choisir pour complice une autre personne
que vous ; ou vous me laisserez conduire à bien mes
entreprises. » Est-ce clair ? Il tient encore à moi. Ma
probité de femme le rassure ; il sait que je lui laisserai
sa fortune, et me contenterai de la mienne. C'est une
association improbe et voleuse à laquelle je dois
consentir sous peine d'être ruinée. Il m'achète ma
conscience et la paye en me laissant être à mon aise la
femme d'Eugène. « Je te permets de commettre des
fautes, laisse-moi faire des crimes en ruinant de
pauvres gens ! » Ce langage est-il encore assez clair ?
Savez-vous ce qu'il nomme faire des opérations ? Il
achète des terrains nus sous son nom, puis il y fait
bâtir des maisons par des hommes de paille. Ces
hommes concluent les marchés pour les bâtisses avec
tous les entrepreneurs, qu'ils payent en effets à longs
termes, et consentent, moyennant une légère somme,
à donner quittance à mon mari, qui est alors posses-
seur des maisons, tandis que ces hommes s'acquittent
avec les entrepreneurs dupés en faisant faillite. Le
nom de la maison Nucingen a servi à éblouir les
pauvres constructeurs. J'ai compris cela. J'ai compris

aussi que, pour prouver, en cas de besoin, le paiement de sommes énormes, Nucingen a envoyé des valeurs considérables à Amsterdam, à Londres, à Naples, à Vienne. Comment les saisirions-nous ?

Eugène entendit le son lourd des genoux du père Goriot, qui tomba sans doute sur le carreau de sa chambre.

— Mon Dieu, que t'ai-je fait ? Ma fille livrée à ce misérable, il exigera tout d'elle s'il le veut. Pardon, ma fille ! cria le vieillard.

— Oui, si je suis dans un abîme, il y a peut-être de votre faute, dit Delphine. Nous avons si peu de raison quand nous nous marions ! Connaissons-nous le monde, les affaires, les hommes, les mœurs ? Les pères devraient penser pour nous. Cher père, je ne vous reproche rien, pardonnez-moi ce mot. En ceci la faute est toute à moi. Non, ne pleurez point, papa, dit-elle en baisant le front de son père.

— Ne pleure pas non plus, ma petite Delphine. Donne tes yeux, que je les essuie en les baisant. Va ! je vais retrouver ma caboche, et débrouiller l'écheveau d'affaires que ton mari a mêlé.

— Non, laissez-moi faire ; je saurai le manœuvrer. Il m'aime, eh bien, je me servirai de mon empire sur lui pour l'amener à me placer promptement quel-capitaux en propriétés. Peut-être lui ferai-je racheter sous mon nom Nucingen, en Alsace, il y tient. Seulement venez demain pour examiner ses livres, ses affaires. Monsieur Derville ne sait rien de ce qui est commercial. Non, ne venez pas demain. Je ne veux pas me tourner le sang. Le bal de madame de Beauséant a lieu après-demain, je veux me soigner pour y être belle, reposée, et faire honneur à mon cher Eugène ! Allons donc voir sa chambre.

En ce moment une voiture s'arrêta dans la rue Neuve-Sainte-Geneviève, et l'on entendit dans l'escalier la voix de madame de Restaud, qui disait à Sylvie :

— Mon père y est-il ? Cette circonstance sauva heureusement Eugène, qui méditait déjà de se jeter sur son lit et de feindre d'y dormir.

— Ah ! mon père, vous a-t-on parlé d'Anastasie ? dit Delphine en reconnaissant la voix de sa sœur. Il paraîtrait qu'il arrive aussi de singulières choses dans son ménage.

— Quoi donc ! dit le père Goriot : ce serait donc ma fin. Ma pauvre tête ne tiendra pas à un double malheur.

— Bonjour, mon père, dit la comtesse en entrant. Ah ! te voilà, Delphine.

Madame de Restaud parut embarrassée de rencontrer sa sœur.

— Bonjour, Nasie, dit la baronne. Trouves-tu donc ma présence extraordinaire ? Je vois mon père tous les jours, moi.

— Depuis quand ?

— Si tu y venais, tu le saurais.

— Ne me taquine pas, Delphine, dit la comtesse d'une voix lamentable. Je suis bien malheureuse, je suis perdue, mon pauvre père ! oh ! bien perdue cette fois !

— Qu'as-tu, Nasie ? cria le père Goriot. Dis-nous tout, mon enfant. Elle pâlit. Delphine, allons, secoursla donc, sois bonne pour elle, je t'aimerai encore mieux, si je peux, toi !

— Ma pauvre Nasie, dit madame de Nucingen en asseyant sa sœur, parle. Tu vois en nous les deux seules personnes qui t'aimeront toujours assez pour te pardonner tout. Vois-tu, les affections de famille sont les plus sûres. Elle lui fit respirer des sels, et la comtesse revint à elle.

— J'en mourrai, dit le père Goriot. Voyons, reprit-il en remuant son feu de mottes, approchez-vous toutes les deux. J'ai froid. Qu'as-tu, Nasie ? dis vite, tu me tues....

— Eh bien ! dit la pauvre femme, mon mari sait tout. Figurez-vous, mon père, il y a quelque temps, vous souvenez-vous de cette lettre de change de Maxime ? Eh bien ! ce n'était pas la première. J'en avait déjà payé beaucoup. Vers le commencement de janvier, monsieur de Trailles me paraissait bien chagrin. Il ne me disait rien ; mais il est si facile de lire dans le cœur des gens qu'on aime, un rien suffit : puis il y a des pressentiments. Enfin il était plus aimant, plus tendre que je ne l'avais jamais vu, j'étais toujours plus heureuse. Pauvre Maxime ! dans sa pensée, il me faisait ses adieux, m'a-t-il dit ; il voulait se brûler la cervelle. Enfin je l'ai tant tourmenté, tant supplié, je suis restée deux heures à ses genoux. Il m'a dit qu'il devait cent mille francs ! Oh ! papa, cent mille francs ! Je suis devenue folle. Vous ne les aviez pas, j'avais tout dévoré...

— Non, dit le père Goriot, je n'aurais pas pu les faire, à moins d'aller les voler. Mais j'y aurais été, Nasie ! J'irai.

A ce mot lugubrement jeté, comme un son du
râle d'un mourant, et qui accusait l'agonie du sentiment paternel réduit à l'impuissance, les deux sœurs
firent une pause. Quel égoïsme serait resté froid à ce
cri de désespoir qui, semblable à une pierre lancée
dans un gouffre, en révélait la profondeur ?

— Je les ai trouvés en disposant de ce qui ne
m'appartenait pas, mon père, dit la comtesse en
fondant en larmes.

Delphine fut émue et pleura en mettant la tête sur le
cou de sa sœur.

— Tout est donc vrai, dit-elle.

Anastasie baissa la tête, madame de Nucingen la
saisit à plein corps, la baisa tendrement, et l'appuyant
sur son cœur : — Ici, tu seras toujours aimée sans être
jugée, lui dit-elle.

— Mes anges, dit Goriot d'une voix faible, pourquoi votre union est-elle due au malheur ?

— Pour sauver la vie de Maxime, enfin pour sauver
tout mon bonheur, reprit la comtesse encouragée par
ces témoignages d'une tendresse chaude et palpitante,
j'ai porté chez cet usurier que vous connaissez, un
homme fabriqué par l'enfer, que rien ne peut attendrir, ce monsieur Gobseck, les diamants de famille
auxquels tient tant monsieur de Restaud, les siens, les
miens, tout, je les ai vendus. Vendus ! comprenez-
vous ? Il a été sauvé ! Mais, moi, je suis morte.
Restaud a tout su.

— Par qui ? Comment ? Que je le tue ! cria le père
Goriot.

— Hier, il m'a fait appeler dans sa chambre. J'y
suis allée... « Anastasie, m'a-t-il dit d'une voix... (oh !

sa voix a suffi, j'ai tout deviné), où sont vos diamants ? » Chez moi. « Non, m'a-t-il dit en me regardant, ils sont là, sur ma commode. » Et il m'a montré
l'écrin qu'il avait couvert de son mouchoir. « Vous
savez d'où ils viennent ? » m'a-t-il dit. Je suis tombée
à ses genoux... J'ai pleuré, je lui ai demandé de quelle
mort il voulait me voir mourir.

— Tu as dit cela ! s'écria le père Goriot. Par le
sacré nom de Dieu, celui qui vous fera mal à l'une ou à
l'autre, tant que je serai vivant, peut être sûr que je le
brûlerai à petit feu ! Oui, je le déchiquetterai comme...

Le père Goriot se tut, les mots expiraient dans sa
gorge.

— Enfin, ma chère, il m'a demandé quelque chose
de plus difficile à faire que de mourir. Le ciel préserve
toute femme d'entendre ce que j'ai entendu !

— J'assassinerai cet homme, dit le père Goriot
tranquillement. Mais il n'a qu'une vie, et il m'en doit
deux. Enfin, quoi ? reprit-il en regardant Anastasie.

— Eh bien ! dit la comtesse en continuant après
une pause, il m'a regardée : « Anastasie, m'a-t-il dit,
j'ensevelis tout dans le silence, nous resterons ensemble, nous avons des enfants. Je ne tuerai pas monsieur
de Trailles, je pourrais le manquer, et pour m'en
défaire autrement je pourrais me heurter contre la
justice humaine. Le tuer dans vos bras, ce serait
déshonorer *les* enfants. Mais pour ne voir périr ni vos
enfants, ni leur père, ni moi, je vous impose deux
conditions. Répondez : Ai-je un enfant à moi ? » J'ai
dit oui. « Lequel ? » a-t-il demandé. Ernest, notre
aîné. « Bien, a-t-il dit. Maintenant, jurez-moi de
m'obéir désormais sur un seul point. » J'ai juré.

« Vous signerez la vente de vos biens quand je vous le demanderai. »

— Ne signe pas, cria le père Goriot. Ne signe jamais cela. Ah ! ah ! monsieur de Restaud. vous ne savez pas ce que c'est que de rendre une femme heureuse, elle va chercher le bonheur là où il est, et vous la punissez de votre niaise impuissance ?... Je suis là, moi, halte-là ! il me trouvera dans sa route. Nasie, sois en repos. Ah, il tient à son héritier ! bon, bon. Je lui empoignerai son fils, qui, sacré tonnerre, est mon petit-fils. Je puis bien le voir, ce marmot ? Je le mets dans mon village, j'en aurai soin, sois bien tranquille. Je le ferai capituler, ce monstre-là, en lui disant : A nous deux ! Si tu veux avoir ton fils, rends à ma fille son bien, et laisse-la se conduire à sa guise.

— Mon père !

— Oui, ton père ! Ah ! je suis un vrai père. Que ce drôle de grand seigneur ne maltraite pas mes filles. Tonnerre ! je ne sais pas ce que j'ai dans les veines. J'y ai le sang d'un tigre, je voudrais dévorer ces deux hommes. Ô mes enfants ! voilà donc votre vie ? Mais c'est ma mort. Que deviendrez-vous donc quand je ne serai plus là ? Les pères devraient vivre autant que leurs enfants. Mon Dieu, comme ton monde est mal arrangé ! Et tu as un fils cependant, à ce qu'on nous dit. Tu devrais nous empêcher de souffrir dans nos enfants. Mes chers anges, quoi ! ce n'est qu'à vos douleurs que je dois votre présence. Vous ne me faites connaître que vos larmes. Eh bien, oui, vous m'aimez, je le vois. Venez, venez vous plaindre ici ! mon cœur est grand, il peut tout recevoir. Oui, vous aurez beau le percer, les lambeaux feront encore des cœurs de père. Je voudrais prendre vos peines, souffrir pour vous. Ah ! quand vous étiez petites, vous étiez bien heureuses...

— Nous n'avons eu que ce temps-là de bon, dit Delphine. Où sont les moment où nous dégringolions du haut des sacs dans le grand grenier ?

— Mon père ! ce n'est pas tout, dit Anastasie à l'oreille de Goriot qui fit un bond. Les diamants n'ont pas été vendus cent mille francs. Maxime est poursuivi Nous n'avons plus que douze mille francs à payer. Il m'a promis d'être sage, de ne plus jouer. Il ne me reste plus au monde que son amour, et je l'ai payé trop cher pour ne pas mourir s'il m'échappait. Je lui ai sacrifié fortune, honneur, repos, enfants. Oh ! faites qu'au moins Maxime soit libre, honoré, qu'il puisse demeurer dans le monde où il saura se faire une position. Maintenant il ne me doit pas que le bonheur, nous avons des enfants qui seraient sans fortune. Tout sera perdu s'il est mis à Sainte-Pélagie [1].

— Je ne les ai pas, Nasie. Plus, plus rien, plus rien ! C'est la fin du monde. Oh ! le monde va crouler, c'est sûr. Allez-vous-en, sauvez-vous avant ! Ah ! j'ai encore mes boucles d'argent, six couverts, les premiers que j'aie eus dans ma vie. Enfin, je n'ai plus que douze cents francs de rente viagère...

— Qu'avez-vous donc fait de vos rentes perpétuelles ?

— Je les ai vendues en me réservant ce petit bout de revenu pour mes besoins. Il me fallait douze mille francs pour arranger un appartement à Fifine.

— Chez toi, Delphine ? dit madame de Restaud à sa sœur.

— Oh ! qu'est-ce que cela fait ! reprit le père Goriot, les douze mille francs sont employés.

— Je devine, dit la comtesse. Pour monsieur de Rastignac. Ah ! ma pauvre Delphine, arrête-toi. Vois où j'en suis.

— Ma chère, monsieur de Rastignac est un jeune homme incapable de ruiner sa maîtresse.

— Merci, Delphine. Dans la crise où je me trouve, j'attendais mieux de toi ; mais tu ne m'as jamais aimée.

— Si, elle t'aime, Nasie, cria le père Goriot, elle me le disait tout à l'heure. Nous parlions de toi, elle me soutenait que tu étais belle et qu'elle n'était que jolie, elle !

— Elle ! répéta la comtesse, elle est d'un beau froid.

— Quand cela serait, dit Delphine en rougissant, comment t'es-tu comportée envers moi ? Tu m'as reniée, tu m'as fait fermer les portes de toutes les maisons où je souhaitais aller, enfin tu n'as jamais manqué la moindre occasion de me causer de la peine. Et moi, suis-je venue, comme toi, soutirer à ce pauvre père, mille francs à mille francs, sa fortune, et le réduire dans l'état où il est ? Voilà ton ouvrage, ma sœur. Moi, j'ai vu mon père tant que j'ai pu, je ne l'ai pas mis à la porte, et je ne suis pas venue lui lécher les mains quand j'avais besoin de lui. Je ne savais seulement pas qu'il eût employé ces douze mille francs pour moi. J'ai de l'ordre, moi ! tu le sais. D'ailleurs, quand papa m'a fait des cadeaux. je ne les ai jamais quêtés.

— Tu étais plus heureuse que moi : monsieur de

Marsay était riche, tu en sais quelque chose. Tu as toujours été vilaine comme l'or. Adieu, je n'ai ni sœur, ni...

— Tais-toi, Nasie ! cria le père Goriot.

— Il n'y a qu'une sœur comme toi qui puisse répéter ce que le monde ne croit plus, tu es un monstre, lui dit Delphine.

— Mes enfants, mes enfants, taisez-vous, ou je me tue devant vous.

— Va, Nasie, je te pardonne, dit madame de Nucingen en continuant, tu es malheureuse. Mais je suis meilleure que tu ne l'es. Me dire cela au moment où je me sentais capable de tout pour te secourir, même d'entrer dans la chambre de mon mari, ce que je ne ferais ni pour moi ni pour... Ceci est digne de tout ce que tu as commis de mal contre moi depuis neuf ans.

— Mes enfants, mes enfants, embrassez-vous ! dit le père. Vous êtes deux anges.

— Non, laissez-moi, cria la comtesse que Goriot avait prise par le bras et qui secoua l'embrassement de son père. Elle a moins de pitié pour moi que n'en aurait mon mari. Ne dirait-on pas qu'elle est l'image de toutes les vertus !

— J'aime encore mieux passer pour devoir de l'argent à monsieur de Marsay que d'avouer que monsieur de Trailles me coûte plus de deux cent mille francs, répondit madame de Nucingen.

— Delphine ! cria la comtesse en faisant un pas vers elle.

— Je te dis la vérité quand tu me calomnies, répliqua froidement la baronne.

— Delphine ! tu es une...

Le père Goriot s'élança, retint la comtesse et l'empêcha de parler en lui couvrant la bouche avec sa main.

— Mon Dieu ! mon père, à quoi donc avez-vous touché ce matin ? lui dit Anastasie.

— Eh bien, oui, j'ai tort, dit le pauvre père en s'essuyant les mains à son pantalon. Mais je ne savais pas que vous viendriez, je déménage.

Il était heureux de s'être attiré un reproche qui détournait sur lui la colère de sa fille.

— Ah ! reprit-il en s'asseyant, vous m'avez fendu le cœur. Je me meurs, mes enfants ! Le crâne me cuit intérieurement comme s'il avait du feu. Soyez donc gentilles, aimez-vous bien ! Vous me feriez mourir. Delphine, Nasie, allons, vous aviez raison, vous aviez tort toutes les deux. Voyons, Dedel, reprit-il en portant sur la baronne des yeux pleins de larmes, il lui faut douze mille francs, cherchons-les. Ne vous regardez pas comme ça. Il se mit à genoux devant Delphine. — Demande-lui pardon pour me faire plaisir, lui dit-il à l'oreille, elle est la plus malheureuse, voyons ?

— Ma pauvre Nasie, dit Delphine épouvantée de la sauvage et folle expression que la douleur imprimait sur le visage de son père, j'ai eu tort, embrasse-moi...

— Ah ! vous me mettez du baume sur le cœur, cria le père Goriot. Mais où trouver douze mille francs ? Si je me proposais comme remplaçant [1] ?

— Ah ! mon père ! dirent les deux filles en l'entourant, non, non.

— Dieu vous récompensera de cette pensée, notre

vie n'y suffirait point ! n'est-ce pas, Nasie ? reprit Delphine.

— Et puis, pauvre père, ce serait une goutte d'eau, fit observer la comtesse.

— Mais on ne peut donc rien faire de son sang ? cria le vieillard désespéré. Je me voue à celui qui te sauvera, Nasie ! je tuerai un homme pour lui. Je ferai comme Vautrin, j'irai au bagne ! je... Il s'arrêta comme s'il eût été foudroyé. Plus rien ! dit-il en s'arrachant les cheveux. Si je savais où aller pour voler, mais il est encore difficile de trouver un vol à faire. Et puis il faudrait du monde et du temps pour prendre la Banque. Allons, je dois mourir, je n'ai plus qu'à mourir. Oui, je ne suis plus bon à rien, je ne suis plus père ! non. Elle me demande, elle a besoin ! et moi, misérable, je n'ai rien. Ah ! tu t'es fait des rentes viagères, vieux scélérat, et tu avais des filles ! Mais tu ne les aimes donc pas ? Crève, crève comme un chien que tu es ! Oui, je suis au-dessous d'un chien, un chien ne se conduirait pas ainsi ! Oh ! ma tête ! elle bout !

— Mais, papa, crièrent les deux jeunes femmes qui l'entouraient pour l'empêcher de se frapper la tête contre les murs, soyez donc raisonnable.

Il sanglotait. Eugène, épouvanté, prit la lettre de change souscrite à Vautrin et dont le timbre comportait une plus forte somme ; il en corrigea le chiffre, en fit une lettre de change régulière de douze mille francs à l'ordre de Goriot et entra.

— Voici tout votre argent, madame, dit-il en présentant le papier. Je dormais, votre conversation m'a réveillé, j'ai pu savoir ainsi ce que je devais à monsieur Goriot. En voici le titre que vous pouvez négocier, je l'acquitterai fidèlement.

La comtesse, immobile, tenait le papier.

— Delphine, dit-elle pâle et tremblante de colère, de fureur, de rage, je te pardonnais tout, Dieu m'en est témoin, mais ceci ! Comment, monsieur était là, tu le savais ! tu as eu la petitesse de te venger en me laissant lui livrer mes secrets, ma vie, celle de mes enfants, ma honte, mon honneur ! Va, tù ne m'es plus de rien, je te hais, je te ferai tout le mal possible, je... La colère lui coupa la parole, et son gosier se sécha.

— Mais c'est mon fils, notre enfant, ton frère, ton sauveur, criait le père Goriot. Embrasse-le donc, Nasie ! Tiens, moi je l'embrasse, reprit-il en serrant Eugène avec une sorte de fureur. Oh ! mon enfant ! Je serai plus qu'un père pour toi, je veux être une famille. Je voudrais être Dieu, je te jetterais l'univers aux pieds. Mais, baise-le donc, Nasie ! ce n'est pas un homme, mais un ange, un véritable ange !

— Laissez-la, mon père, elle est folle en ce moment, dit Delphine.

— Folle ! folle ! Et toi, qu'es-tu ? demanda madame de Restaud.

— Mes enfants, je meurs si vous continuez, cria le vieillard en tombant sur son lit comme frappé par une balle. — Elles me tuent ! se dit-il.

La comtesse regarda Eugène, qui restait immobile, abasourdi par la violence de cette scène. — Monsieur, lui dit-elle en l'interrogeant du geste, de la voix et du regard, sans faire attention à son père dont le gilet fut rapidement défait par Delphine.

— Madame, je paierai et je me tairai, répondit-il sans attendre la question.

— Tu as tué notre père, Nasie ! dit Delphine en montrant le vieillard évanoui à sa sœur, qui se sauva.

— Je lui pardonne bien, dit le bonhomme en ouvrant les yeux, sa situation est épouvantable et tournerait une meilleure tête. Console Nasie, sois douce pour elle, promets-le à ton pauvre père, qui se meurt, demanda-t-il à Delphine en lui pressant la main.

— Mais qu'avez-vous ? dit-elle tout effrayée.

— Rien, rien, répondit le père, ça se passera. J'ai quelque chose qui me presse le front, une migraine. Pauvre Nasie, quel avenir !

En ce moment la comtesse rentra, se jeta aux genoux de son père : — Pardon ! cria-t-elle.

— Allons, dit le père Goriot, tu me fais encore plus de mal maintenant.

— Monsieur, dit la comtesse à Rastignac, les yeux baignés de larmes, la douleur m'a rendue injuste. Vous serez un frère pour moi ? reprit-elle en lui tendant la main.

— Nasie, lui dit Delphine en la serrant, ma petite Nasie, oublions tout.

— Non, dit-elle, je m'en souviendrai, moi !

— Les anges, s'écria le père Goriot, vous m'enlevez le rideau que j'avais sur les yeux, votre voix me ranime. Embrassez-vous donc encore. Eh bien ! Nasie, cette lettre de change te sauvera-t-elle ?

— Je l'espère. Dites donc, papa, voulez-vous y mettre votre signature ?

— Tiens, suis-je bête, moi, d'oublier ça ! Mais je

me suis trouvé mal. Nasie, ne m'en veux pas. Envoie-
moi dire que tu es hors de peine. Non, j'irai. Mais non,
je n'irai pas, je ne puis plus voir ton mari, je le tuerais
net. Quant à dénaturer tes biens, je serai là. Va vite,
mon enfant, et fais que Maxime devienne sage.

Eugène était stupéfait.

— Cette pauvre Anastasie a toujours été violente,
dit madame de Nucingen, mais elle a bon cœur.

— Elle est revenue pour l'endos, dit Eugène à
l'oreille de Delphine.

— Vous croyez ?

— Je voudrais ne pas le croire. Méfiez-vous d'elle,
répondit-il en levant les yeux comme pour confier à
Dieu des pensées qu'il n'osait exprimer.

— Oui, elle a toujours été un peu comédienne, et
mon pauvre père se laisse prendre à ses mines.

— Comment allez-vous, mon bon père Goriot ?
demanda Rastignac au vieillard.

— J'ai envie de dormir, répondit-il.

Eugène aida Goriot à se coucher. Puis, quand le
bonhomme se fut endormi en tenant la main de
Delphine, sa fille se retira.

— Ce soir aux Italiens, dit-elle à Eugène, et tu me
diras comment il va. Demain, vous déménagerez,
monsieur. Voyons votre chambre. Oh ! quelle horreur ! dit-elle en y entrant. Mais vous étiez plus mal
que n'est mon père. Eugène, tu t'es bien conduit. Je
vous aimerais davantage si c'était possible ; mais,
mon enfant, si vous voulez faire fortune, il ne faut pas
jeter comme ça douze mille francs par les fenêtres. Le
comte de Trailles est joueur. Ma sœur ne veut pas voir

ça. Il aurait été chercher ses douze mille francs là où il sait perdre ou gagner des monts d'or.

Un gémissement les fit revenir chez Goriot, qu'ils trouvèrent en apparence endormi ; mais quand les deux amants s'approchèrent, ils entendirent ces mots : « Elles ne sont pas heureuses ! » Qu'il dormît ou qu'il veillât, l'accent de cette phrase frappa si vivement le cœur de sa fille, qu'elle s'approcha du grabat sur lequel gisait son père, et le baisa au front. Il ouvrit ses yeux en disant :

— C'est Delphine !

— Eh bien ! comment vas-tu ? demanda-t-elle.

— Bien, dit-il. Ne sois pas inquiète, je vais sortir. Allez, allez, mes enfants, soyez heureux.

Eugène accompagna Delphine jusque chez elle ; mais, inquiet de l'état dans lequel il avait laissé Goriot, il refusa de dîner avec elle, et revint à la Maison-Vauquer. Il trouva le père Goriot debout et prêt à s'attabler. Bianchon s'était mis de manière à bien examiner la figure du vermicellier. Quand il lui vit prendre son pain et le sentir pour juger de la farine avec laquelle il était fait, l'étudiant, ayant observé dans ce mouvement une absence totale de ce que l'on pourrait nommer la conscience de l'acte, fit un geste sinistre.

— Viens donc près de moi, monsieur l'interne à Cochin, dit Eugène.

Bianchon s'y transporta d'autant plus volontiers qu'il allait être près du vieux pensionnaire.

— Qu'a-t-il ? demanda Rastignac.

— A moins que je ne me trompe, il est flambé ! Il a dû se passer quelque chose d'extraordinaire en lui, il me semble être sous le poids d'une apoplexie sérieuse imminente. Quoique le bas de la figure soit assez calme, les traits supérieurs du visage se tirent vers le front malgré lui, vois ! Puis les yeux sont dans l'état particulier qui dénote l'invasion du sérum dans le cerveau. Ne dirait-on pas qu'ils sont pleins d'une poussière fine ? Demain matin j'en saurai davantage.

— Y aurait-il quelque remède ?

— Aucun. Peut-être pourra-t-on retarder sa mort si l'on trouve les moyens de déterminer une réaction vers les extrémités, vers les jambes ; mais si demain soir les symptômes ne cessent pas, le pauvre bonhomme est perdu. Sais-tu par quel événement la maladie a été causée ? Il a dû recevoir un coup violent sous lequel son moral aura succombé.

— Oui, dit Rastignac en se rappelant que les deux filles avaient battu sans relâche sur le cœur de leur père.

— Au moins, se disait Eugène, Delphine aime son père, elle !

Le soir, aux Italiens, Rastignac prit quelques précautions afin de ne pas trop alarmer madame de Nucingen.

— N'ayez pas d'inquiétude, répondit-elle aux premiers mots que lui dit Eugène, mon père est fort. Seulement, ce matin, nous l'avons un peu secoué. Nos fortunes sont en question, songez-vous à l'étendue de ce malheur ? Je ne vivrais pas si votre affection ne me rendait pas insensible à ce que j'aurais regardé naguère comme des angoisses mortelles. Il n'est plus aujourd'hui qu'une seule crainte, un seul malheur pour moi, c'est de perdre l'amour qui m'a fait sentir le

plaisir de vivre. En dehors de ce sentiment tout m'est
indifférent, je n'aime plus rien au monde. Vous êtes
tout pour moi. Si je sens le bonheur d'être riche, c'est
pour mieux vous plaire. Je suis, à ma honte, plus
amante que je ne suis fille. Pourquoi ? je ne sais.
Toute ma vie est en vous. Mon père m'a donné un
cœur, mais vous l'avez fait battre. Le monde entier
peut me blâmer, que m'importe ! si vous, qui n'avez
pas le droit de m'en vouloir, m'acquittez des crimes
auxquels me condamne un sentiment irrésistible ? Me
croyez-vous une fille dénaturée ? oh, non, il est
impossible de ne pas aimer un père aussi bon que l'est
le nôtre. Pouvais-je empêcher qu'il ne vît enfin les
suites naturelles de nos déplorables mariages ? Pourquoi ne les a-t-il pas empêchés ? N'était-ce pas à lui
de réfléchir pour nous ? Aujourd'hui, je le sais, il
souffre autant que nous ; mais que pouvions-nous y
faire ? Le consoler ! nous ne le consolerions de rien.
Notre résignation lui faisait plus de douleur que nos
reproches et nos plaintes ne lui causeraient de mal. Il
est des situations dans la vie où tout est amertume.

Eugène resta muet, saisi de tendresse par l'expression naïve d'un sentiment vrai. Si les Parisiennes sont
souvent fausses, ivres de vanité, personnelles,
coquettes, froides, il est sûr que quand elles aiment
réellement, elles sacrifient plus de sentiments que les
autres femmes à leurs passions ; elles se grandissent
de toutes leurs petitesses, et deviennent sublimes. Puis
Eugène était frappé de l'esprit profond et judicieux
que la femme déploie pour juger les sentiments les
plus naturels, quand une affection privilégiée l'en

sépare et la met à distance. Madame de Nucingen se
choqua du silence que gardait Eugène.

— A quoi pensez-vous donc ? lui demanda-t-elle.

— J'écoute encore ce que vous m'avez dit. J'ai cru
jusqu'ici vous aimer plus que vous ne m'aimiez.

Elle sourit et s'arma contre le plaisir qu'elle
éprouva, pour laisser la conversation dans les bornes
imposées par les convenances. Elle n'avait jamais
entendu les expressions vibrantes d'un amour jeune et
sincère. Quelques mots de plus, elle ne se serait plus
contenue.

— Eugène, dit-elle en changeant de conversation,
vous ne savez donc pas ce qui se passe ? Tout Paris
sera demain chez madame de Beauséant. Les Rochefide et le marquis d'Ajuda se sont entendus pour ne
rien ébruiter ; mais le Roi signe demain le contrat de
mariage, et votre pauvre cousine ne sait rien encore.
Elle ne pourra pas se dispenser de recevoir, et le
marquis ne sera pas à son bal. On ne s'entretient que
de cette aventure.

— Et le monde se rit d'une infamie, et il y trempe !
Vous ne savez donc pas que madame de Beauséant en
mourra ?

— Non, dit Delphine en souriant, vous ne connaissez pas ces sortes de femmes-là. Mais tout Paris
viendra chez elle, et j'y serai ! Je vous dois ce bonheur-
là pourtant.

— Mais, dit Rastignac, n'est-ce pas un de ces
bruits absurdes comme on en fait tant courir à Paris ?

— Nous saurons la vérité demain.

Eugène ne rentra pas à la Maison-Vauquer. Il ne
put se résoudre à ne pas jouir de son nouvel apparte-

ment. Si, la veille, il avait été forcé de quitter
Delphine, à une heure après minuit, ce fut Delphine
qui le quitta vers deux heures pour retourner chez
elle. Il dormit le lendemain assez tard, attendit vers
midi madame de Nucingen, qui vint déjeuner avec lui.
Les jeunes gens sont si avides de ces jolis bonheurs,
qu'il avait presque oublié le père Goriot. Ce fut une
longue fête pour lui que de s'habituer à chacune de
ces élégantes choses qui lui appartenaient. Madame
de Nucingen était là, donnant à tout un nouveau prix.
Cependant, vers quatre heures, les deux amants
pensèrent au père Goriot en songeant au bonheur
qu'il se promettait à venir demeurer dans cette
maison. Eugène fit observer qu'il était nécessaire d'y
transporter promptement le bonhomme, s'il devait
être malade, et quitta Delphine pour courir à la
Maison-Vauquer. Ni le père Goriot ni Bianchon
n'étaient à table.

— Eh bien ! lui dit le peintre, le père Goriot est
éclopé. Bianchon est là-haut près de lui. Le bonhomme a vu l'une de ses filles, la comtesse de
Restaurama. Puis il a voulu sortir et sa maladie a
empiré. La société va être privée d'un de ses beaux
ornements.

Rastignac s'élança vers l'escalier.

— Hé ! monsieur Eugène !

— Monsieur Eugène ! madame vous appelle, cria
Sylvie.

— Monsieur, lui dit la veuve, monsieur Goriot et
vous, vous deviez sortir le quinze de février. Voici
trois jours que le quinze est passé, nous sommes au
dix-huit, il faudra me payer un mois pour vous et

pour lui, mais, si vous voulez garantir le père Goriot, votre parole me suffira.

— Pourquoi ? n'avez-vous pas confiance ?

— Confiance ! si le bonhomme n'avait plus sa tête et mourait, ses filles ne me donneraient pas un liard, et toute sa défroque ne vaut pas dix francs. Il a emporté ce matin ses derniers couverts, je ne sais pourquoi. Il s'était mis en jeune homme. Dieu me pardonne, je crois qu'il avait du rouge, il m'a paru rajeuni.

— Je réponds de tout, dit Eugène en frissonnant d'horreur et appréhendant une catastrophe.

Il monta chez le père Goriot. Le vieillard gisait sur son lit, et Bianchon était auprès de lui.

— Bonjour, père, lui dit Eugène.

Le bonhomme lui sourit doucement, et répondit en tournant vers lui des yeux vitreux. — Comment va-t-elle ?

— Bien. Et vous ?

— Pas mal.

— Ne le fatigue pas, dit Bianchon en entraînant Eugène dans un coin de la chambre.

— Eh bien ? lui dit Rastignac.

— Il ne peut être sauvé que par un miracle. La congestion séreuse a eu lieu, il a les sinapismes ; heureusement il les sent, ils agissent.

— Peut-on le transporter ?

— Impossible. Il faut le laisser là, lui éviter tout mouvement physique et toute émotion...

— Mon bon Bianchon, dit Eugène, nous le soignerons à nous deux.

— J'ai déjà fait venir le médecin en chef de mon hôpital.

— Eh bien ?

— Il prononcera demain soir. Il m'a promis de venir après sa journée. Malheureusement ce fichu bonhomme a commis ce matin une imprudence sur laquelle il ne veut pas s'expliquer. Il est entêté comme une mule. Quand je lui parle, il fait semblant de ne pas entendre, et dort pour ne pas me répondre ; ou bien, s'il a les yeux ouverts, il se met à geindre. Il est sorti vers le matin, il a été à pied dans Paris, on ne sait où. Il a emporté tout ce qu'il possédait de vaillant, il a été faire quelque sacré trafic pour lequel il a outre-passé ses forces ! Une de ses filles est venue.

— La comtesse ? dit Eugène. Une grande brune, l'œil vif et bien coupé, joli pied, taille souple ?

— Oui.

— Laisse-moi seul un moment avec lui, dit Rastignac. Je vais le confesser, il me dira tout, à moi.

— Je vais aller dîner pendant ce temps-là. Seulement tâche de ne pas trop l'agiter ; nous avons encore quelque espoir.

— Sois tranquille.

— Elles s'amuseront bien demain, dit le père Goriot à Eugène quand ils furent seuls. Elles vont à un grand bal.

— Qu'avez-vous donc fait ce matin, papa, pour être si souffrant ce soir qu'il vous faille rester au lit ?

— Rien.

— Anastasie est venue ? demanda Rastignac.

— Oui, répondit le père Goriot.

— Eh bien ! ne me cachez rien. Que vous a-t-elle encore demandé ?

— Ah ! reprit-il en rassemblant ses forces pour parler, elle était bien malheureuse, allez, mon enfant ! Nasie n'a pas un sou depuis l'affaire des diamants. Elle avait commandé, pour ce bal, une robe lamée qui doit lui aller comme un bijou. Sa couturière, une infâme, n'a pas voulu lui faire crédit, et sa femme de chambre a payé mille francs en acompte sur la toilette. Pauvre Nasie, en être venue là ! Ça m'a déchiré le cœur. Mais la femme de chambre, voyant ce Restaud retirer toute sa confiance à Nasie, a eu peur de perdre son argent, et s'entend avec la couturière pour ne livrer la robe que si les mille francs sont rendus. Le bal est demain, la robe est prête, Nasie est au désespoir. Elle a voulu m'emprunter mes couverts pour les engager. Son mari veut qu'elle aille à ce bal pour montrer à tout Paris les diamants qu'on prétend vendus par elle. Peut-elle dire à ce monstre : « Je dois mille francs, payez-les ? » Non. J'ai compris ça, moi. Sa sœur Delphine ira là dans une toilette superbe. Anastasie ne doit pas être au-dessous de sa cadette. Et puis elle est si noyée de larmes, ma pauvre fille ! J'ai été si humilié de n'avoir pas eu douze mille francs hier, que j'aurais donné le reste de ma misérable vie pour racheter ce tort-là. Voyez-vous ? j'avais eu la force de tout supporter, mais mon dernier manque d'argent m'a crevé le cœur. Oh ! oh ! je n'en ai fait ni une ni deux, je me suis rafistolé, requinqué ; j'ai vendu pour six cents francs de couverts et de boucles, puis j'ai engagé, pour un an, mon titre de rente viagère contre quatre cents francs une fois payés, au papa Gobseck. Bah ! je mangerai du pain ! ça me suffisait quand j'étais jeune, ça peut encore aller. Au moins elle aura une belle soirée, ma Nasie. Elle sera pimpante. J'ai le billet de mille francs là sous mon chevet. Ça me réchauffe d'avoir là sous la tête ce qui va faire plaisir à la pauvre Nasie ! Elle pourra mettre sa mauvaise Victoire à la porte. A-t-on vu des domestiques ne pas avoir confiance dans leurs maîtres ! Demain je serai bien, Nasie vient à dix heures. Je ne veux pas qu'elles me croient malade, elles n'iraient point au bal, elles me soigneraient. Nasie m'embrassera demain comme son enfant, ses caresses me guériront. Enfin, n'aurais-je pas dépensé mille francs chez l'apothicaire ? J'aime mieux les donner à mon Guérit-Tout, à ma Nasie. Je la consolerai dans sa misère, au moins. Ça m'acquitte du tort de m'être fait du viager. Elle est au fond de l'abîme, et moi je ne suis plus assez fort pour l'en tirer. Oh ! je vais me remettre au commerce. J'irai à Odessa pour y acheter du grain. Les blés valent là trois fois moins que les nôtres ne coûtent. Si l'introduction des céréales est défendue en nature, les braves gens qui font les lois n'ont pas songé à prohiber les fabrications dont les blés sont le principe. Hé, hé !... j'ai trouvé cela, moi, ce matin ! Il y a de beaux coups à faire dans les amidons.

— Il est fou, se dit Eugène en regardant le vieillard. Allons, restez en repos, ne parlez pas...

Eugène descendit pour dîner quand Bianchon remonta. Puis tous deux passèrent la nuit à garder le malade à tour de rôle, en s'occupant, l'un à lire ses livres de médecine, l'autre à écrire à sa mère et à ses sœurs. Le lendemain, les symptômes qui se déclarè-

rent chez le malade furent, suivant Bianchon, d'un
favorable augure ; mais ils exigèrent des soins conti-
nuels dont les deux étudiants étaient seuls capables, et
dans le récit desquels il est impossible de compromet-
tre la pudibonde phraséologie de l'époque. Les
sangsues mises sur le corps appauvri du bonhomme
furent accompagnées de cataplasmes, de bains de
pied, de manœuvres médicales pour lesquelles il
fallait d'ailleurs la force et le dévouement des deux
jeunes gens. Madame de Restaud ne vint pas ; elle
envoya chercher sa somme par un commissionnaire.

— Je croyais qu'elle serait venue elle-même. Mais
ce n'est pas un mal, elle se serait inquiétée, dit le père
en paraissant heureux de cette circonstance.

A sept heures du soir, Thérèse vint apporter une
lettre de Delphine.

> « Que faites-vous donc, mon ami ? A peine
> aimée, serais-je déjà négligée ? Vous m'avez
> montré, dans ces confidences versées de
> cœur à cœur, une trop belle âme pour n'être
> pas de ceux qui restent toujours fidèles en
> voyant combien les sentiments ont de
> nuances. Comme vous l'avez dit en écoutant
> la prière de *Mosé* [1] : « Pour les uns c'est une
> même note, pour les autres c'est l'infini de la
> musique ! » Songez que je vous attends ce
> soir pour aller au bal de madame de Beau-
> séant. Décidément le contrat de monsieur
> d'Ajuda a été signé ce matin à la cour, et la
> pauvre vicomtesse ne l'a su qu'à deux
> heures. Tout Paris va se porter chez elle,

comme le peuple encombre la Grève quand il doit y avoir une exécution. N'est-ce pas horrible d'aller voir si cette femme cachera sa douleur, si elle saura bien mourir ? Je n'irais certes pas, mon ami, si j'avais été déjà chez elle ; mais elle ne recevra plus sans doute, et tous les efforts que j'ai faits seraient superflus. Ma situation est bien différente de celle des autres. D'ailleurs, j'y vais pour vous aussi. Je vous attends. Si vous n'étiez pas près de moi dans deux heures, je ne sais si je vous pardonnerais cette félonie. »

Rastignac prit une plume et répondit ainsi :

« J'attends un médecin pour savoir si votre père doit vivre encore. Il est mourant. J'irai vous porter l'arrêt, et j'ai peur que ce ne soit un arrêt de mort. Vous verrez si vous pouvez aller au bal. Mille tendresses. »

Le médecin vint à huit heures et demie, et, sans donner un avis favorable, il ne pensa pas que la mort dût être imminente. Il annonça des mieux et des rechutes alternatives d'où dépendraient la vie et la raison du bonhomme.

— Il vaudrait mieux qu'il mourût promptement, fut le dernier mot du docteur.

Eugène confia le père Goriot aux soins de Bianchon, et partit pour aller porter à madame de Nucingen les tristes nouvelles qui, dans son esprit encore imbu des devoirs de famille, devaient suspendre toute joie.

— Dites-lui qu'elle s'amuse tout de même, lui cria
le père Goriot qui paraissait assoupi, mais qui se
dressa sur son séant au moment où Rastignac sortit.

Le jeune homme se présenta navré de douleur à
Delphine, et la trouva coiffée, chaussée, n'ayant plus
que sa robe de bal à mettre. Mais, semblables aux
coups de pinceau par lesquels les peintres achèvent
leurs tableaux, les derniers apprêts voulaient plus de
temps que n'en demandait le fond même de la toile.

— Eh quoi, vous n'êtes pas habillé ? dit-elle.

— Mais madame, votre père...

— Encore mon père, s'écria-t-elle en l'interrompant. Mais vous ne m'apprendrez pas ce que je dois à
mon père. Je connais mon père depuis longtemps. Pas
un mot, Eugène. Je ne vous écouterai que quand vous
aurez fait votre toilette. Thérèse a tout préparé chez
vous ; ma voiture est prête, prenez-la ; revenez. Nous
causerons de mon père en allant au bal. Il faut partir
de bonne heure ; si nous sommes pris dans la file des
voitures, nous serons bien heureux de faire notre
entrée à onze heures.

— Madame !

— Allez ! pas un mot, dit-elle courant dans son
boudoir pour y prendre un collier.

— Mais allez donc, monsieur Eugène, vous fâche-
rez madame, dit Thérèse en poussant le jeune homme
épouvanté de cet élégant parricide.

Il alla s'habiller en faisant les plus tristes, les plus
décourageantes réflexions. Il voyait le monde comme
un océan de boue dans lequel un homme se plongeait
jusqu'au cou, s'il y trempait le pied. — Il ne s'y
commet que des crimes mesquins ! se dit-il. Vautrin

est plus grand. Il avait vu les trois grandes expressions
de la société : l'Obéissance, la Lutte et la Révolte ; la
Famille, le Monde et Vautrin. Et il n'osait prendre
parti. L'Obéissance était ennuyeuse, la Révolte
impossible, et la Lutte incertaine. Sa pensée le reporta
au sein de sa famille. Il se souvint des pures émotions
de cette vie calme, il se rappela les jours passés au
milieu des êtres dont il était chéri. En se conformant
aux lois naturelles du foyer domestique, ces chères
créatures y trouvaient un bonheur plein, continu, sans
angoisses. Malgré ces bonnes pensées, il ne se sentit
pas le courage de venir confesser la foi des âmes pures
à Delphine, en lui ordonnant la Vertu au nom de
l'Amour. Déjà son éducation commencée avait porté
ses fruits. Il aimait égoïstement déjà. Son tact lui avait
permis de reconnaître la nature du cœur de Delphine.
Il pressentait qu'elle était capable de marcher sur le
corps de son père pour aller au bal, et il n'avait ni la
force de jouer le rôle d'un raisonneur, ni le courage de
lui déplaire, ni la vertu de la quitter. « Elle ne me
pardonnerait jamais d'avoir eu raison contre elle dans
cette circonstance », se dit-il. Puis il commenta les
paroles des médecins, il se plut à penser que le père
Goriot n'était pas aussi dangereusement malade qu'il
le croyait ; enfin, il entassa des raisonnements assassins pour justifier Delphine. Elle ne connaissait pas
l'état dans lequel était son père. Le bonhomme lui-
même la renverrait au bal, si elle l'allait voir. Souvent
la loi sociale, implacable dans sa formule, condamne
là où le crime apparent est excusé par les innombra-
bles modifications qu'introduisent au sein des familles
la différence des caractères, la diversité des intérêts et

des situations. Eugène voulait se tromper lui-même, il était prêt à faire à sa maîtresse le sacrifice de sa conscience. Depuis deux jours, tout était changé dans sa vie. La femme y avait jeté ses désordres, elle avait fait pâlir la famille, elle avait tout confisqué à son profit. Rastignac et Delphine s'étaient rencontrés dans les conditions voulues pour éprouver l'un par l'autre les plus vives jouissances. Leur passion bien préparée avait grandi par ce qui tue les passions, par la jouissance. En possédant cette femme, Eugène s'aperçut que jusqu'alors il ne l'avait que désirée, il ne l'aima qu'au lendemain du bonheur : l'amour n'est peut-être que la reconnaissance du plaisir. Infâme ou sublime, il adorait cette femme pour les voluptés qu'il lui avait apportées en dot, et pour toutes celles qu'il en avait reçues ; de même que Delphine aimait Rastignac autant que Tantale aurait aimé l'ange qui serait venu satisfaire sa faim, ou étancher la soif de son gosier desséché.

— Eh bien ! comment va mon père ? lui dit madame de Nucingen quand il fut de retour et en costume de bal.

— Extrêmement mal, répondit-il, si vous voulez me donner une preuve de votre affection, nous courrons le voir.

— Eh bien, oui, dit-elle, mais après le bal. Mon bon Eugène, sois gentil, ne me fais pas de morale, viens.

Ils partirent. Eugène resta silencieux pendant une partie du chemin.

— Qu'avez-vous donc ? dit-elle.

— J'entends le râle de votre père, répondit-il avec

l'accent de la fâcherie. Et il se mit à raconter avec la chaleureuse éloquence du jeune âge la féroce action à laquelle madame de Restaud avait été poussée par la vanité, la crise mortelle que le dernier dévouement du père avait déterminée, et ce que coûterait la robe lamée d'Anastasie. Delphine pleurait.

— Je vais être laide, pensa-t-elle. Ses larmes se séchèrent. J'irai garder mon père, je ne quitterai pas son chevet, reprit-elle.

— Ah ! te voilà comme je te voulais, s'écria Rastignac.

Les lanternes de cinq cents voitures éclairaient les abords de l'hôtel de Beauséant. De chaque côté de la porte illuminée piaffait un gendarme. Le grand monde affluait si abondamment, et chacun mettait tant d'empressement à voir cette grande femme au moment de sa chute, que les appartements, situés au rez-de-chaussée de l'hôtel, étaient déjà pleins quand madame de Nucingen et Rastignac s'y présentèrent. Depuis le moment où toute la cour se rua chez la grande Mademoiselle à qui Louis XIV arrachait son amant [1], nul désastre de cœur ne fut plus éclatant que ne l'était celui de madame de Beauséant. En cette circonstance, la dernière fille de la quasi royale maison de Bourgogne se montra supérieure à son mal, et domina jusqu'à son dernier moment le monde dont elle n'avait accepté les vanités que pour les faire servir au triomphe de sa passion. Les plus belles femmes de Paris animaient les salons de leurs toilettes et de leurs sourires. Les hommes les plus distingués de la cour, les ambassadeurs, les ministres, les gens illustrés en tout genre, chamarrés de croix, de plaques, de cor-

dons multicolores, se pressaient autour de la vicomtesse. L'orchestre faisait résonner les motifs de sa
musique sous les lambris dorés de ce palais, désert
pour sa reine. Madame de Beauséant se tenait debout
devant son premier salon pour recevoir ses prétendus
amis. Vêtue de blanc, sans aucun ornement dans ses
cheveux simplement nattés, elle semblait calme, et
n'affichait ni douleur, ni fierté, ni fausse joie. Personne ne pouvait lire dans son âme. Vous eussiez dit
d'une Niobé de marbre. Son sourire à ses intimes amis
fut parfois railleur ; mais elle parut à tous semblable à
elle-même, et se montra si bien ce qu'elle était quand
le bonheur la parait de ses rayons, que les plus
insensibles l'admirèrent, comme les jeunes Romaines
applaudissaient le gladiateur qui savait sourire en
expirant. Le monde semblait s'être paré pour faire ses
adieux à l'une de ses souveraines.

— Je tremblais que vous ne vinssiez pas, dit-elle à
Rastignac.

— Madame, répondit-il d'une voix émue en prenant ce mot pour un reproche, je suis venu pour rester
le dernier.

— Bien, dit-elle en lui prenant la main. Vous êtes
peut-être ici le seul auquel je puisse me fier. Mon ami,
aimez une femme que vous puissiez aimer toujours.
N'en abandonnez aucune.

Elle prit le bras de Rastignac et le mena sur un
canapé, dans le salon où l'on jouait.

— Allez, lui dit-elle, chez le marquis. Jacques, mon
valet de chambre, vous y conduira et vous remettra
une lettre pour lui. Je lui demande ma correspondance. Il vous la remettra tout entière, j'aime à le

croire. Si vous avez mes lettres, montez dans ma chambre. On me préviendra.

Elle se leva pour aller au-devant de la duchesse de Langeais, sa meilleure amie, qui venait aussi. Rastignac partit, fit demander le marquis d'Ajuda à l'hôtel de Rochefide, où il devait passer la soirée, et où il le trouva. Le marquis l'emmena chez lui, remit une boîte à l'étudiant, et lui dit : « Elles y sont toutes. » Il parut vouloir parler à Eugène, soit pour le questionner sur les événements du bal et sur la vicomtesse, soit pour lui avouer que déjà peut-être il était au désespoir de son mariage, comme il le fut plus tard ; mais un éclair d'orgueil brilla dans ses yeux, et il eut le déplorable courage de garder le secret sur ses plus nobles sentiments. « Ne lui dites rien de moi, mon cher Eugène. » Il pressa la main de Rastignac par un mouvement affectueusement triste, et lui fit signe de partir. Eugène revint à l'hôtel de Beauséant, et fut introduit dans la chambre de la vicomtesse, où il vit les apprêts d'un départ. Il s'assit auprès du feu, regarda la cassette en cèdre, et tomba dans une profonde mélancolie. Pour lui, madame de Beauséant avait les proportions des déesses de *l'Iliade*.

— Ah ! mon ami, dit la vicomtesse en entrant et appuyant sa main sur l'épaule de Rastignac.

Il aperçut sa cousine en pleurs, les yeux levés, une main tremblante, l'autre levée. Elle prit tout à coup la boîte, la plaça dans le feu et la vit brûler.

— Ils dansent ! ils sont venus tous bien exactement, tandis que la mort viendra tard. Chut ! mon ami, dit-elle en mettant un doigt sur la bouche de Rastignac prêt à parler. Je ne verrai plus jamais ni

Paris ni le monde. A cinq heures du matin, je vais
partir pour aller m'ensevelir au fond de la Normandie [1]. Depuis trois heures après midi, j'ai été obligée de
faire mes préparatifs, signer des actes, voir à des
affaires ; je ne pouvais envoyer personne chez... Elle
s'arrêta. Il était sûr qu'on le trouverait chez... Elle
s'arrêta encore, accablée de douleur. En ces moments
tout est souffrance, et certains mots sont impossibles à
prononcer. — Enfin, reprit-elle, je comptais sur vous
ce soir pour ce dernier service. Je voudrais vous
donner un gage de mon amitié. Je penserai souvent à
vous, qui m'avez paru bon et noble, jeune et candide
au milieu de ce monde où ces qualités sont si rares. Je
souhaite que vous songiez quelquefois à moi. Tenez,
dit-elle en jetant les yeux autour d'elle, voici le coffret
où je mettais mes gants. Toutes les fois que j'en ai pris
avant d'aller au bal ou au spectacle, je me sentais
belle, parce que j'étais heureuse, et je n'y touchais que
pour y laisser quelque pensée gracieuse : il y a
beaucoup de moi là-dedans, il y a toute une madame
de Beauséant qui n'est plus. Acceptez-le. J'aurai soin
qu'on le porte chez vous, rue d'Artois. Madame de
Nucingen est fort bien ce soir, aimez-la bien. Si nous
ne nous voyons plus, mon ami, soyez sûr que je ferai
des vœux pour vous, qui avez été bon pour moi.
Descendons, je ne veux pas leur laisser croire que je
pleure. J'ai l'éternité devant moi, j'y serai seule, et
personne ne m'y demandera compte de mes larmes.
Encore un regard à cette chambre. Elle s'arrêta. Puis,
après s'être un moment caché les yeux avec sa main,
elle se les essuya, les baigna d'eau fraîche, et prit le
bras de l'étudiant. — Marchons ! dit-elle.

Rastignac n'avait pas encore senti d'émotion aussi violente que fut le contact de cette douleur si noblement contenue. En rentrant dans le bal, Eugène en fit le tour avec madame de Beauséant, dernière et délicate attention de cette gracieuse femme[1]. Bientôt il aperçut les deux sœurs, madame de Restaud et madame de Nucingen. La comtesse était magnifique avec tous ses diamants étalés, qui, pour elle, étaient brûlants sans doute, elle les portait pour la dernière fois. Quelque puissants que fussent son orgueil et son amour, elle ne soutenait pas bien les regards de son mari. Ce spectacle n'était pas de nature à rendre les pensées de Rastignac moins tristes. Il revit alors, sous les diamants des deux sœurs, le grabat sur lequel gisait le père Goriot. Son attitude mélancolique ayant trompé la vicomtesse, elle lui retira son bras.

— Allez ! je ne veux pas vous coûter un plaisir, dit-elle.

Eugène fut bientôt réclamé par Delphine, heureuse de l'effet qu'elle produisait, et jalouse de mettre aux pieds de l'étudiant les hommages qu'elle recueillait dans ce monde, où elle espérait être adoptée.

— Comment trouvez-vous Nasie ? lui dit-elle.

— Elle a, dit Rastignac, escompté jusqu'à la mort de son père.

Vers quatre heures du matin, la foule des salons commençait à s'éclaircir. Bientôt la musique ne se fit plus entendre. La duchesse de Langeais et Rastignac se trouvèrent seuls dans le grand salon. La vicomtesse, croyant n'y rencontrer que l'étudiant, y vint après avoir dit adieu à monsieur de Beauséant, qui s'alla coucher en lui répétant : « Vous avez tort, ma chère, d'aller vous enfermer à votre âge ! Restez donc avec nous. »

En voyant la duchesse, madame de Beauséant ne put retenir une exclamation.

— Je vous ai devinée, Clara, dit madame de Langeais. Vous partez pour ne plus revenir ; mais vous ne partirez pas sans m'avoir entendue et sans que nous nous soyons comprises. Elle prit son amie par le bras, l'emmena dans le salon voisin, et là, la regardant avec des larmes dans les yeux, elle la serra dans ses bras et la baisa sur les joues. — Je ne veux pas vous quitter froidement, ma chère, ce serait un remords trop lourd. Vous pouvez compter sur moi comme sur vous-même. Vous avez été grande ce soir, je me suis sentie digne de vous, et veux vous le prouver. J'ai eu des torts envers vous, je n'ai pas toujours été bien, pardonnez-moi, ma chère : je désavoue tout ce qui a pu vous blesser, je voudrais reprendre mes paroles. Une même douleur a réuni nos âmes, et je ne sais qui de nous sera la plus malheureuse. Monsieur de Montriveau n'était pas ici ce soir, comprenez-vous ? Qui vous a vue pendant ce bal, Clara, ne vous oubliera jamais. Moi, je tente un dernier effort. Si j'échoue, j'irai dans un couvent [1]. Où allez-vous, vous ?

— En Normandie, à Courcelles, aimer, prier, jusqu'au jour où Dieu me retirera de ce monde.

— Venez, monsieur de Rastignac, dit la vicomtesse d'une voix émue, en pensant que ce jeune homme attendait. L'étudiant plia le genou, prit la main de sa cousine et la baisa. — Antoinette, adieu ! reprit madame de Beauséant, soyez heureuse. Quant à vous,

vous l'êtes, vous êtes jeune, vous pouvez croire à quelque chose, dit-elle à l'étudiant. A mon départ de ce monde, j'aurai eu, comme quelques mourants privilégiés, de religieuses, de sincères émotions autour de moi !

Rastignac s'en alla vers cinq heures, après avoir vu madame de Beauséant dans sa berline de voyage, après avoir reçu son dernier adieu mouillé de larmes qui prouvaient que les personnes les plus élevées ne sont pas mises hors de la loi du cœur et ne vivent pas sans chagrins, comme quelques courtisans du peuple voudraient le lui faire croire. Eugène revint à pied vers la Maison-Vauquer, par un temps humide et froid. Son éducation s'achevait.

— Nous ne sauverons pas le pauvre père Goriot, lui dit Bianchon quand Rastignac entra chez son voisin.

— Mon ami, lui dit Eugène après avoir regardé le vieillard endormi, va, poursuis la destinée modeste à laquelle tu bornes tes désirs. Moi, je suis en enfer, et il faut que j'y reste. Quelque mal que l'on te dise du monde, crois-le ! il n'y a pas de Juvénal qui puisse en peindre l'horreur couverte d'or et de pierreries.

Le lendemain, Rastignac fut éveillé sur les deux heures après midi par Bianchon, qui, forcé de sortir, le pria de garder le père Goriot, dont l'état avait fort empiré pendant la matinée.

— Le bonhomme n'a pas deux jours, n'a peut-être pas six heures à vivre, dit l'élève en médecine, et cependant nous ne pouvons pas cesser de combattre le mal. Il va falloir lui donner des soins coûteux. Nous serons bien ses gardes-malades ; mais je n'ai pas le sou, moi. J'ai retourné ses poches, fouillé ses

armoires : zéro au quotient. Je l'ai questionné dans un
moment où il avait sa tête, il m'a dit ne pas avoir un
liard à lui. Qu'as-tu, toi ?

— Il me reste vingt francs, répondit Rastignac,
mais j'irai les jouer, je gagnerai.

— Si tu perds ?

— Je demanderai de l'argent à ses gendres et à ses
filles.

— Et s'ils ne t'en donnent pas ? reprit Bianchon.
Le plus pressé dans ce moment n'est pas de trouver de
l'argent, il faut envelopper le bonhomme d'un sinapisme bouillant depuis les pieds jusqu'à la moitié des
cuisses. S'il crie, il y aura de la ressource. Tu sais
comment cela s'arrange. D'ailleurs, Christophe t'ai-
dera. Moi, je passerai chez l'apothicaire répondre de
tous les médicaments que nous y prendrons. Il est
malheureux que le pauvre homme n'ait pas été
transportable à notre hospice, il y aurait été mieux.
Allons, viens que je t'installe, et ne le quitte pas que je
ne sois revenu.

Les deux jeunes gens entrèrent dans la chambre où
gisait le vieillard. Eugène fut effrayé du changement
de cette face convulsée, blanche et profondément
débile.

— Eh bien, papa ? lui dit-il en se penchant sur le
grabat.

Goriot leva sur Eugène des yeux ternes et le regarda
fort attentivement sans le reconnaître. L'étudiant ne
soutint pas ce spectacle, des larmes humectèrent ses
yeux.

— Bianchon, ne faudrait-il pas des rideaux aux
fenêtres !

— Non. Les circonstances atmosphériques ne l'affectent plus. Ce serait trop heureux s'il avait chaud ou froid. Néanmoins il nous faut du feu pour faire les tisanes et préparer bien des choses. Je t'enverrai des falourdes[1] qui nous serviront jusqu'à ce que nous ayons du bois. Hier et cette nuit, j'ai brûlé le tien et toutes les mottes du pauvre homme. Il faisait humide, l'eau dégouttait des murs. A peine ai-je pu sécher la chambre. Christophe l'a balayée, c'est vraiment une écurie. J'y ai brûlé du genièvre, ça puait trop.

— Mon Dieu ! dit Rastignac, mais ses filles !

— Tiens, s'il demande à boire, tu lui donneras de ceci, dit l'interne en montrant à Rastignac un grand pot blanc. Si tu l'entends se plaindre et que le ventre soit chaud et dur, tu te feras aider par Christophe pour lui administrer... tu sais. S'il avait, par hasard, une grande exaltation, s'il parlait beaucoup, s'il avait enfin un petit brin de démence, laisse-le aller. Ce ne sera pas un mauvais signe. Mais envoie Christophe à l'hospice Cochin. Notre médecin, mon camarade ou moi, nous viendrions lui appliquer des moxas. Nous avons fait ce matin, pendant que tu dormais, une grande consultation avec un élève du docteur Gall, avec un médecin en chef de l'Hôtel-Dieu et le nôtre. Ces messieurs ont cru reconnaître de curieux symptômes, et nous allons suivre les progrès de la maladie, afin de nous éclairer sur plusieurs points scientifiques assez importants. Un de ces messieurs prétend que la pression du sérum, si elle portait plus sur un organe que sur un autre, pourrait développer des faits particuliers. Écoute-le donc bien, au cas où il parlerait, afin de constater à quel genre d'idées appartien-

draient ses discours : si c'est des effets de mémoire, de
pénétration, de jugement ; s'il s'occupe de matériali-
tés, ou de sentiments ; s'il calcule, s'il revient sur le
passé ; enfin sois en état de nous faire un rapport
exact. Il est possible que l'invasion ait lieu en bloc, il
mourra imbécile comme il l'est en ce moment. Tout
est bien bizarre dans ces sortes de maladie ! Si la
bombe crevait par ici, dit Bianchon en montrant
l'occiput du malade, il y a des exemples de phénomènes singuliers : le cerveau recouvre quelques-unes
de ses facultés, et la mort est plus lente à se déclarer.
Les sérosités peuvent se détourner du cerveau, prendre des routes dont on ne connaît le cours que par
l'autopsie. Il y a aux Incurables un vieillard hébété
chez qui l'épanchement a suivi la colonne vertébrale ;
il souffre horriblement, mais il vit.

— Se sont-elles bien amusées ? dit le père Goriot,
qui reconnut Eugène.

— Oh ! il ne pense qu'à ses filles, dit Bianchon. Il
m'a dit plus de cent fois cette nuit : « Elles dansent !
elle a sa robe. » Il les appelait par leurs noms. Il me
faisait pleurer, le diable m'emporte ! avec ses intona-
tions : « Delphine ! ma petite Delphine ! Nasie ! » Ma
parole d'honneur, dit l'élève en médecine, c'était à
fondre en larmes.

— Delphine, dit le vieillard, elle est là, n'est-ce
pas ? Je le savais bien. Et ses yeux recouvrèrent une
activité folle pour regarder les murs et la porte.

— Je descends dire à Sylvie de préparer les sinapismes, cria Bianchon, le moment est favorable.

Rastignac resta seul près du vieillard, assis au pied

du lit, les yeux fixés sur cette tête effrayante et douloureuse à voir.

— Madame de Beauséant s'enfuit, celui-ci se meurt, dit-il. Les belles âmes ne peuvent pas rester longtemps en ce monde. Comment les grands sentiments s'allieraient-ils, en effet, à une société mesquine, petite, superficielle ?

Les images de la fête à laquelle il avait assisté se représentèrent à son souvenir et contrastèrent avec le spectacle de ce lit de mort. Bianchon reparut soudain.

— Dis donc, Eugène, je viens de voir notre médecin en chef, et je suis revenu toujours courant. S'il se manifeste des symptômes de raison, s'il parle, couchele sur un long sinapisme, de manière à l'envelopper de moutarde depuis la nuque jusqu'à la chute des reins, et fais-nous appeler.

— Cher Bianchon, dit Eugène.

— Oh ! il s'agit d'un fait scientifique, reprit l'élève en médecine avec toute l'ardeur d'un néophyte.

— Allons, dit Eugène, je serai donc le seul à soigner ce pauvre vieillard par affection.

— Si tu m'avais vu ce matin, tu ne dirais pas cela, reprit Bianchon sans s'offenser du propos. Les médecins qui ont exercé ne voient que la maladie ; moi, je vois encore le malade, mon cher garçon.

Il s'en alla, laissant Eugène seul avec le vieillard, et dans l'appréhension d'une crise qui ne tarda pas à se déclarer.

— Ah ! c'est vous, mon cher enfant, dit le père Goriot en reconnaissant Eugène.

— Allez-vous mieux ? demanda l'étudiant en lui prenant la main.

— Oui, j'avais la tête serrée comme dans un étau, mais elle se dégage. Avez-vous vu mes filles ? Elles vont venir bientôt, elles accourront aussitôt qu'elles me sauront malade, elles m'ont tant soigné rue de la Jussienne ! Mon Dieu ! je voudrais que ma chambre fût propre pour les recevoir. Il y a un jeune homme qui m'a brûlé toutes mes mottes.

— J'entends Christophe, lui dit Eugène, il vous monte du bois que ce jeune homme vous envoie.

— Bon ! mais comment payer le bois ? je n'ai pas un sou, mon enfant. J'ai tout donné, tout. Je suis à la charité. La robe lamée était-elle belle au moins ? (Ah ! je souffre !) Merci, Christophe. Dieu vous récompensera, mon garçon ; moi, je n'ai plus rien [1].

— Je te payerai bien, toi et Sylvie, dit Eugène à l'oreille du garçon.

— Mes filles vous ont dit qu'elles allaient venir, n'est-ce pas, Christophe ? Vas-y encore, je te donnerai cent sous. Dis-leur que je ne me sens pas bien, que je voudrais les embrasser, les voir encore une fois avant de mourir. Dis-leur cela, mais sans trop les effrayer.

Christophe partit sur un signe de Rastignac.

— Elles vont venir, reprit le vieillard. Je les connais. Cette bonne Delphine, si je meurs, quel chagrin je lui causerai ! Nasie aussi. Je ne voudrais pas mourir, pour ne pas les faire pleurer. Mourir, mon bon Eugène, c'est ne plus les voir. Là où l'on s'en va, je m'ennuierai bien. Pour un père, l'enfer c'est d'être sans enfants, et j'ai déjà fait mon apprentissage depuis qu'elles sont mariées. Mon paradis était rue de la Jussienne. Dites donc, si je vais en paradis, je pourrai revenir sur terre en esprit autour d'elles. J'ai

entendu dire de ces choses-là. Sont-elles vraies ? Je
crois les voir en ce moment telles qu'elles étaient rue
de la Jussienne. Elles descendaient le matin. Bonjour,
papa, disaient-elles. Je les prenais sur mes genoux, je
leur faisais mille agaceries, des niches. Elles me
caressaient gentiment. Nous déjeunions tous les
matins ensemble, nous dînions, enfin j'étais père, je
jouissais de mes enfants. Quand elles étaient rue de la
Jussienne, elles ne raisonnaient pas, elles ne savaient
rien du monde, elles m'aimaient bien. Mon Dieu !
pourquoi ne sont-elles pas toujours restées petites ?
(Oh ! je souffre, la tête me tire.) Ah ! ah ! pardon, mes
enfants ! je souffre horriblement, et il faut que ce soit
de la vraie douleur, vous m'avez rendu bien dur au
mal. Mon Dieu ! si j'avais seulement leurs mains dans
les miennes, je ne sentirais point mon mal. Croyez-vous
qu'elles viennent ? Christophe est si bête ! J'aurais dû
y aller moi-même. Il va les voir, lui. Mais vous avez été
hier au bal. Dites-moi donc comment elles étaient ?
Elles ne savaient rien de ma maladie, n'est-ce pas ?
Elles n'auraient pas dansé, pauvres petites ! Oh ! je ne
veux plus être malade. Elles ont encore trop besoin de
moi. Leurs fortunes sont compromises. Et à quels
maris sont-elles livrées ! Guérissez-moi, guérissez-
moi ! (Oh ! que je souffre ! Ah ! ah ! ah !) Voyez-vous,
il faut me guérir, parce qu'il leur faut de l'argent, et je
sais où aller en gagner. J'irai faire de l'amidon en
aiguilles à Odessa. Je suis un malin, je gagnerai des
millions. (Oh ! je souffre trop !)

Goriot garda le silence pendant un moment, en
paraissant faire tous ses efforts pour rassembler ses
forces afin de supporter la douleur.

— Si elles étaient là, je ne me plaindrais pas, dit-il.
Pourquoi donc me plaindre ?

Un léger assoupissement survint et dura longtemps.
Christophe revint. Rastignac, qui croyait le père
Goriot endormi, laissa le garçon lui rendre compte à
haute voix de sa mission.

— Monsieur, dit-il, je suis d'abord allé chez
madame la comtesse, à laquelle il m'a été impossible
de parler, elle était dans de grandes affaires avec son
mari. Comme j'insistais, monsieur de Restaud est
venu lui-même, et m'a dit comme ça : « Monsieur
Goriot se meurt, eh bien ! c'est ce qu'il a de mieux à
faire. J'ai besoin de madame de Restaud pour termi-
ner des affaires importantes, elle ira quand tout sera
fini. » Il avait l'air en colère, ce monsieur-là. J'allais
sortir, lorsque madame est entrée dans l'antichambre
par une porte que je ne voyais pas, et m'a dit :
« Christophe, dis à mon père que je suis en discussion
avec mon mari, je ne puis pas le quitter ; il s'agit de la
vie ou de la mort de mes enfants ; mais aussitôt que
tout sera fini, j'irai. » Quant à madame la baronne,
autre histoire ! je ne l'ai point vue, et je n'ai pu lui
parler. « Ah ! me dit la femme de chambre, madame
est rentrée du bal à cinq heures un quart, elle dort ; si
je l'éveille avant midi, elle me grondera. Je lui dirai
que son père va plus mal quand elle me sonnera. Pour
une mauvaise nouvelle, il est toujours temps de la lui
dire. » J'ai eu beau prier ! Ah ouin ! J'ai demandé à
parler à monsieur le baron, il était sorti.

— Aucune de ses filles ne viendrait ! s'écria Rastignac. Je vais écrire à toutes deux.

— Aucune, répondit le vieillard en se dressant sur

son séant. Elles ont des affaires, elles dorment, elles ne viendront pas. Je le savais. Il faut mourir pour savoir ce que c'est que des enfants. Ah ! mon ami, ne vous mariez pas, n'ayez pas d'enfants ! Vous leur donnez la vie, ils vous donnent la mort. Vous les faites entrer dans le monde, ils vous en chassent. Non, elles ne viendront pas ! Je sais cela depuis dix ans. Je me le disais quelquefois, mais je n'osais pas y croire.

Une larme roula dans chacun de ses yeux, sur la bordure rouge, sans en tomber.

— Ah ! si j'étais riche, si j'avais gardé ma fortune, si je ne la leur avais pas donnée, elles seraient là, elles me lécheraient les joues de leurs baisers ! je demeurerais dans un hôtel, j'aurais de belles chambres, des domestiques, du feu à moi ; et elles seraient tout en larmes, avec leurs maris, leurs enfants. J'aurais tout cela. Mais rien. L'argent donne tout, même des filles. Oh ! mon argent, où est-il ? Si j'avais des trésors à laisser, elles me panseraient, elles me soigneraient ; je les entendrais, je les verrais. Ah ! mon cher enfant, mon seul enfant, j'aime mieux mon abandon et ma misère ! Au moins, quand un malheureux est aimé, il est bien sûr qu'on l'aime. Non, je voudrais être riche, je les verrais. Ma foi, qui sait ? Elles ont toutes les deux des cœurs de roche. J'avais trop d'amour pour elles pour qu'elles en eussent pour moi. Un père doit être toujours riche, il doit tenir ses enfants en bride comme des chevaux sournois. Et j'étais à genoux devant elles. Les misérables ! elles couronnent dignement leur conduite envers moi depuis dix ans. Si vous saviez comme elles étaient aux petits soins pour moi dans les premiers temps de leur mariage ! (Oh ! je

souffre un cruel martyre !) Je venais de leur donner à
chacune près de huit cent mille francs, elles ne
pouvaient pas, ni leurs maris non plus, être rudes avec
moi. L'on me recevait : « Mon père, par-ci ; mon cher
père, par-là. » Mon couvert était toujours mis chez
elles. Enfin je dînais avec leurs maris, qui me
traitaient avec considération. J'avais l'air d'avoir
encore quelque chose. Pourquoi ça ? Je n'avais rien dit
de mes affaires. Un homme qui donne huit cent mille
francs à ses deux filles était un homme à soigner. Et
l'on était aux petits soins, mais c'était pour mon
argent. Le monde n'est pas beau. J'ai vu cela, moi !
L'on me menait en voiture au spectacle, et je restais
comme je voulais aux soirées. Enfin elles se disaient
mes filles, et elles m'avouaient pour leur père. J'ai
encore ma finesse, allez, et rien ne m'est échappé.
Tout a été à son adresse et m'a percé le cœur. Je
voyais bien que c'était des frimes ; mais le mal était
sans remède. Je n'étais pas chez elles aussi à l'aise
qu'à la table d'en bas. Je ne savais rien dire. Aussi
quand quelques-uns de ces gens du monde demandaient à l'oreille de mes gendres : — Qui est-ce que ce
monsieur-là ? — C'est le père aux écus, il est riche. —
Ah, diable ! disait-on, et l'on me regardait avec le
respect dû aux écus. Mais si je les gênais quelquefois
un peu, je rachetais bien mes défauts ! D'ailleurs, qui
donc est parfait ? (Ma tête est une plaie !) Je souffre en
ce moment ce qu'il faut souffrir pour mourir, mon
cher monsieur Eugène, eh bien ! ce n'est rien en
comparaison de la douleur que m'a causée le premier
regard par lequel Anastasie m'a fait comprendre que
je venais de dire une bêtise qui l'humiliait : son regard

m'a ouvert toutes les veines. J'aurais voulu tout savoir, mais ce que j'ai bien su, c'est que j'étais de trop sur terre. Le lendemain je suis allé chez Delphine pour me consoler, et voilà que j'y fais une bêtise qui me l'a mise en colère. J'en suis devenu comme fou. J'ai été huit jours ne sachant plus ce que je devais faire. Je n'ai pas osé les aller voir, de peur de leurs reproches. Et me voilà à la porte de mes filles. Ô mon Dieu, puisque tu connais les misères, les souffrances que j'ai endurées ; puisque tu as compté les coups de poignard que j'ai reçus, dans ce temps qui m'a vieilli, changé, tué, blanchi, pourquoi me fais-tu donc souffrir aujourd'hui ? J'ai bien expié le péché de les trop aimer. Elles se sont bien vengées de mon affection, elles m'ont tenaillé comme des bourreaux. Eh bien ! les pères sont si bêtes ! je les aimais tant que j'y suis retourné comme un joueur au jeu. Mes filles, c'était mon vice à moi ; elles étaient mes maîtresses, enfin tout ! Elles avaient toutes les deux besoin de quelque chose, de parures ; les femmes de chambre me le disaient, et je les donnais pour être bien reçu ! Mais elles m'ont fait tout de même quelques petites leçons sur ma manière d'être dans le monde. Oh ! elles n'ont pas attendu le lendemain. Elles commençaient à rougir de moi. Voilà ce que c'est que de bien élever ses enfants. A mon âge je ne pouvais pourtant pas aller à l'école. (Je souffre horriblement, mon Dieu ! les médecins ! les médecins ! Si l'on m'ouvrait la tête, je souffrirais moins.) Mes filles, mes filles, Anastasie, Delphine ! je veux les voir. Envoyez-les chercher par la gendarmerie, de force ! la justice est pour moi, tout est pour moi, la nature, le code civil. Je proteste. La

patrie périra si les pères sont foulés aux pieds. Cela est
clair. La société, le monde roulent sur la paternité,
tout croule si les enfants n'aiment pas leurs pères.
Oh ! les voir, les entendre, n'importe ce qu'elles me
diront, pourvu que j'entende leur voix, ça calmera
mes douleurs, Delphine surtout. Mais dites-leur,
quand elles seront là, de ne pas me regarder froidement comme elles font. Ah ! mon bon ami, monsieur
Eugène, vous ne savez pas ce que c'est que de trouver
l'or du regard changé tout à coup en plomb gris.
Depuis le jour où leurs yeux n'ont plus rayonné sur
moi, j'ai toujours été en hiver ici ; je n'ai plus eu que
des chagrins à dévorer, et je les ai dévorés ! J'ai vécu
pour être humilié, insulté. Je les aime tant, que
j'avalais tous les affronts par lesquels elles me ven-
daient une pauvre petite jouissance honteuse. Un père
se cacher pour voir ses filles ! Je leur ai donné ma vie,
elles ne me donneront pas une heure aujourd'hui ! J'ai
soif, j'ai faim, le cœur me brûle, elles ne viendront pas
rafraîchir mon agonie, car je meurs, je le sens. Mais
elles ne savent donc pas ce que c'est que de marcher
sur le cadavre de son père ! Il y a un Dieu dans les
cieux, il nous venge malgré nous, nous autres pères.
Oh ! elles viendront ! Venez, mes chéries, venez
encore me baiser, un dernier baiser, le viatique de
votre père, qui priera Dieu pour vous, qui lui dira que
vous avez été de bonnes filles, qui plaidera pour vous !
Après tout, vous êtes innocentes. Elles sont innocentes, mon ami ! Dites-le bien à tout le monde, qu'on
ne les inquiète pas à mon sujet. Tout est de ma faute,
je les ai habituées à me fouler aux pieds. J'aimais cela,
moi. Ça ne regarde personne, ni la justice humaine ni

la justice divine. Dieu serait injuste s'il les condamnait à cause de moi. Je n'ai pas su me conduire, j'ai fait la bêtise d'abdiquer mes droits. Je me serais avili pour elles ! Que voulez-vous ! le plus beau naturel, les meilleures âmes auraient succombé à la corruption de cette facilité paternelle. Je suis un misérable, je suis justement puni. Moi seul ai causé les désordres de mes filles, je les ai gâtées. Elles veulent aujourd'hui le plaisir, comme elles voulaient autrefois du bonbon. Je leur ai toujours permis de satisfaire leurs fantaisies de jeunes filles. A quinze ans, elles avaient voiture ! Rien ne leur a résisté. Moi seul suis coupable, mais coupable par amour. Leur voix m'ouvrait le cœur. Je les entends, elles viennent. Oh ! oui, elles viendront. La loi veut qu'on vienne voir mourir son père, la loi est pour moi. Puis ça ne coûtera qu'une course. Je paierai. Écrivez-leur que j'ai des millions à leur laisser ! Parole d'honneur. J'irai faire des pâtes d'Italie à Odessa. Je connais la manière. Il y a, dans mon projet, des millions à gagner. Personne n'y a pensé. Ça ne se gâtera point dans le transport comme le blé ou comme la farine. Eh, eh, l'amidon ? il y aura là des millions ! Vous ne mentirez pas, dites-leur des millions, et quand même elles viendraient par avarice, j'aime mieux être trompé, je les verrai. Je veux mes filles ! je les ai faites ! elles sont à moi ! dit-il en se dressant sur son séant, en montrant à Eugène une tête dont les cheveux blancs étaient épars et qui menaçait par tout ce qui pouvait exprimer la menace.

— Allons, lui dit Eugène, recouchez-vous, mon bon père Goriot, je vais leur écrire. Aussitôt que Bianchon sera de retour, j'irai si elles ne viennent pas.

— Si elles ne viennent pas ? répéta le vieillard en
sanglotant. Mais je serai mort, mort dans un accès de
rage, de rage ! La rage me gagne ! En ce moment, je
vois ma vie entière. Je suis dupe ! elles ne m'aiment
pas, elles ne m'ont jamais aimé ! cela est clair. Si elles
ne sont pas venues, elles ne viendront pas. Plus elles
auront tardé, moins elles se décideront à me faire cette
joie. Je les connais. Elles n'ont jamais rien su deviner
de mes chagrins, de mes douleurs, de mes besoins,
elles ne devineront pas plus ma mort ; elles ne sont
seulement pas dans le secret de ma tendresse. Oui, je
le vois, pour elles, l'habitude de m'ouvrir les entrailles
a ôté du prix à tout ce que je faisais. Elles auraient
demandé à me crever les yeux, je leur aurais dit :
« Crevez-les ! » Je suis trop bête. Elles croient que
tous les pères sont comme le leur. Il faut toujours se
faire valoir. Leurs enfants me vengeront. Mais c'est
dans leur intérêt de venir ici. Prévenez-les donc
qu'elles compromettent leur agonie. Elles commettent
tous les crimes en un seul. Mais allez donc, dites-leur
donc que, ne pas venir, c'est un parricide ! Elles en
ont assez commis sans ajouter celui-là. Criez donc
comme moi : « Hé, Nasie ! hé, Delphine ! venez à
votre père qui a été si bon pour vous et qui souffre ! »
Rien, personne. Mourrai-je donc comme un chien ?
Voilà ma récompense, l'abandon. Ce sont des
infâmes, des scélérates ; je les abomine, je les maudis ;
je me relèverai, la nuit, de mon cercueil pour les
remaudire, car, enfin, mes amis, ai-je tort ? elles se
conduisent bien mal ! hein ? Qu'est-ce que je dis ? Ne
m'avez-vous pas averti que Delphine est là ? C'est la
meilleure des deux. Vous êtes mon fils, Eugène, vous !

aimez-la, soyez un père pour elle. L'autre est bien malheureuse. Et leurs fortunes ! Ah, mon Dieu ! J'expire, je souffre un peu trop ! Coupez-moi la tête laissez-moi seulement le cœur.

— Christophe, allez chercher Bianchon, s'écria Eugène épouvanté du caractère que prenaient les plaintes et les cris du vieillard, et ramenez-moi un cabriolet.

— Je vais aller chercher vos filles, mon bon père Goriot, je vous les ramènerai.

— De force, de force ! Demandez la garde, la ligne, tout ! tout, dit-il en jetant à Eugène un dernier regard où brilla la raison. Dites au gouvernement, au procureur du roi, qu'on me les amène, je le veux !

— Mais vous les avez maudites.

— Qui est-ce qui a dit cela ? répondit le vieillard stupéfait. Vous savez bien que je les aime, je les adore ! Je suis guéri si je les vois... Allez, mon bon voisin, mon cher enfant, allez, vous êtes bon, vous ; je voudrais vous remercier, mais je n'ai rien à vous donner que les bénédictions d'un mourant. Ah ! je voudrais au moins voir Delphine pour lui dire de m'acquitter envers vous. Si l'autre ne peut pas, amenez-moi celle-là. Dites-lui que vous ne l'aimerez plus si elle ne veut pas venir. Elle vous aime tant qu'elle viendra. A boire, les entrailles me brûlent ! Mettez-moi quelque chose sur la tête. La main de mes filles, ça me sauverait, je le sens... Mon Dieu ! qui refera leurs fortunes si je m'en vais ? Je veux aller à Odessa pour elles, à Odessa, y faire des pâtes.

— Buvez ceci, dit Eugène en soulevant le moribond et le prenant dans son bras gauche tandis que de l'autre il tenait une tasse pleine de tisane.

— Vous devez aimer votre père et votre mère, vous ! dit le vieillard en serrant de ses mains défaillantes la main d'Eugène. Comprenez-vous que je vais mourir sans les voir, mes filles ? Avoir soif toujours, et ne jamais boire, voilà comment j'ai vécu depuis dix ans... Mes deux gendres ont tué mes filles. Oui, je n'ai plus eu de filles après qu'elles ont été mariées. Pères, dites aux Chambres de faire une loi sur le mariage ! Enfin, ne mariez pas vos filles si vous les aimez. Le gendre est un scélérat qui gâte tout chez une fille, il souille tout. Plus de mariages ! C'est ce qui nous enlève nos filles, et nous ne les avons plus quand nous mourons. Faites une loi sur la mort des pères. C'est épouvantable, ceci ! Vengeance ! Ce sont mes gendres qui les empêchent de venir. Tuez-les ! A mort le Restaud, à mort l'Alsacien, ils sont mes assassins ! La mort ou mes filles ! Ah ! c'est fini, je meurs sans elles ! Elles ! Nasie, Fifine, allons, venez donc ! Votre papa sort...

— Mon bon père Goriot, calmez-vous, voyons, restez tranquille, ne vous agitez pas, ne pensez pas.

— Ne pas les voir, voilà l'agonie !

— Vous allez les voir.

— Vrai ! cria le vieillard égaré. Oh ! les voir ! je vais les voir, entendre leur voix. Je mourrai heureux. Eh bien ! oui, je ne demande plus à vivre, je n'y tenais plus, les peines allaient croissant. Mais les voir, toucher leurs robes, ah ! rien que leurs robes, c'est bien peu ; mais que je sente quelque chose d'elles ! Faites-moi prendre les cheveux... veux...

Il tomba la tête sur l'oreiller comme s'il recevait un coup de massue. Ses mains s'agitèrent sur la couverture comme pour prendre les cheveux de ses filles.

— Je les bénis, dit-il en faisant un effort, bénis.

Il s'affaissa tout à coup. En ce moment Bianchon entra.

— J'ai rencontré Christophe, dit-il, il va t'amener une voiture. Puis il regarda le malade, lui souleva de force les paupières, et les deux étudiants lui virent un œil sans chaleur et terne. — Il n'en reviendra pas, dit Bianchon, je ne crois pas. Il prit le pouls, le tâta, mit la main sur le cœur du bonhomme.

— La machine va toujours ; mais, dans sa position, c'est un malheur, il vaudrait mieux qu'il mourût !

— Ma foi, oui, dit Rastignac.

— Qu'as-tu donc ? tu es pâle comme la mort.

— Mon ami, je viens d'entendre des cris et des plaintes. Il y a un Dieu ! Oh ! oui ! il y a un Dieu, et il nous a fait un monde meilleur, ou notre terre est un non-sens. Si ce n'avait pas été si tragique, je fondrais en larmes, mais j'ai le cœur et l'estomac horriblement serrés.

— Dis donc, il va falloir bien des choses ; où prendre de l'argent ?

Rastignac tira sa montre.

— Tiens, mets-la vite en gage. Je ne veux pas m'arrêter en route, car j'ai peur de perdre une minute, et j'attends Christophe. Je n'ai pas un liard, il faudra payer mon cocher au retour.

Rastignac se précipita dans l'escalier, et partit pour aller rue du Helder chez madame de Restaud. Pendant le chemin, son imagination, frappée de l'horrible spectacle dont il avait été témoin, échauffa son indignation. Quand il arriva dans l'antichambre et qu'il demanda madame de Restaud, on lui répondit qu'elle n'était pas visible.

— Mais, dit-il au valet de chambre, je viens de la part de son père qui se meurt.

— Monsieur, nous avons de monsieur le comte les ordres les plus sévères.

— Si monsieur de Restaud y est, dites-lui dans quelle circonstance se trouve son beau-père et prévenez-le qu'il faut que je lui parle à l'instant même.

Eugène attendit pendant longtemps.

— Il se meurt peut-être en ce moment, pensait-il.

Le valet de chambre l'introduisit dans le premier salon où monsieur de Restaud reçut l'étudiant debout, sans le faire asseoir, devant une cheminée où il n'y avait pas de feu.

— Monsieur le comte, lui dit Rastignac, monsieur votre beau-père expire en ce moment dans un bouge infâme, sans un liard pour avoir du bois ; il est exactement à la mort et demande à voir sa fille...

— Monsieur, lui répondit avec froideur le comte de Restaud, vous avez pu vous apercevoir que j'ai fort peu de tendresse pour monsieur Goriot. Il a compromis son caractère avec madame de Restaud, il a fait le malheur de ma vie, je vois en lui l'ennemi de mon repos. Qu'il meure, qu'il vive, tout m'est parfaitement indifférent. Voilà quels sont mes sentiments à son égard. Le monde pourra me blâmer, je méprise l'opinion. J'ai maintenant des choses plus importantes à accomplir qu'à m'occuper de ce que penseront de moi des sots ou des indifférents. Quant à madame de

Restaud, elle est hors d'état de sortir. D'ailleurs, je ne veux pas qu'elle quitte sa maison. Dites à son père qu'aussitôt qu'elle aura rempli ses devoirs envers moi, envers mon enfant, elle ira le voir. Si elle aime son père, elle peut être libre dans quelques instants...

— Monsieur le comte, il ne m'appartient pas de juger de votre conduite, vous êtes le maître de votre femme ; mais je puis compter sur votre loyauté ? eh bien ! promettez-moi seulement de lui dire que son père n'a pas un jour à vivre, et l'a déjà maudite en ne la voyant pas à son chevet !

— Dites-le-lui vous-même, répondit monsieur de Restaud frappé des sentiments d'indignation que trahissait l'accent d'Eugène.

Rastignac entra, conduit par le comte, dans le salon où se tenait habituellement la comtesse : il la trouva noyée de larmes, et plongée dans une bergère comme une femme qui voulait mourir. Elle lui fit pitié. Avant de regarder Rastignac, elle jeta sur son mari de craintifs regards qui annonçaient une prostration complète de ses forces écrasées par une tyrannie morale et physique. Le comte hocha la tête, elle se crut encouragée à parler.

— Monsieur, j'ai tout entendu. Dites à mon père que s'il connaissait la situation dans laquelle je suis, il me pardonnerait. Je ne comptais pas sur ce supplice, il est au-dessus de mes forces, monsieur, mais je résiste-rai jusqu'au bout, dit-elle à son mari. Je suis mère. Dites à mon père que je suis irréprochable envers lui, malgré les apparences, cria-t-elle avec désespoir à l'étudiant.

Eugène salua les deux époux, en devinant l'horrible

crise dans laquelle était la femme, et se retira
stupéfait. Le ton de monsieur de Restaud lui avait
démontré l'inutilité de sa démarche, et il comprit
qu'Anastasie n'était plus libre. Il courut chez madame
de Nucingen, et la trouva dans son lit.

— Je suis souffrante, mon pauvre ami, lui dit-elle.
J'ai pris froid en sortant du bal, j'ai peur d'avoir une
fluxion de poitrine, j'attends le médecin...

— Eussiez-vous la mort sur les lèvres, lui dit
Eugène en l'interrompant, il faut vous traîner auprès
de votre père. Il vous appelle ! Si vous pouviez
entendre le plus léger de ses cris, vous ne vous
sentiriez point malade.

— Eugène, mon père n'est peut-être pas aussi
malade que vous le dites ; mais je serais au désespoir
d'avoir le moindre tort à vos yeux, et je me conduirai
comme vous le voudrez. Lui, je le sais, il mourrait de
chagrin si ma maladie devenait mortelle par suite de
cette sortie. Eh bien ! j'irai dès que mon médecin sera
venu. Ah ! pourquoi n'avez-vous plus votre montre ?
dit-elle en ne voyant plus la chaîne. Eugène rougit.
Eugène ! Eugène, si vous l'aviez déjà vendue, perdue... oh ! cela serait bien mal.

L'étudiant se pencha sur le lit de Delphine, et lui dit
à l'oreille : — Vous voulez le savoir ? eh bien ! sachez-
le ! Votre père n'a pas de quoi s'acheter le linceul dans
lequel on le mettra ce soir. Votre montre est en gage,
je n'avais plus rien.

Delphine sauta tout à coup hors de son lit, courut à
son secrétaire, y prit sa bourse, la tendit à Rastignac.
Elle sonna et s'écria : « J'y vais, j'y vais, Eugène.
Laissez-moi m'habiller ; mais je serais un monstre !

Allez, j'arriverai avant vous ! Thérèse, cria-t-elle à sa femme de chambre, dites à monsieur de Nucingen de monter me parler à l'instant même. »

Eugène, heureux de pouvoir annoncer au moribond la présence d'une de ses filles, arriva presque joyeux rue Neuve-Sainte-Geneviève. Il fouilla dans la bourse pour pouvoir payer immédiatement son cocher. La bourse de cette jeune femme, si riche, si élégante, contenait soixante-dix francs. Parvenu en haut de l'escalier, il trouva le père Goriot maintenu par Bianchon, et opéré par le chirurgien de l'hôpital, sous les yeux du médecin. On lui brûlait le dos avec des moxas [1], dernier remède de la science, remède inutile.

— Les sentez-vous ? demandait le médecin.

Le père Goriot, ayant entrevu l'étudiant, répondit :

— Elles viennent, n'est-ce pas ?

— Il peut s'en tirer, dit le chirurgien, il parle.

— Oui, répondit Eugène, Delphine me suit.

— Allons ! dit Bianchon, il parlait de ses filles, après lesquelles il crie comme un homme sur le pal crie, dit-on, après l'eau.

— Cessez, dit le médecin au chirurgien, il n'y a plus rien à faire, on ne le sauvera pas.

Bianchon et le chirurgien replacèrent le mourant à plat sur son grabat infect.

— Il faudrait cependant le changer de linge, dit le médecin. Quoiqu'il n'y ait aucun espoir, il faut respecter en lui la nature humaine. Je reviendrai, Bianchon, dit-il en l'étudiant. S'il se plaignait encore, mettez-lui de l'opium sur le diaphragme.

Le chirurgien et le médecin sortirent.

— Allons, Eugène, du courage, mon fils ! dit

Bianchon à Rastignac quand ils furent seuls, il s'agit de lui mettre une chemise blanche et de changer son lit. Va dire à Sylvie de monter des draps et de venir nous aider.

Eugène descendit et trouva madame Vauquer occupée à mettre le couvert avec Sylvie. Aux premiers mots que lui dit Rastignac, la veuve vint à lui, en prenant l'air aigrement doucereux d'une marchande soupçonneuse qui ne voudrait ni perdre son argent, ni fâcher le consommateur.

— Mon cher monsieur Eugène, répondit-elle, vous savez tout comme moi que le père Goriot n'a plus le sou. Donner des draps à un homme en train de tortiller de l'œil, c'est les perdre, d'autant qu'il faudra bien en sacrifier un pour le linceul. Ainsi, vous me devez déjà cent quarante-quatre francs, mettez quarante francs de draps, et quelques autres petites choses, la chandelle que Sylvie vous donnera, tout cela fait au moins deux cents francs, qu'une pauvre veuve comme moi n'est pas en état de perdre. Dame ! soyez juste, monsieur Eugène, j'ai bien assez perdu depuis cinq jours que le guignon s'est logé chez moi. J'aurais donné dix écus pour que ce bonhomme-là fût parti ces jours-ci, comme vous le disiez. Ça frappe mes pensionnaires. Pour un rien, je le ferais porter à l'hôpital. Enfin, mettez-vous à ma place. Mon établissement avant tout, c'est ma vie, à moi.

Eugène remonta rapidement chez le père Goriot.

— Bianchon, l'argent de la montre ?

— Il est là sur la table, il en reste trois cent soixante et quelques francs. J'ai payé sur ce qu'on m'a donné

tout ce que nous devions. La reconnaissance du Mont-
de-Piété est sous l'argent.

— Tenez, madame, dit Rastignac après avoir
dégringolé l'escalier avec horreur, soldez nos comptes.
Monsieur Goriot n'a pas longtemps à rester chez vous,
et moi...

— Oui, il en sortira les pieds en avant, pauvre
bonhomme, dit-elle en comptant deux cents francs,
d'un air moitié gai, moitié mélancolique.

— Finissons, dit Rastignac.

— Sylvie, donnez les draps, et allez aider ces
messieurs, là-haut.

— Vous n'oublierez pas Sylvie, dit madame Vauquer à l'oreille d'Eugène, voilà deux nuits qu'elle
veille.

Dès qu'Eugène eut le dos tourné, la vieille courut à
sa cuisinière : — Prends les draps retournés, numéro
sept. Par Dieu, c'est toujours assez bon pour un mort,
lui dit-elle à l'oreille.

Eugène, qui avait déjà monté quelques marches de
l'escalier, n'entendit pas les paroles de la vieille
hôtesse.

— Allons, lui dit Bianchon, passons-lui sa chemise.
Tiens-le droit.

Eugène se mit à la tête du lit et soutint le moribond,
auquel Bianchon enleva sa chemise, et le bonhomme
fit un geste comme pour garder quelque chose sur sa
poitrine, et poussa des cris plaintifs et inarticulés, à la
manière des animaux qui ont une grande douleur à
exprimer.

— Oh ! oh ! dit Bianchon, il veut une petite chaîne
de cheveux et un petit médaillon que nous lui avons

ôtés tout à l'heure pour lui poser ses moxas. Pauvre homme ! il faut la lui remettre. Elle est sur la cheminée.

Eugène alla prendre une chaîne tressée avec des cheveux blond cendré, sans doute ceux de madame Goriot. Il lut d'un côté du médaillon : Anastasie, et de l'autre : Delphine. Image de son cœur qui reposait toujours sur son cœur. Les boucles contenues étaient d'une telle finesse qu'elles devaient avoir été prises pendant la première enfance des deux filles. Lorsque le médaillon toucha sa poitrine, le vieillard fit un *han* prolongé qui annonçait une satisfaction effrayante à voir. C'était un des derniers retentissements de sa sensibilité, qui semblait se retirer au centre inconnu d'où partent et où s'adressent nos sympathies. Son visage convulsé prit une expression de joie maladive. Les deux étudiants, frappés de ce terrible éclat d'une force de sentiment qui survivait à la pensée, laissèrent tomber chacun des larmes chaudes sur le moribond qui jeta un cri de plaisir aigu.

— Nasie ! Fifine ! dit-il.

— Il vit encore, dit Bianchon.

— A quoi ça lui sert-il ? dit Sylvie.

— A souffrir, répondit Rastignac.

Après avoir fait à son camarade un signe pour lui dire de l'imiter, Bianchon s'agenouilla pour passer ses bras sous les jarrets du malade, pendant que Rastignac en faisait autant de l'autre côté du lit afin de passer les mains sous le dos. Sylvie était là, prête à retirer les draps quand le moribond serait soulevé, afin de les remplacer par ceux qu'elle apportait. Trompé sans doute par les larmes, Goriot usa ses dernières forces pour étendre les mains, rencontra de chaque côté de son lit les têtes des étudiants, les saisit violemment par les cheveux, et l'on entendit faiblement : « Ah ! mes anges ! » Deux mots, deux murmures accentués par l'âme qui s'envola sur cette parole.

— Pauvre cher homme, dit Sylvie attendrie de cette exclamation où se peignit un sentiment suprême que le plus horrible, le plus involontaire des mensonges exaltait une dernière fois.

Le dernier soupir de ce père devait être un soupir de joie. Ce soupir fut l'expression de toute sa vie, il se trompait encore. Le père Goriot fut pieusement replacé sur son grabat. A compter de ce moment, sa physionomie garda la douloureuse empreinte du combat qui se livrait entre la mort et la vie dans une machine qui n'avait plus cette espèce de conscience cérébrale d'où résulte le sentiment du plaisir et de la douleur pour l'être humain. Ce n'était plus qu'une question de temps pour la destruction.

— Il va rester ainsi quelques heures, et mourra sans que l'on s'en aperçoive, il ne râlera même pas. Le cerveau doit être complètement envahi.

En ce moment on entendit dans l'escalier un pas de jeune femme haletante.

— Elle arrive trop tard, dit Rastignac.

Ce n'était pas Delphine, mais Thérèse, sa femme de chambre.

— Monsieur Eugène, dit-elle, il s'est élevé une scène violente entre monsieur et madame, à propos de l'argent que cette pauvre madame demandait pour son père. Elle s'est évanouie, le médecin est venu, il a fallu la saigner, elle criait : « Mon père se meurt, je veux voir papa ! » Enfin, des cris à fendre l'âme.

— Assez, Thérèse. Elle viendrait que maintenant ce serait superflu, monsieur Goriot n'a plus de connaissance.

— Pauvre cher monsieur, est-il mal comme ça ! dit Thérèse.

— Vous n'avez plus besoin de moi, faut que j'aille à mon dîner, il est quatre heures et demie, dit Sylvie qui faillit se heurter sur le haut de l'escalier avec madame de Restaud.

Ce fut une apparition grave et terrible que celle de la comtesse. Elle regarda le lit de mort, mal éclairé par une seule chandelle, et versa des pleurs en apercevant le masque de son père où palpitaient encore les derniers tressaillements de la vie. Bianchon se retira par discrétion.

— Je ne me suis pas échappée assez tôt, dit la comtesse à Rastignac.

L'étudiant fit un signe de tête affirmatif plein de tristesse. Madame de Restaud prit la main de son père, la baisa.

— Pardonnez-moi, mon père ! Vous disiez que ma voix vous rappellerait de la tombe ; eh bien, revenez un moment à la vie pour bénir votre fille repentante. Entendez-moi. Ceci est affreux ! votre bénédiction est la seule que je puisse recevoir ici-bas désormais. Tout le monde me hait, vous seul m'aimez. Mes enfants eux-mêmes me haïront. Emmenez-moi avec vous, je vous aimerai, je vous soignerai. Il n'entend plus, je suis folle. Elle tomba sur ses genoux, et contempla ce débris avec une expression de délire. Rien ne manque à mon malheur, dit-elle en regardant Eugène. Monsieur de Trailles est parti, laissant ici des dettes énormes, et j'ai su qu'il me trompait. Mon mari ne me pardonnera jamais, et je l'ai laissé le maître de ma fortune. J'ai perdu toutes mes illusions. Hélas ! pour qui ai-je trahi le seul cœur (elle montra son père) où j'étais adorée ! Je l'ai méconnu, je l'ai repoussé, je lui ai fait mille maux, infâme que je suis !

— Il le savait, dit Rastignac.

En ce moment le père Goriot ouvrit les yeux, mais par l'effet d'une convulsion. Le geste qui révélait l'espoir de la comtesse ne fut pas moins horrible à voir que l'œil du mourant.

— M'entendrait-il ? cria la comtesse. Non, se dit-elle en s'asseyant auprès de lui.

Madame de Restaud ayant manifesté le désir de garder son père, Eugène descendit pour prendre un peu de nourriture. Les pensionnaires étaient déjà réunis.

— Eh bien, lui dit le peintre, il paraît que nous allons avoir un petit mortorama là-haut ?

— Charles, lui dit Eugène, il me semble que vous devriez plaisanter sur quelque sujet moins lugubre.

— Nous ne pourrons donc plus rire ici ? reprit le peintre. Qu'est-ce que cela fait, puisque Bianchon dit que le bonhomme n'a plus sa connaissance ?

— Eh bien ! reprit l'employé du Muséum, il sera mort comme il a vécu.

— Mon père est mort ! cria la comtesse.

A ce cri terrible, Sylvie, Rastignac et Bianchon montèrent, et trouvèrent madame de Restaud évanouie. Après l'avoir fait revenir à elle, ils la transpor-

tèrent dans le fiacre qui l'attendait. Eugène la confia
aux soins de Thérèse, lui ordonnant de la conduire
chez madame de Nucingen.

— Oh, il est bien mort, dit Bianchon en descendant.

— Allons, messieurs, à table, dit madame Vauquer, la soupe va se refroidir.

Les deux étudiants se mirent à côté l'un de l'autre.

— Que faut-il faire maintenant ? dit Eugène à
Bianchon.

— Mais je lui ai fermé les yeux, et je l'ai convenablement disposé. Quand le médecin de la mairie aura
constaté le décès que nous irons déclarer, on le coudra
dans un linceul, et on l'enterrera. Que veux-tu qu'il
devienne ?

— Il ne flairera plus son pain comme ça, dit un
pensionnaire en imitant la grimace du bonhomme.

— Sacrebleu, messieurs, dit le répétiteur, laissez
donc le père Goriot, et ne nous en faites plus manger,
car on l'a mis à toute sauce depuis une heure. Un des
privilèges de la bonne ville de Paris, c'est qu'on peut y
naître, y vivre, y mourir sans que personne fasse
attention à vous. Profitons donc des avantages de la
civilisation. Il y a soixante morts aujourd'hui, voulez-
vous nous [1] apitoyer sur les hécatombes parisiennes ?
Que le père Goriot soit crevé, tant mieux pour lui ! Si
vous l'adorez, allez le garder, et laissez-nous manger
tranquillement, nous autres.

— Oh ! oui, dit la veuve, tant mieux pour lui qu'il
soit mort ! Il paraît que le pauvre homme avait bien
du désagrément sa vie durant.

Ce fut la seule oraison funèbre d'un être qui, pour

Eugène, représentait la Paternité. Les quinze pensionnaires se mirent à causer comme à l'ordinaire. Lorsque Eugène et Bianchon eurent mangé, le bruit des
fourchettes et des cuillers, les rires de la conversation,
les diverses expressions de ces figures gloutonnes et
indifférentes, leur insouciance, tout les glaça d'horreur. Ils sortirent pour aller chercher un prêtre qui
veillât et priât pendant la nuit près du mort. Il leur
fallut mesurer les derniers devoirs à rendre au bonhomme sur le peu d'argent dont ils pourraient disposer. Vers neuf heures du soir, le corps fut placé sur un
fond sanglé, entre deux chandelles, dans cette chambre nue, et un prêtre vint s'asseoir auprès de lui.
Avant de se coucher, Rastignac, ayant demandé des
renseignements à l'ecclésiastique sur le prix du service
à faire et sur celui des convois, écrivit un mot au
baron de Nucingen et au comte de Restaud en les
priant d'envoyer leurs gens d'affaires afin de pourvoir
à tous les frais de l'enterrement. Il leur dépêcha
Christophe, puis il se coucha et s'endormit accablé de
fatigue. Le lendemain matin, Bianchon et Rastignac
furent obligés d'aller déclarer eux-mêmes le décès, qui
vers midi fut constaté. Deux heures après, aucun des
deux gendres n'avait envoyé d'argent, personne ne
s'était présenté en leur nom, et Rastignac avait été
forcé déjà de payer les frais du prêtre. Sylvie ayant
demandé dix francs pour ensevelir le bonhomme et le
coudre dans un linceul, Eugène et Bianchon calculè-
rent que, si les parents du mort ne voulaient se mêler de
rien, ils auraient à peine de quoi pourvoir aux frais.
L'étudiant en médecine se chargea donc de mettre lui-

même le cadavre dans une bière de pauvre qu'il fit apporter de son hôpital, où il l'eut à meilleur marché.

— Fais une farce à ces drôles-là, dit-il à Eugène. Va acheter un terrain, pour cinq ans, au Père-Lachaise, et commande un service de troisième classe à l'église et aux Pompes Funèbres. Si les gendres et les filles se refusent à te rembourser, tu feras graver sur la tombe : « Ci-gît monsieur Goriot, père de la comtesse de Restaud et de la baronne de Nucingen, enterré aux frais de deux étudiants. »

Eugène ne suivit le conseil de son ami qu'après avoir été infructueusement chez monsieur et madame de Nucingen et chez monsieur et madame de Restaud. Il n'alla pas plus loin que la porte. Chacun des concierges avait des ordres sévères.

— Monsieur et madame, dirent-ils, ne reçoivent personne ; leur père est mort, et ils sont plongés dans la plus vive douleur.

Eugène avait assez l'expérience du monde parisien pour savoir qu'il ne devait pas insister. Son cœur se serra étrangement quand il se vit dans l'impossibilité de parvenir jusqu'à Delphine.

« *Vendez une parure*, lui écrivit-il chez le concierge, *et que votre père soit décemment conduit à sa dernière demeure.* »

Il cacheta ce mot, et pria le concierge du baron de le remettre à Thérèse pour sa maîtresse ; mais le concierge le remit au baron de Nucingen qui le jeta dans le feu. Après avoir fait toutes ses dispositions, Eugène revint vers trois heures à la pension bourgeoise, et ne put retenir une larme quand il aperçut à cette porte bâtarde la bière à peine couverte d'un drap noir, posée sur deux chaises dans cette rue déserte. Un mauvais goupillon, auquel personne n'avait encore touché, trempait dans un plat de cuivre argenté plein d'eau bénite. La porte n'était pas même tendue de noir. C'était la mort des pauvres, qui n'a ni faste, ni suivants, ni amis, ni parents. Bianchon obligé d'être à son hôpital, avait écrit un mot à Rastignac pour lui rendre compte de ce qu'il avait fait avec l'église. L'interne lui mandait qu'une messe était hors de prix, qu'il fallait se contenter du service moins coûteux des vêpres, et qu'il avait envoyé Christophe avec un mot aux Pompes Funèbres. Au moment où Eugène achevait de lire le griffonnage de Bianchon, il vit entre les mains de madame Vauquer le médaillon à cercle d'or où étaient les cheveux des deux filles.

— Comment avez-vous osé prendre ça ? lui dit-il.

— Pardi ! fallait-il l'enterrer avec ? répondit Sylvie, c'est en or.

— Certes ! reprit Eugène avec indignation, qu'il emporte au moins avec lui la seule chose qui puisse représenter ses deux filles.

Quand le corbillard vint, Eugène fit remonter la bière, la décloua, et plaça religieusement sur la poitrine du bonhomme une image qui se rapportait à un temps où Delphine et Anastasie étaient jeunes, vierges et pures, et *ne raisonnaient pas*, comme il l'avait dit dans ses cris d'agonisant. Rastignac et Christophe accompagnèrent seuls, avec deux croque-morts, le char qui menait le pauvre homme à Saint-Étienne-du-Mont, église peu distante de la rue Neuve-Sainte-Geneviève. Arrivé là, le corps fut présenté à une petite chapelle basse et sombre, autour de laquelle l'étudiant chercha vainement les deux filles du père Goriot ou leurs maris. Il fut seul avec Christophe, qui se croyait obligé de rendre les derniers devoirs à un homme qui lui avait fait gagner quelques bons pourboires. En attendant les deux prêtres, l'enfant de chœur et le bedeau, Rastignac serra la main de Christophe, sans pouvoir prononcer une parole.

— Oui, monsieur Eugène, dit Christophe, c'était un brave et honnête homme, qui n'a jamais dit une parole plus haut que l'autre, qui ne nuisait à personne et n'a jamais fait de mal.

Les deux prêtres, l'enfant de chœur et le bedeau vinrent et donnèrent tout ce qu'on peut avoir pour soixante-dix francs dans une époque où la religion n'est pas assez riche pour prier gratis. Les gens du clergé chantèrent un psaume, le *Libera*, le *De profundis*. Le service dura vingt minutes. Il n'y avait qu'une seule voiture de deuil pour un prêtre et un enfant de chœur, qui consentirent à recevoir avec eux Eugène et Christophe.

— Il n'y a point de suite, dit le prêtre, nous pourrons aller vite, afin de ne pas nous attarder, il est cinq heures et demie.

Cependant, au moment où le corps fut placé dans le corbillard, deux voitures armoriées, mais vides, celle du comte de Restaud et celle du baron de Nucingen, se présentèrent et suivirent le convoi jusqu'au Père-Lachaise. A six heures, le corps du père Goriot fut descendu dans sa fosse, autour de laquelle étaient les gens de ses filles, qui disparurent avec le clergé aussitôt que fut dite la courte prière due au bonhomme pour l'argent de l'étudiant. Quand les deux fossoyeurs eurent jeté quelques pelletées de terre sur la bière pour la cacher, ils se relevèrent, et l'un d'eux, s'adressant à Rastignac, lui demanda leur pourboire. Eugène fouilla dans sa poche et n'y trouva rien, il fut forcé d'emprunter vingt sous à Christophe. Ce fait, si léger en lui-même, détermina chez Rastignac un accès d'horrible tristesse. Le jour tombait, un humide crépuscule agaçait les nerfs, il regarda la tombe et y ensevelit sa dernière larme de jeune homme, cette larme arrachée par les saintes émotions d'un cœur pur, une de ces larmes qui, de la terre où elles tombent, rejaillissent jusque dans les cieux. Il se croisa les bras, contempla les nuages, et, le voyant ainsi, Christophe le quitta.

Rastignac, resté seul, fit quelques pas vers le haut du cimetière et vit Paris tortueusement couché le long des deux rives de la Seine où commençaient à briller les lumières. Ses yeux s'attachèrent presque avidement entre la colonne de la place Vendôme et le dôme des Invalides, là où vivait ce beau monde dans lequel il avait voulu pénétrer. Il lança sur cette ruche bourdonnant [1] un regard qui semblait par avance en pomper le miel, et dit ces mots grandioses : « A nous deux maintenant ! »

Et pour premier acte du défi qu'il portait à la Société, Rastignac alla dîner chez madame de Nucingen.

Saché, septembre 1834 [2].

DOSSIER

VIE DE BALZAC

La biographie de Balzac est tellement chargée d'événements si divers, et tout s'y trouve si bien emmêlé, qu'un exposé purement chronologique des faits serait d'une confusion extrême.

Dans l'ordre chronologique, nous nous sommes donc contentés de distinguer, d'une manière aussi peu arbitraire que possible, cinq grandes époques de la vie de Balzac : des origines à 1814, 1815-1828, 1828-1833, 1833-1840, 1841-1850.

A l'intérieur des périodes principales, nous avons préféré, quand il y avait lieu, classer les faits selon leur nature : l'œuvre, les autres activités touchant la littérature, la vie sentimentale, les voyages, etc. (mais en reprenant, à l'intérieur de chaque paragraphe, l'ordre chronologique).

Famille, enfance ; des origines à 1814.

En juillet 1746 naît dans le Rouergue, d'une lignée paysanne, Bernard-François Balssa, qui sera le père

372 Le père Goriot

du romancier et mourra en 1829 ; trente ans plus tard nous retrouvons le nom orthographié « Balzac ». Signalons à titre anecdotique (car l'événement ne semble pas avoir marqué notre Balzac) qu'un frère de Bernard-François fut guillotiné à Albi en 1819 pour l'assassinat, dont il était peut-être innocent, d'une fille de ferme.

Janvier 1797 : Bernard-François, directeur des vivres de la division militaire de Tours, épouse à cinquante ans Laure Sallambier, qui en a dix-huit, et qui vivra jusqu'en 1854.

1799, 20 mai : naissance à Tours d'Honoré Balzac (le nom ne comporte pas encore la particule). Un premier fils, né jour pour jour un an plus tôt, n'avait pas vécu.

Après Honoré, le ménage aura trois autres enfants : 1° Laure (1800-1871), qui épousera en 1820 Eugène Surville, ingénieur des Ponts et Chaussées, et restera pour le romancier une confidente affectueuse et sûre ; 2° Laurence (1802-1825), devenue en 1821 Mme de Montzaigle : c'est sur son acte de baptême que la particule « de » apparaît pour la première fois devant le nom des Balzac ; 3° Henry (1807-1858), fils adultérin dont le père était Jean de Margonne (1780-1858), châtelain de Saché.

L'enfance et l'adolescence d'Honoré seront affectées par la préférence de la mère pour Henry, lequel, dépourvu de dons et de caractère, traînera une existence assez misérable ; les ternes séjours qu'il fera dans les îles de l'océan Indien avant de mourir à Mayotte contrastent absolument avec les aventures des romanesques coureurs de mers balzaciens. Balzac gardera des liens étroits avec Margonne et séjournera souvent à Saché, où l'on montre encore sa chambre et sa table de travail.

Dès sa naissance, Honoré est mis en nourrice chez la femme d'un gendarme à Saint-Cyr-sur-Loire, aujourd'hui faubourg de Tours (rive droite). De 1804 à 1807 il est externe dans un établissement scolaire de Tours, de 1807 à 1813 il est pensionnaire au collège de Vendôme. Puis, pendant plus d'un an, en 1813-1814, atteint de troubles et d'une espèce d'hébétude qu'on attribue à un abus de lecture, il demeure dans sa famille, au repos. En 1814, pendant quelques mois, il reprend ses études au collège de Tours, comme externe.

Son père, alors administrateur de l'Hospice général de Tours, est nommé directeur des vivres dans une entreprise parisienne de fournitures aux armées. Toute la famille quitte Tours pour Paris en novembre 1814.

Apprentissages, 1815-1828.

1815-1819. Honoré poursuit ses études à Paris. Il entreprend son droit, suit des cours à la Sorbonne et au Muséum. Il travaille comme clerc dans l'étude de Me Guillonnet-Merville, avoué, puis dans celle de Me Passez, notaire; ces deux stages laisseront sur lui une empreinte profonde.

Son père ayant pris sa retraite, la famille, dont les ressources sont désormais réduites, quitte Paris et s'installe pendant l'été 1819 à Villeparisis. Cependant

Honoré, qu'on destinait au notariat, obtient de renoncer à cette carrière, et de demeurer seul à Paris, dans une mansarde, pour éprouver sa vocation en s'exerçant au métier des lettres.

Dès 1817 il a rédigé des *Notes sur la philosophie et la religion*, suivies en 1818 de *Notes sur l'immortalité de l'âme*, premiers indices du goût prononcé qu'il gardera longtemps pour la spéculation philosophique : maintenant il s'attaque à une tragédie, *Cromwell*, cinq actes en vers, qu'il termine au printemps de 1820. Soumise à plusieurs juges successifs, l'œuvre est uniformément estimée détestable ; Andrieux, aimable écrivain, ami de la famille, professeur au Collège de France et académicien, conclut que l'auteur peut tenter sa chance dans n'importe quelle voie, hormis la littérature. Balzac continue sa recherche philosophique avec *Falthurne* et *Sténie* (1820), que suivront bientôt (1823) un *Traité de la prière* et un second *Falthurne*.

De 1822 à 1827, soit en collaboration soit seul, mais toujours sous des pseudonymes, il publie une masse considérable de produits romanesques « de consommation courante », qu'il lui arrivera d'appeler « petites opérations de littérature marchande » ou même « cochonneries littéraires ». A leur sujet les balzaciens se partagent ; les uns y cherchent des ébauches de thèmes et les signes avant-coureurs du génie romanesque ; les autres doutent que Balzac, soucieux seulement de satisfaire sa clientèle, y ait rien mis qui soit vraiment de lui-même.

En 1822 commence sa longue liaison (mais, de sa part, non exclusive) avec Laure de Berny, qu'il a rencontrée à Villeparisis l'année précédente. Née en 1777, elle a alors deux fois son âge, et elle est d'un an et demi l'aînée de la mère d'Honoré ; celui-ci aura pour elle un amour en quelque sorte ambivalent, où il trouvera une compensation à son enfance frustrée.

Fille d'un musicien de la Cour et d'une femme de la chambre de Marie-Antoinette, elle-même femme d'expérience, Laure initiera son jeune amant non seulement aux secrets de la vie mondaine sous l'Ancien Régime, mais aussi à ceux de la condition féminine et de la joie sensuelle. Elle restera pour lui un soutien, et le guide le plus sûr. Elle mourra en 1836.

En 1825 Balzac entre en relations avec la duchesse d'Abrantès (1784-1838) ; cette nouvelle maîtresse, qui d'ailleurs s'ajoute à la précédente et ne se substitue pas à elle, a encore quinze ans de plus que lui. Fort avertie de la grande et petite histoire de la Révolution et de l'Empire, elle complète l'éducation que lui a donnée Mme de Berny, et le présente aux nombreux amis qu'elle garde dans le monde ; lui-même, plus tard, se fera son conseiller et peut-être son collaborateur lorsqu'elle écrira ses *Mémoires*.

En septembre 1820, au tirage au sort, il obtient un « bon numéro » qui le dispense du service militaire.

Durant la fin de cette période, il se lance dans des affaires qui enrichissent d'une manière incomparable l'expérience du futur auteur de *La Comédie humaine*, mais qui en attendant se soldent par de pénibles et coûteux échecs.

Il se fait éditeur en 1825, l'éditeur se fait imprimeur en 1826, l'imprimeur se fait fondeur de caractères en 1827, — toujours en association, les fonds de ses propres apports étant constitués par sa famille et par Mme de Berny. En 1825 et 1826 il publie, entre autres, des éditions compactes de Molière et de La Fontaine, pour lesquelles il a composé des notices. En 1828 la société de fonderie est remaniée ; il en est écarté au profit d'Alexandre de Berny, fils de son amie : l'entreprise deviendra une des plus belles réalisations françaises dans ce domaine. L'imprimerie est liquidée quelques mois plus tard, en août ; elle laisse à Balzac 60 000 francs de dettes (dont 50 000 envers sa famille).

Nombreux voyages et séjours en province, notamment dans la région de l'Isle-Adam, en Normandie, et surtout en Touraine, terre natale et terre d'élection.

Les débuts, 1828-1833.

A la mi-septembre 1828 Balzac va s'établir pour six semaines à Fougères, en vue du roman qu'il prépare sur la chouannerie. *Le Dernier Chouan ou la Bretagne en 1800*, dont le titre deviendra finalement *Les Chouans*, paraît en mars 1829 ; c'est le premier roman dont il assume ouvertement la responsabilité en le signant de son véritable nom.

En décembre 1829 il publie sous l'anonymat *Phy-*

siologie du mariage, un essai ou, comme il dira plus tard, une « étude analytique » qu'il avait ébauchée puis délaissée plusieurs années auparavant.

1830 : les *Scènes de la vie privée* réunissent en deux volumes six nouvelles ou courts récits. Ce nombre sera porté à quinze dans une réédition du même titre en quatre tomes (1832).

1831 : *La Peau de Chagrin* ; ce roman est repris pour former la même année, avec douze autres récits divers, trois volumes de *Romans et contes philosophiques* ; l'ensemble est précédé d'une introduction de Philarète Chasles, certainement inspiré par l'auteur. 1832 : les *Nouveaux contes philosophiques* augmentent de quatre récits (dont une première version de *Louis Lambert*) cette collection. Il faut noter que le mot « philosophiques » a encore un sens fort vague, et provisoire, dans l'esprit de Balzac.

Les *Contes drolatiques*. A l'imitation des *Cent nouvelles nouvelles* (il avait un goût très vif pour la vieille littérature dite gauloise), il voulait en écrire cent, répartis en dix dizains. Le premier dizain paraît en 1832, le deuxième en 1833 ; le troisième ne sera publié qu'en 1837, et l'entreprise s'arrêtera là.

Septembre 1833 : *Le Médecin de campagne*. Pendant toute cette époque, Balzac donne une foule de textes divers à de nombreux périodiques. Il poursuivra ce genre de collaboration durant toute sa vie, mais à une cadence moindre.

Continuation des amours avec Laure de Berny et avec Laure d'Abrantès.

Liaison avec Olympe Pélissier.

Présenté à la duchesse de Castries en 1831, il séjourne auprès d'elle, à Aix-les-Bains et à Genève, en septembre et octobre 1832 ; elle s'amuse à se laisser chaudement courtiser par lui, mais ne cède pas, ce dont il se montre fort déconfit.

Au début de 1832 il reçoit d'Odessa une lettre signée « L'Étrangère », et répond par une petite annonce insérée dans un journal : c'est le début de ses relations avec Mme Hanska (1805-1882), sa future femme, qu'il rencontre pour la première fois à Neuchâtel dans les derniers jours de septembre 1833.

Vers cette même époque il a une maîtresse discrète, Marie ou Maria du Fresnay.

Voyages très nombreux. Outre ceux que nous avons signalés ci-dessus (Fougères, Aix, Genève, Neuchâtel), il faut mentionner plusieurs séjours près de Tours ou de Nemours avec Mme de Berny, à Saché, à Angoulême chez ses amis Carraud, etc.

Son travail acharné n'empêche pas qu'il ne soit très répandu dans les milieux littéraires et dans le monde ; il mène une vie ostentatoire et dispendieuse.

En politique, il se convertit au légitimisme. Il envisage de se présenter aux élections législatives de 1831, et en 1832 à une élection partielle.

L'essor, 1833-1840.

Durant cette période, Balzac ne se contente pas
d'assurer le développement de son œuvre : il se
préoccupe de lui assurer une organisation d'ensemble.
Déjà les *Scènes de la vie privée et les Romans et contes
philosophiques* témoignaient chez lui de cette ten-
dance ; maintenant il s'avance sur la voie qui le
conduira à la conception globale de *La Comédie
humaine.*

En octobre 1833 il signe un contrat pour la
publication d'une collection intitulée *Études de mœurs
au XIXe siècle,* et qui doit rassembler aussi bien les
rééditions que des ouvrages nouveaux. Divisée en trois
séries, cette collection va comprendre quatre tomes de
Scènes de la vie privée, quatre de *Scènes de la vie de
province* et quatre de *Scènes de la vie parisienne.* Les
douze volumes paraissent en ordre dispersé de décembre 1833 à février 1837. Le tome I est précédé d'une
importante introduction de Félix Davin, porte-parole
ou même prête-nom de Balzac. La classification a une
valeur à la fois littérale et symbolique : elle se fonde à
la fois sur le cadre de l'action et sur la signification du
thème.
Parallèlement paraissent de 1834 à 1840 vingt
volumes d'*Études philosophiques,* avec une nouvelle
introduction de Félix Davin.
Principales créations en librairie de cette période :
Eugénie Grandet, fin 1833 ; *La Recherche de l'ab-*

solu, 1834 ; *Le Père Goriot, La Fleur des pois* (titre qui deviendra *Le Contrat de mariage*), *Séraphita*, 1835 ; *Histoire des Treize*, 1833-1835 ; *Le Lys dans la vallée*, 1836 ; *La Vieille Fille, Illusions perdues* (début), *César Birotteau*, 1837 ; *La Femme supérieure* (titre qui deviendra *Les Employés*), *La Maison Nucingen, La Torpille* (début de *Splendeurs et misères des courtisanes*), 1838 ; *Le Cabinet des antiques, Une Fille d'Ève, Béatrix*, 1839 ; *Une princesse parisienne* (titre qui deviendra *Les Secrets de la princesse de Cadignan*), *Pierrette, Pierre Grassou*, 1840.

En marge de cette activité essentielle, Balzac prend à la fin de 1835 une participation majoritaire dans la *Chronique de Paris*, journal politique et littéraire ; il y publie un bon nombre de textes, jusqu'à ce que la société, irrémédiablement déficitaire, soit dissoute six mois plus tard. Curieusement il réédite (et complète à l'aide de « nègres ») une partie de ses romans de jeunesse, en gardant un pseudonyme qui n'abuse personne : ce sont les *Œuvres complètes d'Horace de Saint-Aubin*, seize volumes, 1836-1840.

En 1838 il s'inscrit à la toute jeune Société des Gens de Lettres, il la préside en 1839, et mène diverses campagnes pour la protection de la propriété littéraire et des droits des auteurs.

Candidat à l'Académie française en 1839, il s'efface devant Hugo, qui d'ailleurs n'est pas élu.

En 1840 il fonde la *Revue parisienne*, mensuelle et entièrement rédigée par lui ; elle disparaît après le troisième numéro, où il a inséré son long et fameux article sur *La Chartreuse de Parme*.

Théâtre : en 1839, la Renaissance refuse *L'École des ménages*, pièce dont il donne chez Custine une lecture à laquelle assistent Stendhal et Théophile Gautier. En 1840 la censure refuse plusieurs fois et finit par autoriser *Vautrin*, pièce interdite dès le lendemain de la première.

Il séjourne à Genève auprès de Mme Hanska du 24 décembre 1833 au 8 février 1834 ; il la retrouve à Vienne (Autriche) en mai-juin 1835 ; alors commence une séparation qui durera huit ans.

Le 4 juin 1834 naît Marie du Fresnay, présumée être sa fille, et qu'il regarde comme telle ; elle ne mourra qu'en 1930.

Mme de Berny cesse de le voir à la fin de 1835 ; elle va mourir huit mois plus tard.

En 1836, naissance de Lionel-Richard Lowell, fils présumé de Balzac et de la comtesse Guidoboni-Visconti ; en 1837 le comte lui donne lui-même procuration pour régler à Venise en son nom une affaire de succession ; en 1837 encore, c'est chez la comtesse que Balzac, poursuivi pour dettes, se réfugie : elle paie pour lui, et lui évite ainsi la contrainte par corps.

Juillet-août 1836 : Mme Marbouty, déguisée en homme, l'accompagne à Turin et en Suisse.

Voyages toujours nombreux.

Au cours de l'excursion autrichienne de 1835 il est reçu par Metternich, et visite le champ de bataille de Wagram en vue d'un roman qu'il ne parviendra jamais à écrire. En 1836, séjournant en Touraine, il se voit accueilli par Talleyrand et la duchesse de Dino. L'année suivante, c'est George Sand qui l'héberge à Nohant ; elle lui suggère le sujet de *Béatrix*.

Durant son voyage italien de 1837, à Gênes, il a appris qu'on pouvait exploiter fructueusement en Sardaigne les scories d'anciennes mines de plomb argentifère ; en 1838, en passant par la Corse, il se rend sur place pour y constater que l'idée était si bonne qu'une société marseillaise l'a devancé ; retour par Gênes, Turin, et Milan où il s'attarde.

On signale en 1834 un dîner réunissant Balzac, Vidocq et les bourreaux Sanson père et fils.

Démêlés avec la Garde nationale, où il se refuse obstinément à assurer ses tours de garde : en 1835 il se cache d'elle à Chaillot sous le nom de « Mme veuve Durand », en 1836 elle l'incarcère pendant une semaine dans sa prison surnommée « Hôtel des Haricots » ; nouvel emprisonnement en 1839, pour la même raison.

En 1837, près de Paris, à Sèvres, au lieudit les Jardies, il achète les premiers éléments de ce dont il voudra constituer tout un domaine. Il rêvera même de faire fortune en y acclimatant la culture de l'ananas.

Ses projets assez grandioses lui coûteront fort cher et ne lui amèneront que des déboires. Liquidation longue et onéreuse en 1840-1841.

C'est en octobre 1840 que, quittant les Jardies, il s'installe à Passy dans l'actuelle rue Raynouard, où sa maison est redevenue aujourd'hui « La Maison de Balzac ».

Suite et fin, 1841-1850.

Le fait marquant qui inaugure cette période est l'acte de naissance officiel de *La Comédie humaine* considérée comme un ensemble organique. Cet acte, c'est le contrat passé le 2 octobre 1841 avec un groupe d'éditeurs pour la publication, sous ce « titre général », des « œuvres complètes » de Balzac, celui-ci se réservant « l'ordre et la distribution des matières, la tomaison et l'ordre des volumes ».

Nous avons vu le romancier, dès ses véritables débuts ou presque, montrer le souci d'un ordre et d'un classement. Une lettre à Mme Hanska du 26 octobre 1834 en faisait déjà état. Une lettre de décembre 1839 ou janvier 1840, adressée à un éditeur non identifié, et restée sans suite, mentionnait pour la première fois le « titre général », avec un plan assez détaillé. Cette fois le grand projet va enfin se réaliser (sous réserve de quelques changements de détail ultérieurs dans le plan, et sous réserve aussi de plusieurs ouvrages annoncés qui ne seront jamais composés).

Réunissant rééditions et nouveautés, l'ensemble désormais intitulé *La Comédie humaine* paraît de

1842 à 1848 en dix-sept volumes, complétés en 1855 par un tome XVIII, et suivis, en 1855 encore, d'un tome XIX (*Théâtre*) et d'un tome XX (*Contes drolatiques*). Trois parties : *Études de mœurs*, *Études philosophiques*, *Études analytiques*, — la première partie étant elle-même divisée en *Scènes de la vie privée*, *Scènes de la vie de province*, *Scènes de la vie parisienne*, *Scènes de la vie politique*, *Scènes de la vie militaire* et *Scènes de la vie de campagne*.

L'Avant-propos est un texte doctrinal capital. Avant de se résoudre à l'écrire lui-même, Balzac avait demandé vainement une préface à Nodier, à George Sand, ou envisagé de reproduire les introductions de Davin aux anciennes *Études de mœurs* et *Études philosophiques*.

Premières publications en librairie : *Le Curé de village*, 1841 ; *Mémoires de deux jeunes mariées*, *Ursule Mirouët*, *Albert Savarus*, *La Femme de trente ans* (sous sa forme et son titre définitifs après beaucoup d'avatars), *Les Deux Frères* (titre qui deviendra *La Rabouilleuse*), 1842 ; *Une ténébreuse affaire*, *La Muse du département*, *Illusions perdues* (au complet), 1843 ; *Honorine*, *Modeste Mignon*, 1844 ; *Petites misères de la vie conjugale*, 1846 ; *La dernière incarnation de Vautrin* (achevant *Splendeurs et misères des courtisanes*), 1847 ; *Les Parents pauvres* (*Le Cousin Pons* et *La Cousine Bette*), 1847-1848.

Romans posthumes. *Le Député d'Arcis* et *Les Petits Bourgeois*, restés inachevés, et terminés, avec une désinvolture confondante, par Charles Rabou agréé par la veuve, paraissent respectivement en 1854 et

1856. La veuve assure elle-même, avec beaucoup plus de tact, la mise au point des *Paysans* qu'elle publie en 1855.

Théâtre. Représentation et échec des *Ressources de Quinola*, 1842 ; de *Pamela Giraud*, 1843. Succès sans lendemain de *La Marâtre*, pièce créée à une date peu favorable (25 mai 1848) ; trois mois plus tard la Comédie-Française reçoit *Mercadet ou le Faiseur*, mais la pièce ne sera pas représentée.

Chevalier de la Légion d'honneur depuis avril 1845, Balzac, encore candidat à l'Académie française, obtient 4 voix le 11 janvier 1849, dont celles de Hugo et de Lamartine (on lui préfère le duc de Noailles), et, aux trois scrutins du 18 janvier, 2 voix (Vigny et Hugo), 1 voix (Hugo) et 0 voix, le comte de Saint-Priest étant élu.

Amours et voyages, durant toute cette période, portent pratiquement un seul et même nom : Mme Hanska. Le mari meurt — enfin ! — le 10 novembre 1841, en Ukraine ; mais Balzac n'est informé que le 5 janvier d'un événement qu'il attend pourtant avec tant d'impatience. Son amie, libre désormais de l'épouser, va néanmoins le faire attendre près de dix ans encore, soit qu'elle manque d'empressement, soit que réellement le régime tsariste se dispose à confisquer ses biens, qui sont considérables, si elle s'unit à un étranger.

En 1843, après huit ans de séparation, Balzac va la retrouver pour deux mois à Saint-Pétersbourg ; il rentre par Berlin, les pays rhénans, la Belgique. En 1845, voyages communs en Allemagne, en France, en Hollande, en Belgique, en Italie. En 1846, ils se rencontrent à Rome et voyagent en Italie, en Suisse, en Allemagne.

Mme Hanska est enceinte ; Balzac en est profondément heureux, et, de surcroît, voit dans cette circonstance une occasion de hâter son mariage ; il se désespère lorsqu'elle accouche en novembre 1846 d'un enfant mort-né.

En 1847 elle passe quelques mois à Paris ; lui-même, peu après, rédige un testament en sa faveur. A l'automne, il va la retrouver en Ukraine, où il séjourne près de cinq mois. Il rentre à Paris pour assister à la révolution de février 1848, et envisager une candidature aux élections législatives ; il repart dès la fin de septembre pour l'Ukraine, où il séjourne jusqu'à la fin d'avril 1850.

C'est là qu'il épouse Mme Hanska, le 14 mars 1850.

Rentrés ensemble à Paris vers le 20 mai, les deux époux, le 4 juin, se font donation mutuelle de tous leurs biens en cas de décès. Depuis plusieurs années la santé de Balzac n'a pas cessé de se dégrader.

Du 1er juin 1850 date (à notre connaissance), la dernière lettre que Balzac ait écrite entièrement de sa

main. Le 18 août, il a reçu l'extrême-onction, et
Hugo, venu en visite, le trouve inconscient : il meurt à
onze heures et demie du soir, dans un état physique
affligeant. On l'enterre au Père-Lachaise trois jours
plus tard ; les cordons du poêle sont tenus par Hugo et
Dumas, mais aussi par le sinistre Sainte-Beuve, qui
n'a jamais rien compris à son génie, et par le ministre
de l'Intérieur ; devant sa tombe, discours (fort beau)
de Hugo : ni Hugo ni Baudelaire ne se sont trompés
sur lui.

La femme de Balzac, après avoir trouvé quelque
consolation à son veuvage, mourra en 1882.

NOTICE

A l'origine du Père Goriot, *il y a cette note de Balzac dans son album : « Un brave homme — pension bourgeoise — 600 F de rentes — s'étant dépouillé pour ses filles qui, toutes deux, ont 50 000 F de rentes — mourant comme un chien. » Une intrigue, un décor, il n'en faut pas plus pour écrire une nouvelle. Car c'est bien à une nouvelle que pense Balzac tout d'abord.*

En septembre 1834, il quitte Paris, épuisé, et s'installe chez ses amis Margonne, au château de Saché où il commence à travailler au Père Goriot.

Très vite, il doit renoncer au cadre trop étroit de la nouvelle. Déjà, d'autres personnages se pressent autour de Goriot, « Christ de la paternité », et Balzac entrevoit la création d'un univers romanesque, où revivront des personnages déjà connus de ses lecteurs. Cette technique des « personnages reparaissants » ouvre ainsi la route qui mènera à La Comédie humaine.

Rentré à Paris en octobre, Balzac continue de couvrir d'encre les feuillets bleus de son manuscrit.

Certains jours, il reste vingt heures à sa table ; et, avant même d'avoir fini de l'écrire, il donne son roman à imprimer. En décembre, il mène de front la rédaction et la correction des épreuves.

Le 14 décembre 1834, la Revue de Paris *publie la première partie du roman. Ce n'est que le 26 janvier 1835 que Balzac peut écrire :* « Aujourd'hui a été fini Le Père Goriot. »

Balzac considérait cette publication dans la Revue de Paris *comme l'édition originale : 14 et 28 décembre 1834, 25 janvier et 11 février 1835 ; la préface fut publiée le 8 mars.*

C'est au début de mars que parut chez Werdet la première édition en librairie, dont la préface fut livrée en retard. Elle portait en sous-titre : « Histoire parisienne ». *Les 1 200 exemplaires tout de suite vendus, un nouveau contrat est aussitôt signé ; les volumes paraîtront en mai, avec la mention* « troisième édition », *et une nouvelle préface. Il y aura même une* « quatrième édition ».

Après la réédition Charpentier de 1839, sans préfaces ni chapitres, Le Père Goriot, *enrichi de sa dédicace, paraît, en 1843, dans l'édition Furne de* La Comédie humaine, *au tome IX, dans les* Scènes de la vie parisienne. *Une note de Balzac, sur son exemplaire personnel, le fait maintenant classer dans les* Scènes de la vie privée. *Entre ces différentes éditions, Balzac apporta de nombreuses corrections qui porteront ainsi, par exemple, de vingt-trois à la cinquantaine le nombre de personnages reparaissant dans le roman.*

Notre édition.

Nous adoptons ici, pour l'essentiel, le texte dit du « Furne corrigé » dans la précieuse édition qu'en a procurée Jean A. Ducourneau (in Œuvres complètes illustrées de Balzac, Les Bibliophiles de l'originale, 1966) et qui reproduit en fac-similé toutes les corrections portées par Balzac sur son exemplaire personnel. L'établissement de notre texte doit également beaucoup à la très savante édition critique de Pierre-Georges Castex (Éditions Garnier, 1963) qui donne les variantes du manuscrit et des six éditions successives du roman.

On sait, en effet, que Balzac dans sa révision a laissé échapper un certain nombre d'erreurs matérielles. Certaines qui ne relèvent, par exemple, que de l'inattention ou du simple bourdon typographique sont aisées à rétablir. D'autres peuvent affecter le sens de la phrase ou témoignent, au contraire, d'une volonté délibérée de l'auteur : c'est dire qu'elles nécessitent, chaque fois, une option que nous a facilitée la lecture comparée de ces deux éditions auxquelles nous tenons à témoigner notre dette de reconnaissance. Nous avons signalé dans les notes quelques-uns de ces choix avec les sigles F. C. pour la première, C. pour la seconde.

Enfin, nous avons rétabli les divisions en chapitres supprimées par Furne pour des raisons d'économie de place et dont Balzac, aux dires de Lovenjoul, regretta toujours la disparition.

DOCUMENTS

I. PRÉFACE DE LA PREMIÈRE ÉDITION

Nous avons dit que cette préface fut publiée après coup dans la Revue de Paris, *le 8 mars 1835 ; puis livrée en retard aux acheteurs de la première édition Werdet. Elle figurera encore dans la seconde édition Werdet, mais sera par la suite supprimée. Balzac s'est visiblement amusé à l'écrire, mais surtout il prenait les devants, sachant qu'on ne manquerait pas de le taxer d'immoralité.*

L'auteur de cette esquisse n'a jamais abusé du droit de parler de soi que possède tout écrivain, et dont autrefois chacun usait si librement, qu'aucun ouvrage des deux siècles précédents n'a paru sans un peu de préface. La seule préface que l'auteur ait faite a été supprimée [1] ; celle-ci le sera vraisemblablement encore ; pourquoi l'écrire ? voici la réponse.

L'ouvrage auquel travaille l'auteur doit un jour se recommander beaucoup plus sans doute par son étendue, que par la valeur des détails. Il ressemblera,

pour accepter le triste arrêt d'une récente critique, à
l'œuvre politique de ces puissances barbares qui ne
triomphaient que par le nombre des soldats. Chacun
triomphe comme il peut, les impuissants seuls ne
triomphent jamais. Ainsi donc, il ne saurait exiger que
le public embrasse tout d'abord et devine un plan que
lui-même n'entrevoit qu'à certaines heures, quand le
jour tombe, quand il songe à bâtir ses châteaux en
Espagne, enfin dans ces moments où l'on vous dit : —
A quoi pensez-vous ? et que l'on répond : — A rien !
Aussi ne s'est-il jamais plaint ni de l'injustice de la
critique, ni du peu d'attention que le public apportait
dans le jugement des diverses parties de cette œuvre
encore mal étayée, incomplètement dessinée, et dont
le plan d'alignement n'est exposé dans aucune des
Mairies de Paris. Souvent donc il aurait dû peut-être,
avec la simplicité des vieux auteurs, avertir les
personnes abonnées aux cabinets de lecture, que tel
ou tel ouvrage était publié dans telle ou telle intention.
L'auteur des *Études de mœurs* et des *Études philosophiques* ne l'a pas fait par plusieurs raisons. D'abord,
les habitués des cabinets littéraires s'intéressent-ils à
la littérature ? Ne l'acceptent-ils pas comme l'étudiant
accepte le cigare ? Est-il nécessaire de leur dire que les
révolutions humanitaires sont ou ne sont pas circons-
crites dans une œuvre, que l'on est un grand homme
inédit, un Homère toujours inachevé, que l'on partage
avec Dieu la fatigue ou le plaisir de coordonner les
mondes ? Ajouteraient-ils foi à ces bourdes littéraires ? Ne les a-t-on pas fatigués de systèmes boiteux,
de promesses inexécutées ? D'ailleurs, l'auteur ne
croit ni à la générosité, ni à l'attention d'une époque

lâche et voleuse qui va chercher pour deux sous de littérature au coin d'une rue, comme elle y prend un briquet phosphorique, qui bientôt voudra du Benvenuto Cellini à bon marché, du talent à prix fixe, et qui fait aux poètes la même guerre qu'elle a faite à Dieu, en les rayant du Code, en les dépouillant pendant qu'ils vivent et en déshéritant leurs familles quand ils sont morts. Puis, pendant longtemps, sa seule intention en publiant des livres fut d'obéir à cette seconde destinée, souvent contraire à celle que le ciel nous a faite, qui nous est forgée par les événements sociaux, que nous appelons vulgairement *la nécessité*, et qui a pour exécuteurs des hommes nommés *créanciers*, gens précieux, car ce nom veut dire qu'ils ont foi en nous. Enfin, ces avertissements, à propos d'un détail, lui semblaient mesquins et inutiles ; mesquins parce qu'ils ne portaient que sur de petites choses qu'il fallait laisser à la critique ; inutiles, parce qu'ils devaient disparaître quand le tout serait accompli.

Si l'auteur parle ici de ses entreprises, il a donc fallu quelque accusation étrange, imméritée. Cette accusation passera nécessairement dans un pays où tout passe. La préface, qui déjà ne signifie pas grand-chose, ne signifiera donc plus rien. Néanmoins il faut répondre. Aussi répond-il.

Depuis quelque temps donc, l'auteur a été effrayé de rencontrer dans le monde un nombre surhumain, inespéré, de femmes sincèrement vertueuses, heureuses d'être vertueuses, vertueuses parce qu'elles sont heureuses, et sans doute heureuses parce qu'elles sont vertueuses. Pendant quelques jours de distraction, il n'a vu de toutes parts que des craquements

d'ailes blanches qui se déployaient, de véritables
anges qui faisaient mine de s'envoler dans leur robe
d'innocence, toutes personnes mariées d'ailleurs, qui
lui faisaient des reproches sur le goût immodéré dont
il gratifiait les femmes pour les félicités illicites d'une
crise conjugale, qu'il a scientifiquement nommée
ailleurs le *Minotaurisme.* Ces reproches n'allaient pas
sans quelque flatterie, car ces femmes prédestinées
aux plaisirs du ciel avouaient connaître par ouï-dire le
plus détestable de tous les libelles, la Très-Horrible
Physiologie du mariage, et se servaient de cette
expression pour éviter de prononcer un mot banni du
beau langage, l'adultère. L'une lui disait que, dans ses
livres, la femme n'était vertueuse que par force ou par
hasard, et jamais ni par goût, ni par plaisir. D'autres
lui disaient que les femmes adonnées au Minotaure,
mises en scène dans ses œuvres, étaient ravissantes, et
faisaient venir l'eau à la bouche de ces fautes qui ne
devaient être représentées que comme tout ce qu'il y
avait de plus désagréable dans le monde, et qu'il y
avait péril pour la chose publique à faire envier la
destinée de ces femmes, quelque malheureuses qu'elles fussent. Au contraire, celles qui étaient atteintes de
vertu leur paraissaient devoir être des personnes
extrêmement disgracieuses et disgraciées. Enfin les
reproches furent si nombreux que l'auteur ne saurait
les consigner tous. Figurez-vous un peintre qui croit
avoir fait une jeune femme ressemblante, et à qui la
jeune femme renvoie le portrait, sous prétexte qu'il est
horrible. N'y a-t-il pas de quoi devenir fou ? Ainsi a
fait le monde. Le monde a dit : — Mais nous sommes
blanc et rose, et vous nous avez prêté des tons fort

vilains. J'ai le teint uni pour les gens qui m'aiment, et vous m'avez mis cette petite verrue dont mon mari seul s'aperçoit.

L'auteur fut épouvanté de ces reproches. Il ne sut que devenir en voyant ce nombre prodigieux de rosières qui méritaient le prix Monthyon, et qu'il avait envoyées par mégarde à la police correctionnelle de l'opinion. Dans les premiers moments d'une déroute, on ne pense qu'à se sauver ; les plus braves sont entraînés. L'auteur oublia qu'il s'était permis de faire quelquefois, à l'instar de la capricieuse nature, des femmes vertueuses aussi attrayantes que le sont les femmes criminelles. On ne s'était pas aperçu de sa politesse, et l'on criait à propos de la vérité. *Le Père Goriot* fut commencé dans le premier quart d'heure de ce désespoir. Pour éviter de jeter dans son monde fictif des adultères de plus, il eut la pensée d'aller rechercher quelques-uns de ses plus méchants personnages féminins, afin de rester dans une sorte de *statu quo* relativement à cette grave question. Puis, quand cet acte respectueux fut accompli, la peur de recevoir quelques coups de griffe l'a pris, et il sent la nécessité de justifier ici, par l'aveu de sa panique, la réapparition de madame de Beauséant, celle de lady Brandon, de mesdames de Restaud et de Langeais, qui figurent déjà dans *La Femme abandonnée,* dans *La Grenadière,* dans *Le Papa Gobseck,* et dans *Ne touchez pas à la hache* [1]. Mais, si le monde lui tient compte de sa parcimonie à l'égard des femmes reprochables, il aura le courage de supporter les coups de la Critique. Cette vieille parasite des festins littéraires qui est descendue du salon pour aller s'asseoir à la cuisine, où elle fait

tourner les sauces avant qu'elles ne soient prêtes, ne
manquera pas de dire, au nom du public, qu'on en
avait déjà bien assez de ces personnages ; que si
l'auteur avait eu la puissance d'en créer de nouveaux,
il aurait pu se dispenser de faire revenir ceux-là ; car,
de tous les Revenants, le pire est le Revenant littéraire.
Quant à la faute d'avoir donné les commencements du
Rastignac de *La Peau de chagrin*, l'auteur est sans
excuse. Mais si dans ce désastre il a tout le monde
contre lui, peut-être aura-t-il de son côté ce personnage grave et positif qui, pour beaucoup d'auteurs, est
le monde entier, à savoir *le libraire.* Ce protecteur des
lettres paraît compter sur le grand nombre de personnes aux oreilles desquelles ne sont point parvenus
les titres des livres d'où sont tirés ces personnages,
pour les leur vendre. Opinion tout à la fois amère et
douce que l'auteur est forcé de prendre en gré.
Certaines personnes voudront voir dans ces phrases
purement naïves une espèce de prospectus, mais tout
le monde sait qu'on ne peut rien dire, en France, sans
encourir des reproches. Quelques amis blâment déjà,
dans l'intérêt de l'auteur, la légèreté de cette préface,
où il paraît ne pas prendre son œuvre au sérieux,
comme si l'on pouvait répondre gravement à des
observations bouffonnes, et s'armer d'une hache pour
tuer des mouches.

Maintenant, si quelques-unes des personnes qui
reprochent à l'auteur son goût littéraire pour les
pécheresses lui faisaient un crime d'avoir lancé dans
la circulation *livresque* une mauvaise femme de plus
en la personne de madame de Nucingen, il supplie ses
jolis censeurs en jupons de lui passer encore cette

pauvre petite faute. En retour de leur indulgence, il s'engage formellement à leur faire, après quelque temps employé à chercher son modèle, une femme vertueuse par goût. Il la représentera mariée à un homme peu aimable ; car, si elle était mariée à un homme adoré, ne serait-elle pas vertueuse par plaisir ? Il ne la fera pas mère de famille, car, comme Juana de Mancini[1], cette héroïne que certains critiques ont trouvée trop vertueuse, elle pourrait être vertueuse par attachement à ses chers anges. Il a bien compris sa mission, et voit qu'il s'agit, dans l'œuvre promise, de peindre quelque vertu en lingot, une vertu poinçonnée à la Monnaie du rigorisme. Aussi sera-ce quelque belle femme gracieuse, ayant des sens impérieux et un mauvais mari, poussant la charité jusqu'à se dire heureuse, et tourmentée comme l'était cette excellente madame Guyon que son époux prenait plaisir à troubler dans ses prières de la façon la plus inconvenante. Mais, hélas ! en cette affaire, il se rencontre de graves questions à résoudre. L'auteur les propose, dans l'espérance de recevoir plusieurs mémoires académiques faits de mains de maîtresse, afin de composer un portrait dont le public féminin soit satisfait.

D'abord si ce phénix femelle croit au paradis, ne sera-t-elle pas vertueuse par calcul ? car, comme l'a dit un des esprits les plus extraordinaires de cette grande époque, si l'homme voit avec certitude l'enfer, comment peut-il succomber ? « Où est le sujet qui, jouissant de sa raison, ne sera pas dans l'impuissance de contrevenir à l'ordre de son prince, s'il lui dit : " Vous voilà dans mon sérail, au milieu de toutes mes

femmes. Pendant cinq minutes, n'en approchez
aucune ; j'ai l'œil sur vous ; si vous êtes fidèle pendant
ce peu de temps, tous ces plaisirs et d'autres vous
seront permis pendant trente années d'une prospérité
constante. " Qui ne voit que cet homme, quelque
ardent qu'on le suppose, n'a pas même besoin de force
pour résister pendant un temps si court ? Il n'a besoin
que de croire à la parole de son prince. Assurément,
les tentations du chrétien ne sont pas plus fortes, et la
vie de l'homme est bien moins devant l'éternité que
cinq minutes comparées à trente années. Il y a l'infini
de distance entre le bonheur promis au chrétien et les
plaisirs offerts au sujet, et si la parole du prince peut
laisser de l'incertitude, celle de Dieu n'en laisse
aucune » (*Obermann*) [1]. Être vertueuse ainsi, n'est-ce
pas faire l'usure ? Donc, pour savoir si elle est
vertueuse, il faut la faire tentée. Si elle est tentée et
qu'elle soit vertueuse, il faudrait logiquement la
représenter n'ayant pas même l'idée de la faute. Mais
si elle n'a pas l'idée de la faute, elle n'en saura pas les
plaisirs. Si elle n'en sait pas les plaisirs, sa tentation
sera très incomplète, elle n'aura pas le mérite de la
résistance. Comment désirerait-on une chose incon-
nue ? Or, la peindre vertueuse sans être tentée est un
non-sens. Supposez une femme bien constituée, mal
mariée, tentée, comprenant les bonheurs de la passion : l'œuvre est difficile, mais elle peut encore être
inventée. Là n'est pas la difficulté. Croyez-vous qu'en
cette situation elle ne rêvera pas souvent cette faute
que doivent pardonner les anges ? Alors, si elle y
pense une ou deux fois, sera-t-elle vertueuse en
commettant de petits crimes dans sa pensée ou au

fond de son cœur ? Voyez-vous ? tout le monde s'accorde sur la faute ; mais dès qu'il s'agit de vertu, je crois qu'il est presque impossible de s'entendre.

L'auteur ne terminera pas sans publier ici le résultat de l'examen de conscience que ses critiques l'ont forcé de faire relativement au nombre de femmes vertueuses et de femmes criminelles qu'il a émises sur la place littéraire. Dès que son effroi lui a laissé le temps de réfléchir, son premier soin fut de rassembler ses corps d'armée, afin de voir si le rapport qui devait se trouver entre ces deux éléments de son monde écrit était exact, relativement à la mesure de vice et de vertu qui entre dans la composition des mœurs actuelles. Il s'est trouvé riche de plus de trente-huit femmes vertueuses, et pauvre de vingt femmes criminelles tout au plus, qu'il prend la liberté de ranger toutes en bataille de la manière suivante, afin qu'on ne lui conteste pas les résultats immenses que donnent déjà ses peintures commencées. Puis, afin qu'on ne le chicane en aucune manière, il a négligé de compter beaucoup de femmes vertueuses qu'il a mises dans l'ombre, comme elles y sont quelquefois en réalité.

FEMMES VERTUEUSES	FEMMES CRIMINELLES
Études de mœurs.	*Études de mœurs.*
1-2 Mme DE FONTAINE et Mme DE KERGAROUËT, *le Bal de Sceaux*, tome I.	1. La duchesse DE CARIGLIANO, [*la Maison du chat-qui-pelote*[1]], tome I.
3-4-5. Mme GUILLAUME, Mme DE SOMMERVIEUX et Mme LEBAS, [*la Maison du chat-qui-pelote*], tome I.	2-3. Mme D'AIGLEMONT, [*la Femme de trente ans*], tome IV.

FEMMES VERTUEUSES	FEMMES CRIMINELLES
Études de mœurs.	*Études de mœurs.*

FEMMES VERTUEUSES

Études de mœurs.

6. Ginevra di Piombo, *la Vendetta*, tome I.

7. Mme de Sponde, *la Fleur des pois* [1], tome II.

8. Mme de Soulanges, *la Paix du ménage*, tome II.

9-10. Mme Claës et Mme de Solis, *la Recherche de l'absolu*, tome III.

11-12-13-14. Mme Grandet et Eugénie Grandet, Nanon et Mme des Grassins, *Eugénie Grandet*, tome V.

15-16. Sophie-Gamard, la baronne de Listomère, [*le Curé de Tours*], tome VI.

17-18-19. Mme de Granville, [*une Double famille*] ; Adélaïde de Rouville et Mme de Rouville, *la Bourse*, tome IX.

20-21. Juana (Mme Diard), *les Marana* ; Mme Jules, *Ferragus, chef des dévorants (Histoire des Treize)*, tome X.

22-23-24. Mme Firmiani, la marquise de Listomère, [*Étude de femme*] ; Mme Chabert, [*le Colonel Chabert*], tome XII.

25-26. Mlle Taillefer, Mme Vauquer *, *le Père Goriot*.

FEMMES CRIMINELLES

Études de mœurs.

4-5-6. Mme de Beauséant, *la Femme abandonnée* ; lady Brandon, *la Grenadière* ; et Juliette, *le Message*, tome VI.

7. Mme de Merret, *la Grande Bretèche* [fin de *Autre étude de femme*], tome VIII.

8-9-10. Mlle de Bellefeuille, [*une Double famille*] ; Mme de Restaud, *le Papa Gobseck* ; Fanny Vermeil, [*Esther heureuse*, première partie de *Splendeurs et misères des courtisanes*], tome IX (sous presse).

11. La Marana, *les Marana*, tome X.

12. Ida Gruget, *Ferragus, chef des dévorant (Histoire des Treize)*, tome X.

13. Mme de Langeais, *Histoire des Treize*, [*la Duchesse de Langeais*], tome XI.

14-15. Euphémie, marquise de San-Réal et Paquita Valdès, *la Fille aux yeux d'or*, tome XII.

16-17. Mme de Nucingen, Mlle Michonneau, *le Père Goriot*.

* Elle est douteuse. (*Note de l'Auteur.*)

FEMMES VERTUEUSES

FEMMES CRIMINELLES

27-28. Evelina et la Fosseuse, *le Médecin de campagne.*

Études philosophiques.

29. Fœdora, *la Peau de chagrin,* tome IV.
30. La comtesse de Vandière, *Adieu,* tome IV.
31. Mme de Dey, *le Réquisitionnaire,* tome V.
32-33. Mme Birotteau et Césarine Birotteau, *Histoire de la grandeur et de la décadence de César Birotteau,* tomes VI-X.
34-35. Jeanne d'Hérouville et sœur Marie, l'*Enfant maudit, Sœur Marie-des-Anges* [1], tomes V, XVII, XVIII et XIX.
36-37. Pauline de Villenoix, *Louis Lambert*; et Mme de Rochecave, *Ecce Homo* [2], tomes XXIII et XXIV.
38. Francine, *les Chouans**.

Études philosophiques.

18-19. Pauline de Witchnau, Aquilina, *la Peau de chagrin* et *Melmoth réconcilié,* tomes I-IV et XXI.
20. Mme de Saint-Vallier, *Maître Cornélius,* tome V.
21-22. Mlle de Verneuil et Mme du Gua, *les Chouans.*

Quoique l'auteur ait encore quelques fautes en projet, il a aussi beaucoup de vertu sous presse, en sorte qu'il est certain de corroborer ce résultat flatteur

* L'auteur omet à dessein plus de dix femmes vertueuses, pour ne pas ennuyer le lecteur; mais il les nommerait s'il y avait contestation sur le résultat de cette statistique littéraire. (*Note de l'Auteur.*)

pour la société, la balance étant de trente-huit sur
soixante en faveur de la vertu, dans l'état actuel où en
est la peinture qu'il a entreprise du monde. S'il
s'arrêtait là, le monde ne serait-il pas flatté ? Si
quelques personnes se sont trompées, en croyant à un
résultat contraire, peut-être leur erreur doit-elle être
attribuée à ce que le vice a plus d'apparence, il
foisonne ; et, comme disent les marchands en parlant
d'un châle, il est *très-avantageux*. Au contraire, la
vertu n'offre au pinceau que des lignes d'une exces-
sive ténuité. La vertu est absolue, elle est une et
indivisible, comme était la république ; tandis que le
vice est multiforme, multicolore, ondoyant, capri-
cieux. D'ailleurs, quand l'auteur aura peint la femme
vertueuse fantastique, à la recherche de laquelle il va
se mettre dans tous les boudoirs de l'Europe, on lui
rendra justice, et les reproches tomberont d'eux-
mêmes.

Quelques raffinées ayant fait observer que l'auteur
avait peint les pécheresses beaucoup plus aimables
que ne l'étaient les femmes irréprochables, ce fait a
semblé si naturel à l'auteur, qu'il ne parle de la
critique que pour en constater l'absurdité. Chacun
sait trop bien qu'il est malheureusement dans la
nature masculine de ne pas aimer le vice quand il est
hideux, et de fuir la vertu quand elle est épouvantable.

                                        Paris, 6 mars 1835.

II. PRÉFACE DE LA TROISIÈME ÉDITION

Dans la troisième édition Werdet, cette préface parut à la suite de la précédente. Toutes les deux disparurent dans l'édition Charpentier.

Depuis sa réimpression sous forme de livre, ce qui, dans la logique du libraire, a constitué une seconde édition, *le Père Goriot* est l'objet de la censure impériale de Sa Majesté le Journal, cet autocrate du XIXᵉ siècle, qui trône au-dessus des rois, leur donne des avis, les fait, les défait ; et qui, de temps en temps, est tenu de surveiller la morale depuis qu'il a supprimé la religion de l'État. L'auteur savait bien qu'il était dans la destinée du Père Goriot de souffrir pendant sa vie littéraire, comme il avait souffert durant sa vie réelle. Pauvre homme ! Ses filles ne voulaient pas le reconnaître, parce qu'il était sans fortune ; et les feuilles publiques aussi l'ont renié, sous prétexte qu'il était immoral. Comment un auteur ne tâcherait-il pas de se débarrasser du *San-Benito* dont la sainte ou la maudite inquisition du journalisme le coiffe en lui jetant à la tête le mot *immoralité* ? Si les tableaux dessinés par l'auteur étaient faux, la critique les lui aurait reprochés en lui disant qu'il calomniait la société moderne ; si la critique les tient pour vrais, ce n'est pas son œuvre qui est immoral. Le Père Goriot n'a pas été suffisamment compris, quoique l'auteur ait eu le soin d'expliquer comment le bonhomme était en révolte contre les lois sociales, par ignorance et par sentiment, comme Vautrin l'est par sa puissance méconnue et par l'instinct de son caractère. L'auteur a bien ri de voir quelques personnes, obligées de comprendre ce qu'elles critiquaient, vouloir que le Père Goriot eût le sentiment des convenances, lui, cet Illinois de la farine, ce Huron de la Halle aux blés. Pourquoi ne lui a-t-on pas reproché de ne connaître ni Voltaire ni Rousseau, d'ignorer le code des salons et la langue française ? Le Père Goriot est comme le chien du meurtrier qui lèche la main de son maître quand elle est teinte de sang ; il ne discute pas, il ne juge pas, il aime. Le Père Goriot cirerait, comme il le dit, les bottes de Rastignac, pour se rapprocher de sa fille. Il veut aller prendre la Banque d'assaut quand elles manquent d'argent, et il ne serait pas furieux contre ses gendres, qui ne les rendent pas heureuses ? Il aime Rastignac, parce que sa fille l'aime. Que chacun regarde autour de soi, et veuille être franc, combien de pères Goriot en jupon ne verrait-on pas ? Or, le sentiment du Père Goriot implique la maternité. Mais ces explications sont presque inutiles. Ceux qui crient contre cette œuvre la justifieraient admirablement bien, s'ils l'avaient faite ! D'ailleurs, l'auteur n'est pas de propos délibéré moral ou immoral, pour employer les termes faux dont on se sert. Le plan général qui lie ses œuvres les unes aux autres, et qu'un de ses amis, M. Félix Davin, a récemment exposé [1], l'oblige à tout peindre : le Père Goriot comme la Marana [*les Marana*], Bartholoméo di Piombo (*la Vendetta*) comme la veuve Crochard [*une Double famille*], le marquis de Léganès (*El Verdugo*) comme Cambremer (*un Drame au bord de la mer*), Ferragus (*Histoire des Treize*) comme M. de Fontaine (*le Bal de Sceaux*), enfin de saisir la paternité dans tous les plis de son cœur, de la peindre tout entière, comme il essaie de représenter les sentiments humains, les crises sociales, tout le pêle-mêle de la civilisation.

Si quelques journaux ont accablé l'auteur, il en est d'autres qui l'ont défendu. Vivant solitaire, préoccupé par ses travaux, il n'a pu remercier les personnes auxquelles il est d'autant plus redevable que ce sont des camarades qui avaient, pour le gourmander, les droits du talent et d'une ancienne amitié, mais il les remercie collectivement de leur utile secours.

Les personnes amoureuses de morale, qui ont pris au sérieux la promesse que, dans la précédente préface, l'auteur a faite de pourtraire une femme complètement vertueuse, apprendront peut-être avec satisfaction que le tableau se vernit en ce moment, que le cadre se bronze, enfin que, sans métaphore, cette œuvre difficultueuse intitulée *le Lys dans la vallée* va paraître dans l'une de nos Revues [1].

Meudon, 1ᵉʳ mai 1835.

III. EXTRAITS DE QUELQUES PRÉFACES

Voici, pris dans quelques préfaces de Balzac, trois passages concernant Le Père Goriot.

Tout d'abord, l'introduction aux Études de mœurs au xixᵉ siècle, *signée Félix Davin (cf. note 1 de la page 404).*

A travers toutes les fondations qui se croisent çà et là dans un désordre apparent, les yeux intelligents sauront comme nous reconnaître cette grande histoire de l'homme et de la société que nous prépare M. de

Balzac. Un grand pas a été fait dernièrement. En voyant reparaître dans *Le Père Goriot* quelques-uns des personnages déjà créés, le public a compris l'une des plus hardies intentions de l'auteur, celle de donner la vie et le mouvement à tout un monde fictif dont les personnages subsisteront peut-être encore, alors que la plus grande partie des modèles seront morts et oubliés.

En 1839 paraît Le Cabinet des Antiques, *suivi de* Gambara. *Balzac profite de la préface pour proclamer la véracité du sujet du* Père Goriot.

L'auteur a déjà souvent répondu qu'il est souvent obligé d'atténuer la crudité de la nature. Quelques lecteurs ont traité *le Père Goriot* comme une calomnie envers les enfants ; mais l'événement qui a servi de modèle offrait des circonstances affreuses, et comme il ne s'en présente pas chez les Cannibales ; le pauvre père a crié pendant vingt heures d'agonie pour avoir à boire, sans que personne arrivât à son secours, et ses deux filles étaient, l'une au bal, l'autre au spectacle, quoiqu'elles n'ignorassent pas l'état de leur père. Ce vrai-là n'eût pas été croyable.

Vers la même époque, dans la préface d'Une fille d'Ève *et* Massimilla Doni, *Balzac donne une fiche biographique de Rastignac :*

Rastignac (Eugène-Louis), fils aîné du baron et de la baronne de Rastignac, né à Rastignac, département de la Charente, en 1799 ; vient à Paris en 1819, faire son droit, habite la maison Vauquer, y connaît Jacques Collin, dit Vautrin, et s'y lie avec Horace Bianchon, le célèbre médecin. Il aime Mme Delphine de Nucingen, au moment où elle est abandonnée par de

Marsay, fille d'un sieur Goriot, ancien marchand
vermicellier, dont Rastignac paye l'enterrement. Il est
un des lions du grand monde (*voy. tome IV de
l'œuvre*) ; il se lie avec tous les jeunes gens de son
époque, avec de Marsay, Baudenord, d'Esgrignon,
Lucien de Rubempré, Émile Blondet, du Tillet,
Nathan, Paul de Manerville, Bixiou, etc. L'histoire de
sa fortune se trouve dans *la Maison Nucingen* ; il
reparaît dans presque toutes les scènes, dans *le
Cabinet des Antiques*, dans *l'Interdiction*. Il marie ses
deux sœurs, l'une à Martial de La Roche-Hugon,
dandy du temps de l'Empire, un des personnages de
la Paix du ménage ; l'autre, à un ministre. Son plus
jeune frère, Gabriel de Rastignac, secrétaire de l'évêque de Limoges dans *le Curé de village*, dont l'action
a lieu en 1828, est nommé évêque en 1832 (voir *la
Fille d'Ève*). Quoique d'une vieille famille, il accepte
une place de sous-secrétaire d'État dans le ministère
de de Marsay, après 1830 (voir les *Scènes de la vie
politique*), etc.

IV. EXTRAITS DE LA CORRESPONDANCE

*Pour courts qu'ils soient, voici deux extraits très
éclairants de lettres que Balzac — alors en pleine
rédaction de son roman — adresse à Mme Hanska :*
   Ce à quoi vous ne vous attendez point est *Le Père
Goriot*, une maîtresse œuvre ! La peinture d'un sentiment si grand que rien ne l'épuise, ni les froissements,
ni les blessures, ni l'injustice, un homme qui est *père*
comme *un saint, un martyr* est chrétien.
                    (A Mme Hanska, 18 octobre 1834.)

Le Père Goriot est une belle œuvre, mais mons-
trueusement triste. Il fallait bien pour être complet
montrer *un égout moral* de Paris et cela fait l'effet
d'une plaie dégoûtante.

(A Mme Hanska, 22 novembre 1834.)

V. DÉDICACE DU MANUSCRIT

Balzac fit cadeau du manuscrit du Père Goriot *à*
Mme Hanska. Il y joignait une dédicace où il faisait
allusion à un événement heureux de leur vie sentimen-
tale. L'année précédente, ils étaient allés tous deux à
Genève. Les mots entre crochets ont été rayés.

A Madame E. de H. Tout ce que font les mougicks
appartient à leurs maîtres, de Balzac [.] mais je vous
supplie de croire que je ne vous devrais pas ceci en
vertu des lois qui régissent vos pauvres esclaves que je
l'apporterais encore à vos pieds, amené là par la plus
sincère des affections.

[le jour inoubliable]
26 j(anvi)er 1835, l'habitant de l'hôtel de l'arc à
Genève.

VI. PASSAGE SUPPRIMÉ

Dans la description du bal de Mme de Beauséant,
Balzac a rayé sur son exemplaire Furne un assez long
passage (cf. note 1 de la page 329). Il y mettait en
scène lady Brandon, l'héroïne de La Grenadière.
Dans cette nouvelle de 1832, il gardait le secret sur

l'amant de lady Brandon et sur le père de ses enfants.
Il en donne la clef trois ans plus tard, pour la retirer
au lecteur. Peut-être avait-il été trop indiscret, et
reproduisait-il trop exactement la liaison de Mme de
Berny et d'un Corse nommé Campi.

En entrant dans la galerie où l'on dansait, Rastignac fut surpris de rencontrer un de ces couples que la
réunion de toutes les beautés humaines rend sublimes
à voir. Jamais il n'avait eu l'occasion d'admirer de
telles perfections. Pour tout exprimer en un mot,
l'homme était un Antinoüs vivant, et ses manières ne
détruisaient pas le charme qu'on éprouvait à le
regarder. La femme était une fée, elle enchantait le
regard, elle fascinait l'âme, irritait les sens les plus
froids. La toilette s'harmonisait chez l'un et chez
l'autre avec la beauté. Tout le monde les contemplait
avec plaisir et enviait le bonheur qui éclatait dans
l'accord de leurs yeux et de leurs mouvements.

— Mon Dieu, quelle est cette femme ? dit Rastignac.

— Oh ! la plus incontestablement belle, répondit la
vicomtesse. C'est lady Brandon, elle est aussi célèbre
par son bonheur que par sa beauté. Elle a tout sacrifié
à ce jeune homme. Ils ont, dit-on, des enfants. Mais le
malheur plane toujours sur eux. On dit que lord
Brandon a juré de tirer une effroyable vengeance de sa
femme et de cet amant. Ils sont heureux, mais ils
tremblent sans cesse.

— Et lui ?

— Comment ! vous ne connaissez pas le beau
colonel Franchessini ?

— Celui qui s'est battu...

— Il y a trois jours, oui. Il avait été provoqué par le fils d'un banquier. Il ne voulait que le blesser, mais par malheur il l'a tué.

— Oh !

— Qu'avez-vous donc ? vous frissonnez, dit la vicomtesse.

— Je n'ai rien, répondit Rastignac.

Une sueur froide lui coulait dans le dos. Vautrin lui apparaissait avec sa figure de bronze. Le héros du bagne donnant la main au héros du bal changeait pour lui l'aspect de la société.

NOTES

P. 20

1. Cette dédicace n'apparaît que dans l'édition Furne. Étienne Geoffroy Saint-Hilaire (1772-1844), célèbre naturaliste, a fortement influencé Balzac par ses théories. Voir l'avant-propos de *La Comédie humaine* : « Il n'y a qu'un animal. Le créateur ne s'est servi que d'un seul et même patron pour tous les êtres organisés. L'animal est un principe qui prend sa forme extérieure, ou, pour parler plus exactement, les différences de sa forme, dans les milieux où il est appelé à se développer. Les Espèces Zoologiques résultent de ces différences. La proclamation et le soutien de ce système [...] sera l'éternel honneur de Geoffroy Saint-Hilaire. [...] Pénétré de ce système [...] je vis que sous ce rapport, la Société ressemblait à la Nature. La Société ne fait-elle pas de l'homme, suivant les milieux où son action se déploie, autant d'hommes différents qu'il y a de variétés en zoologie ? [...] Il a donc existé, il existera donc de tout temps des Espèces Sociales comme il y a des Espèces Zoologiques. » C'est à la description de ces Espèces Sociales que Balzac s'est consacré à partir du *Père Goriot*. Il était donc naturel qu'il en réserve la dédicace à l'illustre savant.

P. 21

1. *Aujourd'hui rue Tournefort.* Mlle Fargeaud a montré que la pension Vauquer a pour modèle une maison de la rue de la Clef

(parallèle à la rue Neuve-Sainte-Geneviève). Balzac la connaissait bien, et c'est là que s'éteignit une Madame Vauquer, dont la
famille, originaire de Tours, était liée avec les Balzac.

2.   A peu près le quartier des Gobelins-Saint-Médard.

3.   Balzac avait tout d'abord situé son récit en 1824. Ce n'est
     qu'au tiers environ de son manuscrit que la date de 1819
     apparaît. D'où un certain nombre d'anachronismes, dont nous
     signalerons les plus importants.

P. 22
1.   Vichnou était promenée sur un char, sous lequel se jetaient les
     fidèles.

2.   C'est sous ce titre (*Tout est vrai*) qu'avait été annoncée, en
     1831, la tragédie de Shakespeare *Henri VIII*. La première édition
     du *Père Goriot*, ainsi que le rappelle P.-G. Castex, portait ces
     trois mots en épigraphe. On sait l'admiration que Balzac portait
     au dramaturge anglais et l'influence du *Roi Lear*, ce drame de la
     paternité, sur la genèse du roman.

P. 24
1.   Allusion à l'hôpital des Capucins ou des Vénériens, faubourg
     Saint-Jacques.

2.   Cette inscription fut effectivement composée par Voltaire pour
     le Président de Maisons.

P. 25
1.   C'est la prononciation de Mme Hanska que Balzac s'est amusé à
     mettre dans la bouche de Mme Vauquer.

P. 26

1. Marbre gris moucheté de blanc, en provenance des Flandres.

2. « Petite table ou plateau pour tasses à café, à thé, etc. [...] L'assortiment même des tasses ou verres qui garnissent le plateau » (Littré).

P. 27

1. Hôpitaux où l'on accueillait incurables, impotents et miséreux.

2. Lampe inventée par le physicien Argand en 1782, puis fabriquée par le pharmacien Quinquet, qui lui donna son nom. « Le fond de l'invention consiste dans la mèche creuse et livrant passage à l'air pour alimenter la flamme ; l'huile est contenue dans un réservoir supérieur au bec et à la mèche, et n'en sort que petit à petit » (Littré).

3. Pensionnaire non logé.

P. 28

1. « Il se dit des vêtements qui font de mauvais plis » (Littré).

P. 29

1. Charles Pichegru (1761-1804), ancien général révolutionnaire, et Georges Cadoudal (1771-1804), célèbre chef vendéen, conspirèrent contre le Premier Consul et furent arrêtés après de longues recherches de la police. De fortes récompenses étaient promises à qui les livrerait. Georges était le nom de guerre de Cadoudal.

P. 30

1. Sorte d'intendant dans l'Administration des armées.

P. 32

1. L'actuelle Maternité, située rue de la Bourbe, aujourd'hui confondue avec le boulevard de Port-Royal.

P. 33

1. Balzac laisse planer le doute sur le passé de la Michonneau ; ses yeux fatigués, son corps squelettique, autant de traces de maladies vénériennes. Balzac l'avait d'ailleurs tout d'abord appelée, dans le manuscrit, Mlle Vérolleau.

P. 34

1. Dans la Bible, Japhet est le troisième fils de Noé. C'est de lui que descend la race blanche. Le boulevard Italien était le lieu le plus vivant de Paris, et le rendez-vous de la bohème.

2. Cf. La Fontaine, « Le Singe et le chat », *Fables*, IX, 16.

P. 36

1. L'étude du manuscrit révèle que le jeune premier du *Père Goriot* s'appelait Eugène de Massiac. Balzac lui faisait même rencontrer Rastignac. Ce n'est qu'à la page 105 de notre édition que Balzac opère la substitution, qui fait de Rastignac le premier grand personnage reparaissant de *La Comédie humaine*.

P. 38

1. Café avec de l'alcool.

P. 39

1. Steppe était masculin au XIXe siècle : c'est ainsi que Littré le signale, en disant que le mot russe est féminin.

P. 40

1. « Terme populaire. Homme, enfant ou animal servant de jouet ; souffre-douleur » (Littré).

P. 41
1. Toile fine et serrée, fabriquée en Hollande, de qualité moyenne.

2. Bleu clair ; barbeau est un des noms du bleuet.

P. 42
1. « Liste générale des créanciers de l'État » (Littré).

P. 43
1. Tabac de la Martinique.

P. 45
1. Petites boutiques en bois construites dans les jardins du Palais-Royal.

2. Ce magasin réputé était situé au coin de la rue de Richelieu et du boulevard des Italiens.

3. Dans le *Petit dictionnaire critique et anecdotique des enseignes de Paris, par un batteur de pavé*, imprimé par Bal::ac, et qui lui fut longtemps attribué, on lit : « BŒUF À LA MODE (*Au*). Restaurateur, rue du Lycée, près le Palais-Royal. — Des schalls [châles], un chapeau ornent un bœuf que le restaurateur calembouriste a cru pouvoir appeler à la mode. »

P. 47
1. « Ce jeune homme a des allures, il a quelque commerce secret de galanterie. Cette locution a vieilli » (Littré).

P. 50
1. Spéculer chaque jour à la Bourse sur de petites sommes, entre les cours d'ouverture et de clôture.

2.   « Mettre sur le même numéro à chaque tirage, en augmentant
toujours la mise » (Littré).

P. 51
1.   Étoffe de laine ou de soie, généralement noire, servant à faire
les chaussures de femme.

2.   Rue de l'Estrapade. Rappelons que les équipages ne se
hasardaient pas dans la rue Neuve-Sainte-Geneviève.

P. 55
1.   Porteurs de casquettes. Néologisme de Balzac.

P. 59
1.   Théâtre de la Cité qui, le jeudi, se transformait en salle de bal,
ainsi que l'Odéon pendant le carnaval.

2.   Mottes de tourbe.

P. 60
1.   Le Théâtre italien, situé à l'emplacement de l'Opéra-Comique.
Les représentations avaient parfois lieu rue Louvois, dans
l'Opéra (depuis détruit, face à la Bibliothèque nationale).

P. 61
1.   La liste a été remaniée dans les différentes éditions ; notons
cependant une erreur chronologique : la comtesse de Kergarouët
n'est autre qu'Émilie de Fontaine, l'héroïne du *Bal de Sceaux*,
qui s'est mariée en... 1827 alors que nous sommes en 1819.

P. 66
1. *Englauder*, déformation d'*enclauder*, formé sur *Claude*, équivalent populaire de sot. Ici, faire tomber dans un piège.

2. Saint-Étienne-du-Mont.

P. 67
1. Les deux signifient : de très grand matin. Les deux formes sont
usitées, mais au masculin. Le féminin n'est qu'une déformation.

2. Cajoleur.

P. 68
1. Air tiré de *Joconde ou les coureurs d'aventures*, opéra-comique
de Nicolo (1814).

P. 69
1. L'expression (dit Littré) se rapporte au savetier ou au cordon-
nier : la manique est une sorte de gant que mettent ces artisans.
Ici : qui n'est pas du métier.

2. Rue Cujas.

P. 70
1. Il faut relier tout cet épisode et ses suites à la nouvelle *Gobseck*,
parue en avril 1830 sous le titre : *Les Dangers de l'inconduite*,
qui met en scène Mme de Restaud aux prises avec l'usurier Gobseck. pour combler les dettes de son amant Maxime de Trailles.

2. « Terme familier. Vieillard ridicule et qui veut faire le jeune
homme » (Littré).

P. 71

1. Allusion à une pantomime, parodie du mélodrame : *La Femme innocente, malheureuse et persécutée...* par B. de R. (Balisson de Rougemont).

P. 72

1. Piquant néologisme de Balzac : celui qui répète ce que disent les autres (*idem*).

P. 80

1. Les panoramas (invention de l'Américain Fulton) étaient peints sur des toiles transparentes installées dans des rotondes ; ils étaients exposés dans le passage des Panoramas. Le Diorama (grâce à Daguerre) anima ces vastes tableaux (scènes historiques, cérémonies, paysages, etc.) par des jeux de lumière ; il était installé rue Samson, mais ne fut inauguré qu'en 1822.

P. 81

1. François-Joseph Gall (1758-1828), médecin allemand, inventeur de la phrénologie, science qui étudiait, d'après la forme de la boîte crânienne, la constitution du cerveau et les facultés des individus. Balzac avait été très impressionné par ce système.

2. L'édition Furne, par erreur, a accordé *connu* et *rencontré* au féminin.

3. Malherbe, *Consolation à M. du Périer.*

P. 90

1. « Qui est d'humeur chagrine, maussade » (Littré).

P. 92

1. Cette compagnie commerciale très prospère au xviiie siècle fut supprimée par la Convention en 1793. Plusieurs actionnaires purent se faire rembourser.

2. Selon Littré, terme de droit germanique, s'appliquant à un mariage dans lequel l'homme épouse une femme d'un rang inférieur. Balzac l'emploie dans le sens d'irrégulier, de mystérieux.

P. 95

1. Paroles de l'opéra de Cimarosa, *Le Mariage secret.*

P. 97

1. « Petite lame très fine d'or ou d'argent tortillé » (Littré).

P. 104

1. Texte *F. C. :* « se mit à table. » Nous avons préféré la leçon *C. :* « se mit à sa table ».

P. 105

1. Voir *La Femme abandonnée* (1832).

P. 107

1. Voir *La Duchesse de Langeais* (1833-1834).

2. Montriveau appartient à la Garde Royale.

P. 109

1. Nous dirions : commissaire-priseur.

P. 112

1.   Sous la Révolution, Paris était divisé en quarante-huit sections
correspondant aux quartiers actuels.

P. 116

1.   Benjamin était, dans la Bible, l'enfant préféré de Jacob.

P. 118

1.   « Le dernier argument du monde. » Louis XIV avait fait graver
sur ses canons : *ultima ratio regum* (le dernier argument des
rois).

P. 126

1.   Actuelle Bourse du Commerce.

2.   « Graine de rebut qui sert à nourrir la volaille » (Littré).

P. 127

2.   M. d'Oliban, dans la comédie de Desforges, *Le Sourd ou
l'Auberge pleine* (1790), était un personnage de père ridicule.
Balzac voulait écrire un roman intitulé *Papa d'Oliban Ier*.

P. 128

1.   Elle n'existe plus et prolongeait la rue du Jour, rejoignant la
Halle aux Blés.

P. 134

1.   Ces deux sœurs peuvent faire penser aux sœurs de Balzac.
Laure est née en 1801, Laure de Balzac en 1800. « La grosse
Agathe » est née, comme « la grosse Laurence », en 1802. La
lettre ressemble aux lettres des sœurs Balzac à leur frère. Ainsi les
expressions « l'État », « les princesses », etc. font partie de la

mythologie de la famille Balzac. Rappelons encore que le frère de Balzac se nommait Henri, comme un des frères de Rastignac.

P. 135
1. Résisté.

P. 136
1. Terme d'équitation : rendre plus léger le devant du cheval.

2. Largeurs d'étoffe.

P. 137
1. Parodie de Corneille : « On parle d'eaux, de Tibre, et l'on se tait du reste. » (*Cinna*, acte IV, sc. 4)

P. 138
1. Ce jeu de mots et tout le passage sont dédiés au tailleur Buisson, chez lequel Balzac eut toujours de grandes dettes qu'il payait en le nommant dans ses romans.

P. 142
1. Joachim Murat (1767-1815), maréchal de France, roi de Naples, était né à La Bastide-sur-Lot. Il mourut en voulant reconquérir son royaume.

2. Charles-Jean Baptiste Bernadotte (1764-1844), maréchal de France, se tourna contre Napoléon et devint roi de Suède sous le nom de Charles XIV. Il était natif de Pau.

P. 143
1. Cyniques.

P. 146

1. Le célèbre orfèvre italien (1500-1571), dont la vie fut très mouvementée.

P. 147

1. C'est-à-dire la noyade. Des filets jetés dans la Seine à Saint-Cloud arrêtaient le corps des noyés.

P. 148

1. Petite terre.

P. 149

1. C'est la marque des bagnards (Travaux Forcés).

2. Attendre en s'ennuyant, comme dans le jeu de cartes, la drogue, où le perdant attendait avec une pince (drogue) sur le nez.

3. Friandises.

P. 150

1. Joseph, comte de Villèle (1773-1854), ministre de Louis XVIII et de Charles X. Jacques-Antoine Manuel (1775-1827), politicien, qui s'opposa parfois à Villèle.

P. 152

1. La bricole est un harnais. *Bricolé* veut dire, dans ce sens, tenu en laisse, contraint.

P. 153

1. François Aubry (1750-1802), conventionnel, membre du Comité de Salut public, succéda à Carnot à la Direction de la

Guerre et retira le commandement de l'armée d'Italie à Bonaparte.

P. 155
1. Au jeu de cartes du piquet, c'est une position très forte : cinq
cartes à la suite dans une même couleur, et quatre cartes du
même degré dans toutes les couleurs.

P. 156
1. Restaurant situé boulevard du Temple, au coin de la rue
Charlot, très cher mais d'une clientèle bourgeoise.

2. Théâtre du boulevard Saint-Martin ; spécialisé dans le mélodrame.

3. Opération boursière : vendre ses valeurs au bon moment et au
meilleur taux. Nucingen s'est ainsi enrichi.

4. C'est-à-dire qu'ils achètent des électeurs.

5. Balzac s'attaque ici aux directeurs de journaux, qui vendent
leurs journaux aux plus offrants. Il protestera souvent contre
cette opération.

P. 157
1. C'est le sujet même de *L'Auberge Rouge* (1831, mais le
personnage ne sera appelé Taillefer qu'en 1837).

P. 158
1. C'est de Talleyrand qu'il s'agit. Balzac détestait La Fayette.

P. 160
1. Une pince-monseigneur.

P. 163
1. La physiognomonie était l'art et la science de deviner le
caractère d'un individu d'après son visage. Spécialement déve-
loppée par Lavater (1741-1801), elle avait beaucoup intéressé
Balzac.

P. 168
1. Le duc d'Escars (1747-1822) suivit, pendant l'émigration,
Louis XVIII, qui le nomma son Premier Maître d'Hôtel. Il se livra
à d'incroyables recherches gastronomiques et mourut d'indiges-
tion.

P. 178
1. Ce sera le sujet de *La Maison Nucingen* (1838).

2. Personnages du roman de Walter Scott, *La Prison d'Édim-
bourg*. Ce sont de sévères puritains.

P. 181
1. Avec élégance.

P. 183
1. Expression romantique, synonyme de dandy, lion.

P. 186
1. Comme le signale P.-G. Castex, ce passage n'est pas dans
J.-J. Rousseau, mais dans *Le Génie du christianisme* de Chateaubriand.

P.188

1. Georges Cuvier (1769-1832), le célèbre géologue et paléonto-
logiste, avait été nommé professeur au Muséum en 1802. Ses
cours d'anatomie comparée furent certainement suivis par
Balzac, qui disait de lui : « Jamais cet homme ne s'est trompé :
son génie lui a révélé les lois unitaires de la vie animale » (*Traité
de la vie élégante*).

2. Joséphine Mainvielle, dite la Fodor (1793-?), célèbre soprano
et interprète de Rossini ; Félix Pellegrini (1774-1832), basse
italienne, débuta à Paris en 1819, et s'illustra dans *Le Barbier de
Séville.*

P. 189

1. C'est-à-dire les familiers du roi.

P. 194

1. Forme archaïque de coutume.

P. 196

1. Cet établissement existait réellement.

P. 197

1. Contrairement au *F. C.* : « rien ne manque... », nous avons
adopté ici la leçon *C.* : « rien ne me manque... »

P. 209

1. Qui tourmente.

P. 217

1. « Assassin à gages » (Littré).

P. 218

1. *Venise sauvée*, tragédie de l'Anglais Otway (1685), a pour sujet un complot contre Venise, mais le thème principal en est l'amitié virile du héros, Jaffier, pour le conspirateur Pierre. Sur l'homosexualité de Vautrin, voir la préface (page 12). Balzac a été soupçonné d'expériences de cet ordre.

2. « Patauger », dit Littré, qui cite cette phrase comme exemple.

3. « Terme populaire. Personne courte, grosse et mal faite [...] Dérivé de *crapaud*, avec une signification diminutive » (Littré).

P. 220

1. Les services de la police s'y trouvaient. Elle a disparu dans les agrandissements du Palais de Justice.

P. 221

1. « Qui tient ou porte une plume, mot forgé par Honoré de Balzac pour ridiculiser, pris substantivement, les employés de bureaux » (Littré). Il ajoute : « Ce mot est mal fait, d'abord parce que *pluma* en latin ne signifie pas une plume à écrire, ensuite parce que *gerere* veut dire porter sur le corps, et non pas tenir entre les doigts. » Balzac l'emploie encore dans la *Physiologie de l'employé* (1841).

2. Dans l'opéra de Boïeldieu, *Le Calife de Bagdad* (1800), le calife Isauun utilise le nom de *Il Bondo Cani* pour parcourir les rues de Bagdad et se faire aimer de Zétulbi. Il a des pouvoirs magiques.

P. 226

1. Pierre Coignard, dit le comte Pontis de Sainte-Hélène (1779-1831), était un forçat évadé qui, sous l'Empire et la Restaura-

tion, parvint au grade de lieutenant-colonel. Il fut arrêté par Vidocq en 1819. C'est un des modèles de Vautrin.

P. 227
1. Un épisode semblable est raconté dans les *Mémoires* de Vidocq.

2. Comme la rue de Jérusalem, cette rue, où se trouvaient les services de la Police de Sûreté de Vidocq, a disparu lors des Travaux du Palais de Justice.

P. 228
1. Banqueroute.

P. 229
1. Affaire criminelle qui avait fait du bruit en 1812 : cette dame Morin fut condamnée à vingt ans de travaux forcés, pour tentative d'extorsion de signature et tentative d'assassinat sur la personne du sieur Ragoulleau.

P. 230
1. Couplets d'un vaudeville de Jean-Baptiste Vial, d'après Dufresny, *Les deux Jaloux* (1813).

P. 231
1. Se sont battus ; Littré signale cet emploi comme populaire.

2. Les fortifications de Paris étaient le rendez-vous de tous les duels.

3. Position forte au jeu de cartes ; par extension, position assurée.

P. 232

1. Aujourd'hui rue Laffitte.

P. 235

1. Abraham Bréguet (1743-1823) était le plus grand horloger de
    l'époque. Ses montres extra-plates, dont il était l'inventeur,
    valaient des fortunes et étaient de la dernière mode.

P. 237

1. Air à succès de *Richard Cœur de Lion*, opéra comique de
    Grétry, livret de Sedaine.

P. 239

1. Jacques Laffitte (1767-1844), financier et homme politique.

P. 242

1. *Le Mont sauvage* est un mélodrame de Pixérécourt, effective-
    ment tiré du *Solitaire* du vicomte d'Arlincourt. L'héroïne s'ap-
    pelle Élodie, et le style en est pleurnichard, ce qui explique la
    phrase de Mme Vauquer. Jean-Baptiste Marty (1779-1863) était
    le roi des acteurs de mélodrames. Balzac commet cependant un
    anachronisme, car cette pièce (qui n'a rien à voir avec Chateau-
    briand) a été créée en juillet 1821.

P. 243

1. Refrain d'une célèbre romance d'Amédée de Beauplan, qui
    vient d'être insérée dans un vaudeville de Scribe et Delavigne, *La
    Somnambule* (décembre 1819).

2. Selon M. Bouteron, scie d'atelier à la mode.

P. 249

1. Balzac avait, sur le manuscrit, écrit *Vidocq*. Il est donc évident
    que, contrairement à la légende, le personnage de Vautrin (du

moins dans ce roman) n'a rien à voir avec le célèbre policier Vidocq.

P. 251
1. Jardin des Plantes.

P. 252
1. Le Théâtre de la Gaîté, boulevard du Temple.

P. 255
1. Au tric-trac ou à la loterie, c'est un bon coup. Par extension, chance inouïe.

2. Avec le temps.

P. 257
1. Personnage de farces populaires au début du XIXe siècle.

P. 258
1. Fourrure.

P. 259
1. Balzac donne tous les renseignements exacts sur ce journal dirigé par Pierre-François Tissot (1768-1854), professeur et homme de lettres. Il n'a cependant commencé à paraître qu'en 1821.

2. Jeu de pur hasard, où la situation, peut se retourner à tout moment.

P. 261
1. En argot, la mort.

P. 264
1. Dans le langage des malfaiteurs, « pourvoyeur des tribunaux ».

2. Argot : mon sang sur le sol.

P. 266
1. Argot : féminin de *cagne* (policier).

2. Argot : tué.

P. 267
1. Abrutir.

2. Historiquement, gentilhomme attaché au dauphin.

P. 270
1. Restaurant d'étudiants qui se trouvait en effet place de la
    Sorbonne. Balzac y situera la rencontre de Lousteau avec Lucien
    de Rubempré, dans *Illusions perdues*.

P. 272
1. Revendeurs de marchandises médiocres.

2. Célèbre romance composée par la reine Hortense sur des
    paroles du comte de Laborde.

3. Virgile, *Bucoliques*. « Chacun suit son propre plaisir. »

P. 273
1. Mésaventure.

P. 275
1. Un des plus fameux et des plus chers restaurants des Boule-
vards.

P. 279
1. Opiomane.

P. 285
1. « Familièrement : ruses, finesses » (Littré).

P. 287
1. Populaire : pleurer.

P. 289
1. Louis de Bourbon, duc de Vermandois (1667-1683) était le fils
naturel de Louis XIV et de Louise de La Vallière.

P. 290
1. L'édition *C.* rétablit ici : « ... vrai gentilhomme *dans* son
château » qui paraît plus plausible.

P. 298
1. Faire marcher sous la menace du bâton.

P. 307
1. C'est le nom de la prison pour dettes, sise rue de la Clef.

P. 310
1. Le remplaçant se faisait payer pour accomplir le service
militaire de gens plus fortunés.

P. 324

1. *Mose in Egitto* (Moïse en Égypte) de Rossini ne fut créé à Paris qu'en octobre 1822. Balzac a beaucoup admiré cet opéra, qu'il décrit longuement dans *Massimilla Doni*.

P. 329

1. Allusion à la célèbre liaison de Mlle de Montpensier et du duc de Lauzun, que Louis XIV fit emprisonner.

P. 332

1. C'est là que nous retrouvons Mme de Beauséant dans *La Femme abandonnée* (1832).

P. 333

1. Ici s'intercale un long passage rayé par Balzac sur son exemplaire Furne. Voir Documents, p. 408.

P. 334

1. C'est bien dans un couvent que se terminait *La Duchesse de Langeais* (1834).

P. 337

1. Gros fagots.

P. 340

1. Balzac, pour toute cette partie, a heureusement supprimé les râles du père Goriot, qui figuraient dans les premières éditions : « Hâan ! Hâan ! [...] Heun ! Heun ! », etc.

P. 355

1. Cylindre de coton que l'on brûle directement sur le malade.

P. 362

1. Le *F. C.* a laissé passer le bourdon typographique « voulez-vous apitoyer » que P.-G. Castex rétablit en « voulez-vous *nous* apitoyer » et J. A. Ducourneau en « voulez-vous *vous* apitoyer. »

P. 367

1. Cet emploi du participe présent invariable est une correction introduite par Balzac dans Furne.

2. Ces lieu et date sont ceux de la conception, non de la rédaction du *Père Goriot.*

DOCUMENTS

P. 391

1. Allusion à la préface de *La Peau de chagrin*, qui ne figura que dans l'édition originale.

P. 395

1. *Gobseck* et *La Duchesse de Langeais.*

P. 397

1. L'héroïne de *Les Marana.*

P. 398

1. Sénancour, *Oberman* (Balzac l'écrit toujours avec deux *n*).

P. 399

1. Pour la commodité du lecteur, nous avons substitué aux titres provisoires donnés ici par Balzac, les titres définitifs placés entre crochets. Les tomes indiqués se rapportent à l'édition des *Études de mœurs* et des *Études philosophiques* (voir La vie de Balzac, p. 379 .

P. 400

1. Personnage et roman abandonnés, sorte d'ébauche de *La Vieille Fille*.

P. 401

1. Ce projet, jamais mené à bien, sera repris en partie dans *Béatrix* et dans les *Mémoires de deux jeunes mariées*. Il n'en reste qu'un début de rédaction.

2. Incorporé aux *Martyrs ignorés*.

P. 404

1. La préface aux *Études de mœurs du xixe siècle*, parue en avril 1835, avait été rédigée par Davin sous la dictée de Balzac.

P. 405

1. Paraîtra en novembre 1835.

TABLE

DU MÊME AUTEUR

Dans la même collection

LE PÈRE GORIOT. *Préface de Félicien Marceau.*

EUGÉNIE GRANDET. *Édition présentée et établie par Samuel S. de Sacy.*

ILLUSIONS PERDUES. *Préface de Gaëtan Picon. Notice de Patrick Berthier.*

LES CHOUANS. *Préface de Pierre Gascar. Notice de Roger Pierrot.*

LE LYS DANS LA VALLÉE. *Préface de Paul Morand. Éditions établie par Anne-Marie Meininger.*

LA COUSINE BETTE. *Édition présentée et établie par Pierre Barbéris.*

LA RABOUILLEUSE. *Édition présentée et établie par René Guise.*

UNE DOUBLE FAMILLE suivi de LE CONTRAT DE MARIAGE et de L'INTERDICTION. *Préface de Jean-Louis Bory. Édition établie par Samuel S. de Sacy.*

LE COUSIN PONS. *Préface de Jacques Thuillier. Éditions établie par André Lorant.*

SPLENDEURS ET MISÈRES DES COURTISANES. *Édition présentée et établie par Pierre Barbéris.*

UNE TÉNÉBREUSE AFFAIRE. *Édition présentée et établie par René Guise.*

LA PEAU DE CHAGRIN. *Préface d'André Pieyre de Mandiargues. Édition établie par Samuel S. de Sacy.*

LE COLONEL CHABERT. *Préface de Pierre Barbéris. Édition de Patrick Berthier.*

LE COLONEL CHABERT, suivi de EL VERDUGO, ADIEU, LE RÉQUISITIONNAIRE. *Préface de Pierre Gascar. Édition établie par Patrick Berthier.*

LE MÉDECIN DE CAMPAGNE. *Préface d'Emmanuel Le Roy Ladurie. Édition établie par Patrick Berthier.*

LE CURÉ DE VILLAGE. *Édition présentée et établie par Nicole Mozet.*

LES PAYSANS. *Préface de Louis Chevalier. Édition établie par Samuel S. de Sacy.*

CÉSAR BIROTTEAU. *Préface d'André Wurmser. Édition établie par Samuel S. de Sacy.*

LE CURÉ DE TOURS, suivi de PIERRETTE. *Édition présentée et établie par Anne-Marie Meininger.*

LA RECHERCHE DE L'ABSOLU, suivi de LA MESSE DE L'ATHÉE. *Préface de Raymond Abellio. Édition établie par Samuel S. de Sacy.*

FERRAGUS, CHEF DES DÉVORANTS («Histoire des Treize»: 1er épisode). *Édition présentée et établie par Roger Borderie.*

LA DUCHESSE DE LANGEAIS. LA FILLE AUX YEUX D'OR («Histoire des Treize»: 2e et 3e épisodes). *Édition présentée et établie par Rose Fortassier.*

LA FEMME DE TRENTE ANS. *Édition présentée et établie par Pierre Barbéris.*

LA VIEILLE FILLE. *Édition présentée et établie par Robert Kopp.*

L'ENVERS DE L'HISTOIRE CONTEMPORAINE. *Préface de Bernard Pingaud. Édition établie par Samuel S. de Sacy.*

BÉATRIX. *Édition présentée et établie par Madeleine Fargeaud.*

SARRASINE, GAMBARA, MASSIMILLA DONI. *Édition présentée et établie par Pierre Brunel.*

LE CABINET DES ANTIQUES. *Édition présentée et établie par Nadine Satiat.*

UN DÉBUT DANS LA VIE. *Préface de Gérard Macé. Édition établie par Pierre Barbéris.*

Composition : Interligne.
Impression : Novoprint
à Barcelone, le 16 mai 2007.
Dépôt légal : mai 2007.
Premier dépôt légal dans la collection : mars 1999.

ISBN 978-2-07-040934-1

*Impression Novoprint
à Barcelone, le 16 mai 2003
Dépôt légal: mai 2003
Premier dépôt légal dans la collection: avril 1999*
ISBN 2-07-040934-1 / Imprimé en Espagne.

123543